若年労働者―変貌する雇用と職場

日本労働社会学会年報

第⑮号
2005

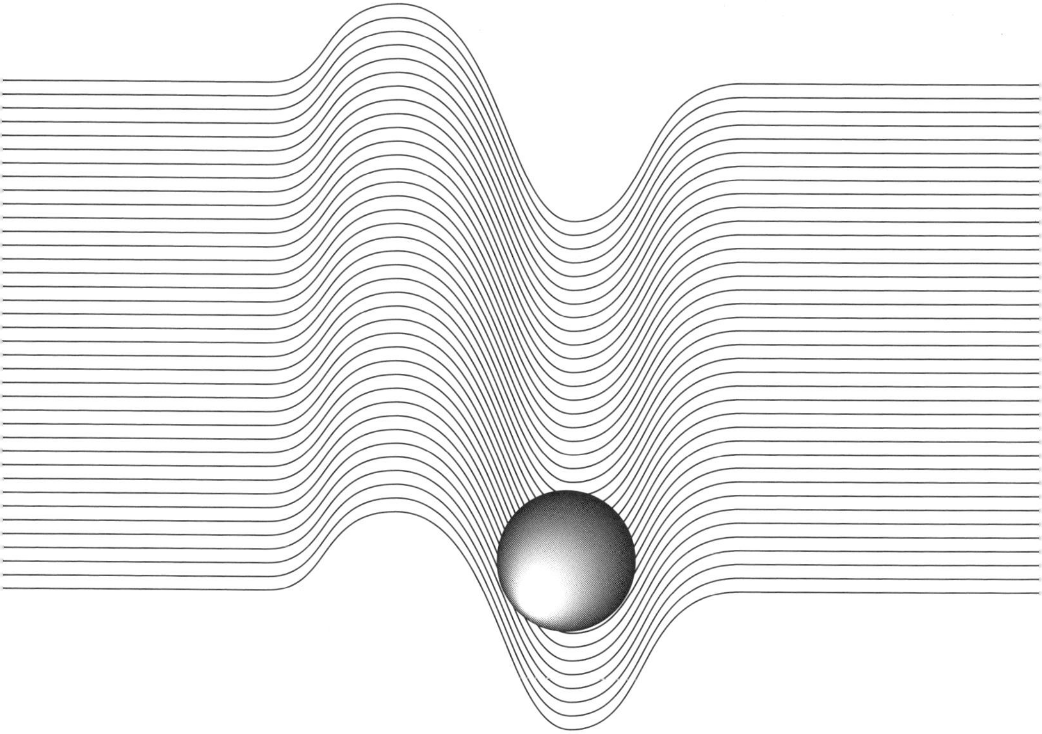

日本労働社会学会
The Japanese Association of Labor Sociology

特集　若年労働者問題と雇用関係・職場の変貌 ……… 1

1　新卒労働供給の変貌と中小製造業における
　　高卒技能工の配置と分業範囲 …………………筒井　美紀… 3
2　若年勤労者の会社・仕事観と企業の人事管理 ………林　大樹… 25
3　若年層の就労状況と労働社会学 ………………藤田　栄史… 49
　　──第15回大会シンポジウムを振り返って──

投稿論文 ……… 57

1　「引越屋」の労働世界 ……………………………山根　清宏… 59
　　──非正規雇用で働く若者の自己規定──
2　対人サービスにおける感情管理 …………………小村　由香… 83
　　──生活保護ケースワーカーを事例として──
3　労働者の遍歴と社会的連帯 ………………………土井　徹平…111
　　──19世紀末から20世紀初頭の鉱山労働者を対象として──
4　縫製業における中国人技能実習生・研修生の
　　労働・生活と社会意識 ………………………佟　岩・浅野慎一…139
5　タイ国における工業開発とインフォーマル化 ………青木章之介…167
　　──アユタヤ周辺における労働者コミュニティの事例──

第1回日本労働社会学会奨励賞の選考経過と選考結果について ── 197

日本労働社会学会会則(201)　編集委員会規定(204)　編集規定(205)
年報投稿規定(205)　役員名簿(206)　編集後記(207)

ANNUAL REVIEW OF LABOR SOCIOLOGY
June 2005, No.15
Contents

Special Issue   Young Workers' Problems in the Changing Employment and Workplace

1. The Changing Supply of New Graduates Labor, and the Deployment of High-school-educated Blue-collar Workers and Division of Labor in Small and Medium Sized Manufacturers   Miki Tsutsui

2. Working People's Work Values/ Views of Company and Personnel Management
                                                                              Hiroki Hayashi

3. Youth Employment from the Perspectives of Labor Sociology   Eishi Fujita

Articles

1. The Labor World of "Movers": The Youth Self-Regulations in Temporary Jobs
                                                                           Kiyohiro Yamane

2. Emotion Management in Service Workers: Case Studies on Livelihood Protection Case Workers   Yuka Omura

3. Social Solidarity and Mobility of Laborers: Focusing on Japanese Miners from Late Nineteenth Century to the Early Twentieth Century   Teppei Doi

4. 对服装行业的在日中国进修生・技能实习生的劳动、生活和社会意识的探讨
                                                                         佟岩・浅野慎一

5. The Industrial Development and Informalization in Thailand: A Case Study on the Workers' Community nearby Ayutthaya City   Shonosuke Aoki

The Japanese Association of Labor Sociology

特集　若年労働者問題と雇用関係・職場の変貌

1　新卒労働供給の変貌と中小製造業における
　　高卒技能工の配置と分業範囲　　　　　　　　　　筒井　美紀

2　若年勤労者の会社・仕事観と企業の人事管理　　　　林　　大樹

3　若年層の就労状況と労働社会学　　　　　　　　　　藤田　栄史
　　──第15回大会シンポジウムを振り返って──

新卒労働供給の変貌と中小製造業における高卒技能工の配置と分業範囲

筒井　美紀
(京都女子大学)

1. 問題の所在

　本稿は、新卒労働供給の変貌が、中小製造業における高卒技能工の配置と分業範囲を、どのように変えているのかについての解明を目的とする。この解明が重要なのは、高卒就職者(特に男性)の大半を占める技能工にとっての職業能力形成に、直結している問題だからである。

　一般に、高校斡旋による正規就職は、フリーター等の非正規就労と比べ、職業能力形成面でも雇用保障面でもずっと望ましい、とされている。例えば、ある高校の進路指導担当教師は次のように述べる。「進路指導部としては、学校斡旋で入った方がもちろん本人にとっても自己実現しやすい状態になるだろうし、雇用関係もきちっとするし、ということを指導する。何度も繰返し指導します」(Ｉ総合制専門高校)[1]。しかしながら、雇用保障面ではそうであるにしても、職業能力形成面については、必ずしもそうとは言えないのではないか。というのは、この一般認識は、高卒就職者にとっての職域高度化機会が、企業内の分業体制において確保されていることを前提としているけれども、この前提そのものを揺るがす事態が生じているからである。

　その事態とは、新卒労働供給が遂げている質量両面での変貌を指す。まず高卒者について、その量的側面を見ると、1992年3月まで60万人を超えていた就職者は、2003年3月には約22万人と、約3分の1にまで激減している(**図1**)。質的変貌としては、学業成績の低下が挙げられる。これが重要なポイントであるのは、小林(1988)が検証したように、「学科成績と昇進の間には明確な関連があ」り、成績は「OJTを可能にする知的素養」(熊沢1998)を構成する、と考えられるからである。

特集　若年労働者問題と雇用関係・職場の変貌

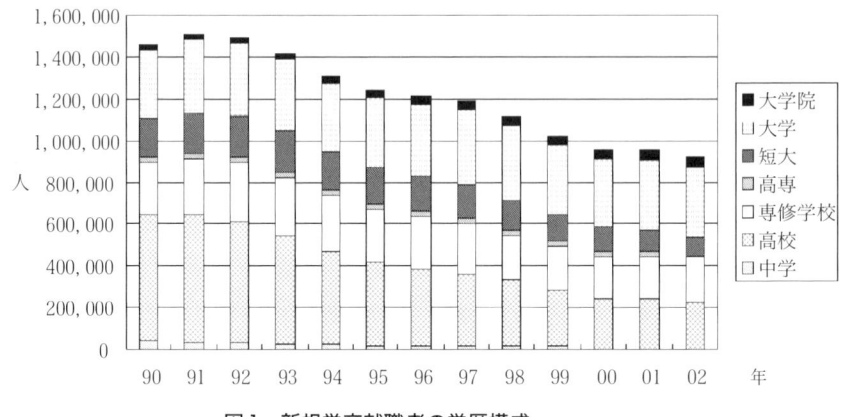

図1　新規学卒就職者の学歴構成

資料出所）文部科学省『学校基本調査』。

図2を見てみよう。これは、筆者が参加した共同研究が、Z県の県立高校の高3生を対象とした質問紙調査で、クラスでの成績を尋ねたものである。1992年と2001年とを比較すると、就職者が半減し、進学者が3倍に増加していることがわかる。加えて、就職者に占める成績下位者の割合が増加している。さらに、筆者が2003年にインタビューした工業高校の教師は、自校の生徒を20年前と現在とで比較して次のように述べる。「今のクラスのトップは、20年前の真ん中です」（D工業高校、後出）。これが意味するのは、相対評価ではトップであれ、絶対評価で見れば過去に比べて学力が低下している、ということである。

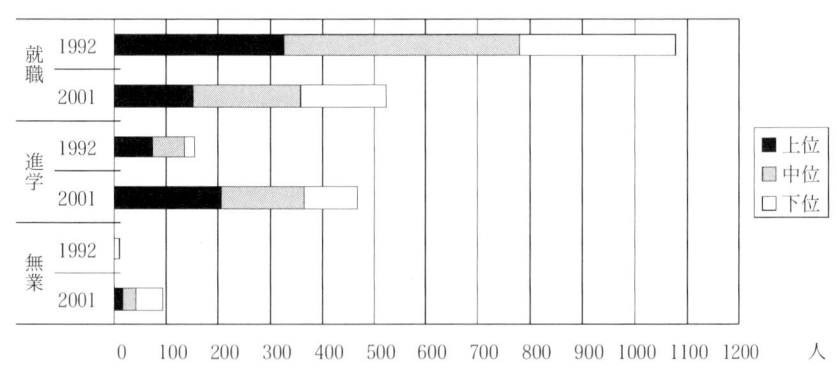

図2　Z県調査対象校：各進路の成績構成：1992年と2001年の比較

先行研究の指摘にあるように、日本型産業社会の成功はノン・エリート、特に高卒ブルーカラーの優秀さに支えられてきた（Vogel 1979 ; Dore 1986）。「ブルーカラー労働者の供給源であった中学卒業者の絶対的・相対的減少はまず高校卒のブルーカラー化をもたらし……ブルーカラー労働者の教育水準が上昇した結果、職務内容をより豊かにし、それをこなす熟練の幅を拡大」（白井 1992）したのである。ところが、上に素描したような新卒労働供給の変貌が生じている。現在の高卒就職者の「OJTを可能にする知的素養」は、どの程度のものなのだろうか。かつての要求水準を充たし難い生徒がかなり増えている、と見て間違いなかろう。

　さて、周知の通り中小企業は、大企業が新規採用を手控える不況期に、普段の人員不足を補うべく、積極的に採用に乗り出してきた(野村 1998)。**図3**によって新規高卒求人の企業規模別比率を見てみると、景気による変動こそあれ、求人先の中小企業化が進展してきたことが明らかである。大企業による新卒採用の手控えという点で、中小企業にとっては今回の不況もまた採用のチャンスと言える。しかしその半面、上述したような高卒就職者の学力低下問題がともなっている。せっかく採用が叶っても、彼らの「OJTを可能にする知的素養」が、かつての要求水準を充たし難いとしたら、それは大いに問題となろう。

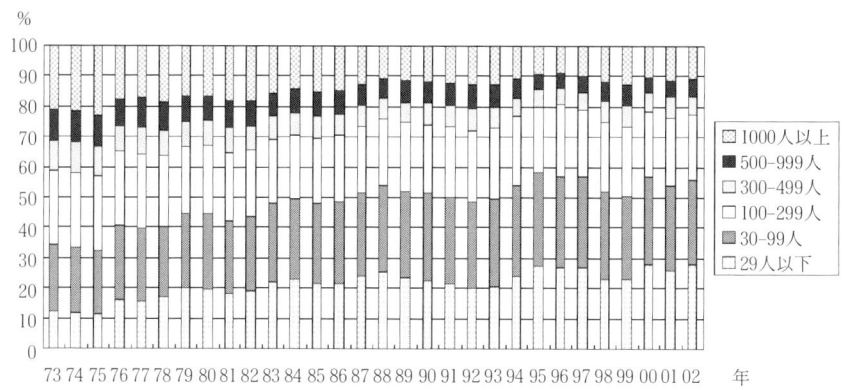

図3　企業規模別求人先比率の推移

資料出所）厚生労働省『新規学卒者の労働市場』。

　他方で大卒就職の状況を確認すると、高卒と同様に就職先の中小企業化が進行している。**図4**は、大卒理系・製造業就職者の企業規模別構成の推移を見たもの

特集　若年労働者問題と雇用関係・職場の変貌

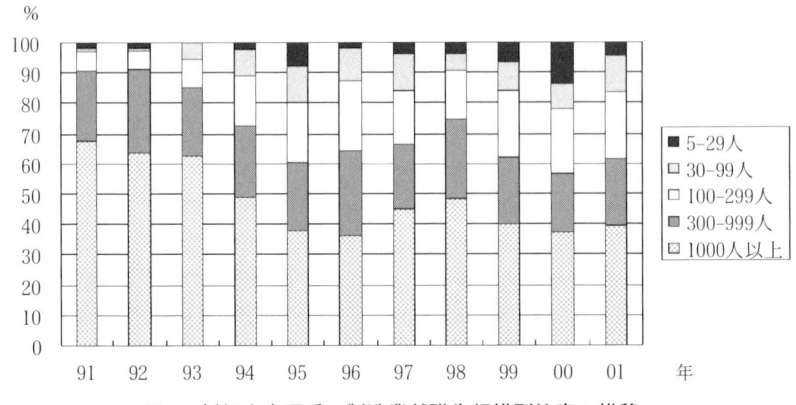

図4　新規大卒理系：製造業就職先規模別比率の推移

資料出所）厚生労働省『雇用動向調査』。

である。ここからは、299人以下規模への就職割合が、「超氷河期」以前の1993年までは1割強程度にすぎなかったのが、1994年以降は3割弱から4割強で推移していることがわかる。

このグラフはもちろん、大卒就職者の職種・職務については語っていない。しかしながら、〈大卒＝技術職〉という予断は許されない。実際のところ、筆者がインタビューしたある進路指導担当教師は、地元の中小企業を技能工で受験した生徒から、《隣の席の人は大卒だった》という報告を受けている。〈大卒＝技能工〉なのである。なぜ、このような「産業界の評価でも、今の高卒は昔の中卒、今の大卒は昔の高卒」(熊沢 1998)という状況がもたらされているのだろうか。それは、18歳人口の減少によって「選抜緩和をともなう高等教育進学率の上昇」が起こっているからである。「分数ができない大学生」(岡部・戸部・西村編 1999)は極端なケースとして、大学卒業によって高卒プラスαに到達、というレベルの大卒者は、「(入学が)フリーパスの大学」が増えている中（某工業高校談）、無視できない数にのぼっているだろう。それゆえ、高卒者の学力低下が問題視されている状況にあっては、従来からの高卒者の職務に、(高卒プラスαの)大卒者を配置しようとする企業が存在しても不思議ではない。

以上の考察をふまえると、「中小製造業は、その人員配置・分業範囲において、学歴をモメントに、高卒技能工にとっての職域高度化の機会を閉鎖化している

(せざるを得ない)のではないか」という想定がなされてよい。すなわち、「ブルーカラーの高学歴代替」仮説が考えられてよいのである。

　この仮説については、「中小」という企業規模への言及に関して、いま少し説明が必要であろう。なぜ、中小企業であって大企業ではないのか、という点に関してである。その理由は、高卒就職者が、学力低下をともないながら少数者と化しつつある中でも、「OJTを可能にする知的素養」のより高い者を採用できる点で、大企業は優位に立っている、ということにある。例えば**表1**（後出、10頁）のA社は、次のように述べる。「英数国関係は基本的に通信簿、5段階の……大体もらうと、4か5なんです」。こうしたレベルが、A社にとっての「基礎学力ができている」レベルであり、「社内の教育システムに乗っけて育成していくという考え方があるんで、基礎学力さえあればいけるなという感じがしております」と自信の程を表明している。同様にB社やC社なども、採用市場において依然として有利な位置を占めているため、教育訓練方法やその対象者、ならびに人員配置について、根本的な変更をせずに済んでいる。然るに中小企業は、採用市場において不利な位置に立っている。しかも、高卒者が少数者と化す中では、「OJTを可能にする知的素養」は、かつてと比べて大きく低下しているだろう。だとすれば、高卒者にはほとんど能力開発を期待しない、ほとんど訓練しない、といった方針があり得る。このようにして、高卒技能工にとっての職域高度化の機会を閉鎖化している（せざるを得ない）のは、むしろ中小企業の方だ、という仮説が導かれるのである。

　さて、上記の仮説が検証されたとすると、次のことが問題になってくる。高校経由の正規就職によって、その後の職業キャリアの土台を築くことができるのか否か? さらに、土台が築けないままの離転職は、若年労働市場の流動化をいっそう問題化させるだろう。もちろん、この見方に対する反論も可能である。初職で土台を築けないことは常態と言うべきで、若者は「アガキ・モガキ期 floundering period (Davidson and Anderson 1937)」を経て、20代後半から30代前半にかけて大半は正規就業に就いていく。若者は、労働市場における試行錯誤の中で、精神的成熟 psychological maturity を遂げ、腰を落ち着けていくもの settling down なのだ。アメリカの労働経済学者 Osterman (1980) が、かつて呈した知見である。果たして、1990年代以降の日本社会ではどうなのか。本稿の分析は、若年労働市場の流動化への影響を、射程に含んでいるのである。

2. 先行研究の検討

　ところが、新卒労働供給の変貌を原因(独立変数)、中小製造業の人員配置・分業範囲を結果(従属変数)とする分析枠組は、先行研究において明示化されてはこなかった。その理由は、このテーマが労働社会学と教育社会学の狭間に落ちてきたことにある。すなわち一方で、労働社会学は、岩内が本学会第7回大会(1995年)にて指摘したように、学校教育からの労働供給をめぐる問題についての関心が弱かった。他方で教育社会学は、企業の内部構造を詳解してきたわけではなく、高校斡旋による正規就職のシェア低下を機能不全問題として、そこに主要な関心を注いできた。フリーター研究が中心的になり、高校経由の正規就職は比較対照群化されているのである(日本労働研究機構 1998、2001；中島 2002)。

　しかし、こうしたブラインド・スポットから抜け出すためのきっかけは、野村(1993)の中に見出すことができる。そこで、これについて検討してみよう。野村は、総合電機会社A社のTV工場をケースとし、日本の製造業——特に量産加工組立型産業——の分業システムを、次の3点に定式化した。第1に、TV工場(高度自動化システム)と外注会社(非量産の組立作業)との分業。第2に、正規従業員と縁辺労働力との分業、これは男性と女性の間の分業に等しく、「明確で固定的な分業」である。第3に、正規男性従業員間の分業であり、一部において「あいまいで柔軟な分業」がなされている。すなわち、自動機オペレータ(直接工)と設備維持工(間接工)、ならびに設備維持工とプロジェクト・チームの技術者との間には、できる限りの知識の移転が行われている。さらに、間接工6人(全員工業高校卒)は、3人が製造ラインから、3人が生産技術部からの配置転換組であり、つまりヒトの移動も存在する。もちろん、そうは言っても、正規男性従業員間で技能や知識の差は間違いなくある。けれども、彼らは教育訓練によってより高い技能・知識を身につける機会が与えられている。つまり「あいまいで柔軟な分業」が敷かれている。

　こうした3つの分業は、それを可能にする社会的条件と企業内的条件とを有する。社会的条件とは、企業間分業の社会的条件であり、それは分業の末端において縁辺労働力をフル動員している。他方、企業内的条件は、男女間の分業を重要なモメントとしていることである。企業内にとどまることが期待されている男性

は、教育訓練の機会が与えられているのに対し、労働市場が企業内に封鎖されていない女性は、技能や知識の向上を望めない。すなわち男女間には、「明確で固定的な分業」が敷かれているのである。

ところが、以上の分析枠組に従うと、前節で提示した仮説——野村の概念を用いるならば、「男性技能工労働者の中でも次第に「あいまいで柔軟な分業」から「明確で固定的な分業」への移行（＝職域の閉鎖化）が、学歴をモメントに、生じてきているのではないか」という仮説——は、うまく検証できない。なぜなら野村の分析枠組は、技能工労働者の需給を、所与＝定数としているためである。しかしながら、技能工労働者がどこからどのくらい供給されるのかは、変数に他ならない。同様に、如何なる能力を持つ技能工労働者の採用が可能なのかもまた、企業の規模や威信に左右されるという点で変数である。実際、野村自身も、日本的分業の特徴として、「仕事の区分がまず存在し、それにたいしてヒトが配置されているというよりは、まずヒトがいて、それに応じて分業の範囲が決まってくる」（130頁）と指摘している。この指摘を一歩進めれば、ある人員配置と分業範囲がとられる合理性や必然性、そしてその変化を、ヒトの需給という視角から把握する枠組に至るのである。

3. データ

それでは、本稿が検証しようとしている仮説について、図式化しておこう。

新卒労働力供給の変貌（原因）→中小製造業の人員配置・分業範囲の変化（結果）
‖
高卒就職者にとっての職域閉鎖化：
「あいまいで柔軟な分業」から「明確で固定的な分業」へ

この仮説は、変化に関わるものであるから、過去と現在との比較が必要となる。筆者は、岩木秀夫・小林雅之・岩永雅也の三氏による1982年Z県企業調査の対象先を、2002年に再度訪問しインタビュー調査を行った（**表1**）。この調査では、企業案内・パンフレットのみならず、企業内部用の機能組織図や従業員配置表、さらには全学歴新卒採用者一覧表（個人名は伏せ、大学・学校・学科名、性別、採用職種を記載）を過去に遡れる限り遡って用意してもらった。それが不可能な場合は、全学歴新卒採用推移表を依頼した。以上のような資料に基づいてなされたインタ

特集　若年労働者問題と雇用関係・職場の変貌

ビューの時間は90分から120分であり、O社を除いて全てテープに録音された。(7)
本稿は、その中からJ社をとり上げる。

表1　1982年／2001〜03年インタビュー企業一覧*1

企業名	業　種	事業所／企業規模(人) 1982	事業所／企業規模(人) 2001〜03*2	企業規模区分
A社(Z工場)	航空機製造業	3331/?????	3091/14849	大手・全国区
B社(Z工場)	家電製品製造業	4000/73200	2200/5100	大手・全国区*2
C社(Z工場)	通信機器製造業	3600/36825	3267/43627	大手・全国区
D社(Z工場)	自動車製造業	890/????	1080/12963	大手・全国区
E社(Z工場)	非鉄金属製造業	1050/2200	670/8685	大手・全国区*3
F社(Z工場)	建機エンジン製造業	1864/?????	1040/11486	大手・全国区
G社(Z工場)	建機製造業	no data	492/709	大手・全国区*4
H社	精密機器部品製造・組立	302	354	中小
I社	トラックボディー製造業	no data	287/287	中小
J社	通信機器・航空機部品製造・組立	280	362	中小
K社	管工事・水道施設工事	……	29 (2003年)	小規模・零細
L社	精密機械部品製造	……	68 (2003年)	小規模・零細
M社	精密機械部品製造	……	87 (2001年)	小規模・零細
N社	業務請負業 精密機械部品製造	……	約15 (2001年)	小規模・零細
O社	アルミ部材着色処理	……	75 (2003年)	小規模・零細

注)*1　A社〜J社が1982年の調査対象企業である。ここで1982年調査のサンプリングについて3点、述べておこう。第1に、調査の依頼は高卒求人があった企業のリストアップに基づいてなされた。第2に、製造業の多様な業種をカバーしている。第3に、大手・中小の双方を対象としている。
*2　A社〜J社は2002年に調査。
*3　B社は分社化によって企業規模が小さくなったもの。
*4　合併により企業規模拡大したもの。
*5　G社は企業規模小さいが、F社の子会社であり実質「大手・全国区」。

4. 分析

(1) オペレータから間接工・技術職へ：1982年

　J社は、正社員300名、非正規社員60名の製造業企業である。1950年代初頭、ミシンならびに輸送機器の大手企業から下請した部品を加工することから出発した。この50年間には、音響機器、複写機、航空機製造企業を取引先として増やしてきた。J社のような下請企業の一般的生産パターンは、単純化して言えば、親企業から渡された仕様の図面化（設計）→金型製作→量産、である。そして、図面化の部分を技術職が、量産の部分を直接工が、中間にあたる金型製作を間接工が担う、というかたちになっている（cf. 図5）。

　1982年のインタビューによれば、生産技術課（技術職と間接工）には大卒あるいは工業高卒（特に県立）を配置するのが原則であった。製造課での配置は、組立作業は学科不問、工作機械のオペレーションは工業高校卒、を原則としていた。そこでのヒエラルキーは、技術・技能レベルが下がるほど、より多くの人数が必要になるというピラミッド型、「量産組立加工型産業」（野村1993）に特徴的な分業体制である。底辺に位置する組立作業には、「員数の確保のためにむしろ生産能力を度外視」（岩永 1988）した採用が必要であった、と言える。このことは、当時のインタビューで語られた、専門教育を受けた者はごく少数でよいから、高校教育は現状のままでよい、という発言からもうかがえる。しかしJ社では、「生産能力を度外視」したとしても員数確保は困難であった。1975年頃まではほとんど中卒を採用せざるを得なかったJ社は、中卒は10人が10人真面目だったのが、高卒だとどうしてもバラツキが出る、と評している。それもそのはずで、J社を受験する高校生は、既に3社ほど不合格になった生徒がかなりを占めていたからである。ここからは、J社にとっては、工

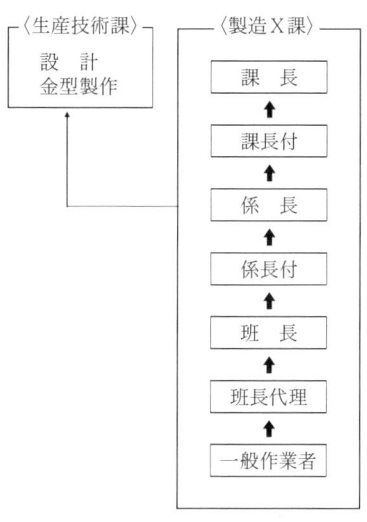

図5　J社の組織：部分的簡略図

特集　若年労働者問題と雇用関係・職場の変貌

表2　J社・1982年入社者の現在の地位

高校	学科	現在の地位
私立P高校	普通	検査係長
	商業	班長
	商業	組立一般職
	商業	離職
	工業	離職
	工業	離職
私立Q高校	D.K.	離職
県立D工業	工業(電子)	技術係長
県立E農業	農業	離職
	農業	離職

注）採用時の配置は、全員が製造ラインであったもの。

業高卒（ならびに大卒）の採用は困難を極めていたであろうことは容易に想像がつく。

さて、かかる状況において採用され、製造ラインに配置された高卒者の中で、企業内教育を通じて能力を伸ばした者は、設計あるいは金型製作へと職域を高度化させることが可能であった。データで確認してみよう（**表2**）。1982年入社の高卒者は10名であり、20年を経た現在、6名はすでに離職している。残る4名のうち、県立D工業卒が生産技術課へと移動していることがわかる。言うまでもなく、工作機械のオペレータ全員が、彼のような職域高度化を達成できたわけではない。しかし、この達成例からは、その前提としての職域高度化機会それ自体の存在が確認されるのである。

(2) 職域高度化機会の二重の閉鎖化①：上位職務の大卒化

ところが、20年後の2002年時点では、J社はキャリア・ルートを二重に閉鎖化している。第1は、生産技術課のみならず製造課の課長・課長付へのルートの閉鎖化であり、これは役席者の大卒化によって競争力強化を図るという、J社の経営戦略と関連している。如何なる企業でも、生産性と品質の向上は至上命題である。それをどの職務領域で、どの程度展開するかによって、人員配置や分業範囲は変わってくる。J社の場合、まずもってそれを上位職務で展開してきた。すなわち、生産管理と品質管理のシステムそのものを改善すること、具体的には、生産技術課の技術職が中心となって、製造部の課長・課長付と協働しつつ、システム全体のコンピュータ制御を高めることである。(9)これらの上位職務に、下位職務から年月をかけて育てた高卒ではなく、大卒を配置していくというのがJ社の戦略である。

金型の設計・製作において、ハードよりもソフトの重要性が格段に高まったことも、大卒化のドライブ要因である。つまり、再現性repeatability（同じ金型を再度迅速に製作できるかどうか）の重要性が高まったため、金型を製作する間接工

の熟練技術と比べて、CAD/CAMによる設計能力の方がより問われるようになった。もちろん、だからといって、間接工が不要になったということでは決してない。しかしながら、CAD/CAMによる設計の比重がより高まっていることもまた、確かなのである。

　以上のように、上位職務において生産性と品質の向上を、大卒化によって進めるというのがJ社の経営戦略であり、この戦略を集約した言葉として、インタビューの中で何度も繰り返されたのは、《大卒は幹部、高卒は兵隊》であった。

　　「やっぱり、高卒の人がレベル的にやっぱり落ちてきている部分もあって、育てるのに時間がかかるというのがあるということでもう、まあ、その考えは数年前からですけれども、高卒の方はまずは兵隊さんになってもらう、大卒の方は将来幹部になってもらおうと。」
　　「現時点は、大変失礼な言い方かもしれませんけど、高卒の方は兵隊さん、大卒の方は将来の幹部っていう分け方で考えていますんで、今、大卒採ってますよね、けっこう。ですから、将来的には彼らが幹部になっていくだろうというような考えをしてますんで。」

　J社が意味するところの《幹部》とは、課長・課長付以上のポストを指す。2002年現在、製造部は8課を有し、合計19名いる課長・課長付の内訳は、高卒15名、大卒4名、平均年齢52歳となっている。J社は、この学歴ならびに年齢構成を変えようとしている。現在の高卒課長・課長付が経てきたように、下位職務から年月をかけて育成するのではなく、大卒を採用し、できるだけ早く課長・課長付のポストへと就けようとしているのである。

　ここまでの記述からは、本稿の因果図式について、ひとつの疑問が浮かび上がってくるだろう。すなわち、技術水準の上昇もまた、高卒就職者にとっての職域閉鎖化の原因ではないか、と。これは全くその通りであり、本稿の因果図式はこれを否定するものではない。そうではなく、次の2点に留意すべきだ、ということなのである。第1に、技術水準の上昇が即、高学歴代替をもたらすわけではない。たとえ技術水準が上昇しても、教育訓練投資の配分や、誰をどこに配置するかについては意思決定の余地（自由）が、また逆に、ある資質を持つ労働者を配置したくても、採用が叶わないからできないという余地の無さ（不自由）が存在す

特集　若年労働者問題と雇用関係・職場の変貌

ることは、否定できまい。

　強調しておきたい第2の点は、高学歴代替が生じたからと言って、それは技術水準の上昇に企業が対応したということを必ずしも意味しない、という点である。例えば、「うちはほら、開発とか何かするわけじゃなくて、図面っていっても難しい図面描かない」と述べるトラックボディー製造のH社は、大卒文系を採用し——中小企業であるため、理系だけでは充足しないのである——「勉強し直し」をさせて、設計や保全・試作の職務に配置している。言うまでもなく、「勉強し直し」する大卒文系は、理学や工学を学んできたわけではない。このケースが示すのは、OJTあるいはOff-JTを可能にする知的素養の点で、大卒文系の方が高卒よりも勝るとH社が評価した、ということなのである。このように考えれば、《新卒労働供給の変貌→企業内部の人員配置・分業範囲》という因果図式が、依然有意味であることが理解されよう。

　さて、J社の大卒採用に話を戻そう。20年前は、大卒はおろか高卒(特に工業高卒)の採用すら困難を極めていたJ社は、現在どのくらい大卒を採用できているのだろうか。図6に、新卒採用の学歴別構成の推移を示した。ここからわかることは2点ある。第1に、高卒者の採用も継続されている(職業訓練校(職業能力開発校)卒と専修学校卒もまた、組立作業従事者である[11])。その理由は、ひとつには、「量産組立加工型産業」であるJ社では、組立作業従事者の員数確保についても、

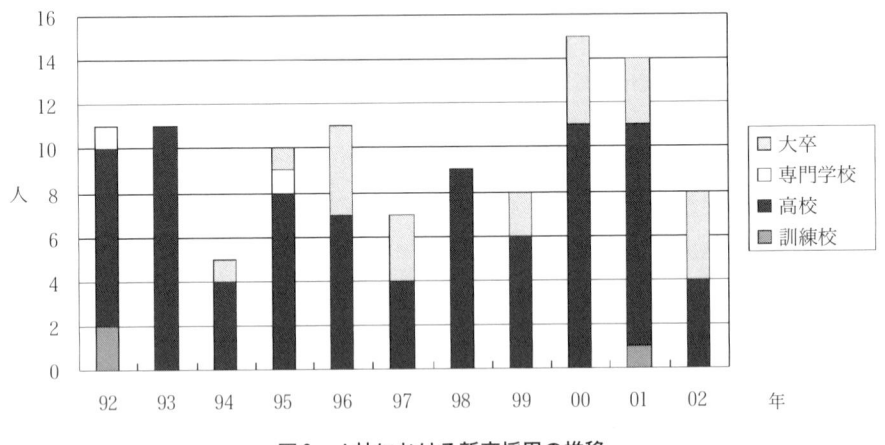

図6　J社における新卒採用の推移

いまなお蔑ろにできない部分であること、いまひとつには、高卒就職者の早期離職率が極めて高いこと（グラフ略）、である。そして第2に、1994年以降、大卒採用がコンスタントになり、人数も増えてきている。製造部の課長・課長付の4分の3が高卒で、平均年齢が52歳となれば、このくらいのペースと人数規模で大卒を採用する必要があるのだろう。しかもJ社は、大卒採用方法も変更した。2000年度入社者の採用からは、『リクナビ』の活用を開始し、その結果「学校そのものは、こちらから全国区になって」いる。全国区になったのみならず、2001年度は国立大学工学部卒（3名全員）を、創業以来初めて採用することができた。

さて他方、《幹部》に対して《兵隊》が意味するのは、「アウトソースで補おう」とするのでもかまわない労働者、すなわち、さほどの訓練を要せず、単純作業のルーティーン・ワークを繰り返すことを要求される労働者＝一作業者としての直接工である。しかし、だからといって高卒の採用が、「員数の確保のためにむしろ生産能力を度外視して」（岩永1988）なされているわけではない。

「98年以降（99年4月入社に向けた活動という意味）……高卒であっても試験では落とすと。それまでは高校を採ってたんですね、採用してたんです。試験受けた子に関しては。で、98年以降から高卒でも絞るようになってきてまして。その絞り方は、今年（2002年）入社分に関しては一段ときつくしたということです。」

2002年度の採用については、評定平均の下限を3.5としたところに、男子は応募者が4名あった。そこから1人にしぼりこむ少数採用である。しかし、そうであっても、高卒採用者に期待されているのは、如上に述べたように《兵隊》たることにすぎない。上位職務の担い手としては期待されていないのである。

1982年時点では、定員の充足すら覚束なかったのが、選抜が可能になったというこの変化は、高卒採用の易化に他ならない。このことが意味する、J社にとってのいまひとつの変化は、県立工業高校からかなりの応募者が来るようになった、ということである。J社は、どのような採用スタンスをとっているのだろうか。

「高校生なんか、今もう、C工業高さんの子なんかも、ここ数年は入ってきたりしますけれど、今年はいないんですね。今年は、C工業高さんの子は採用し

特集　若年労働者問題と雇用関係・職場の変貌

なかった。来たんですけど、採用しなかったんで。やっぱり、一応Ｃ工業高を立ててはいますけど、やっぱりちょっと、っていう感じですね。」

こうした採用スタンスが、採用実績にどのように現れているのか見てみよう。表３は、県立工業高校からの採用職種の推移を示している。ここから明らかなように、生産技術(設計)や金型製作での採用は、ラインでの部品組立・プレス加工へと徐々に変わってきている。すなわち、技術職ならびに間接工から、直接工へと変化しているのである。

表２で見たように、1982年入社のＤ工業卒は、最初はオペレータとしてラインに配置され、2002年現在では生産技術課の技術係長となっている。ところが、ラインでの部品組立・プレス加工に配置されるようになってきている近年入社の工業高校卒業生は、生産技術課あるいは製造課の課長(付)へと職域の高度化を遂げることは極めて困難であろう。なぜなら、繰り返せば、これら上位職務の大卒化が進められているからである。

表３　Ｊ社によるＣ工業高・Ｄ工業高からの採用職種

年	県立工業高校	採用職種	退職年月	他高校採用数	大卒採用数
1992				8	
1993	Ｃ工業	金型製作	1995.8	10	
1994	Ｃ工業	生産技術		4	1
1995	Ｃ工業 Ｄ工業	金型製作 部品組立	1995.6	6	1
1996				7	4
1997				4	3
1998				9	
1999				6	2
2000	Ｃ工業 Ｃ工業 Ｃ工業	金型製作 金型製作 プレス加工	2000.11	8	4
2001	Ｃ工業 Ｃ工業	組立・加工 プレス加工		8	3
2002				4	4

(3) 二重の閉鎖化②：下位職務への大卒配置

言うまでもなく、生産管理と品質管理の向上は、統括的システムそれ自体の改善のみによっては遂行され得ない。J社が力説するように、「(当社の生産技術課は)現場のムダ取り改善に100％対応させるのは元々持っている役割から無理がある。現場のニーズを汲み取って、きめ細かく改善するのは現場でなければできない。」すなわち、生産管理と品質管理のシステム自体の改善に加えて、製造ライン内における改善が、不可欠だということである。「現場のニーズを汲み取って、きめ細かく改善するのは現場でなければできない」とすれば、「現場のムダ取り改善」の担い手としてはライン内労働者に期待がかかると考えられる。

もっとも、野村(1993)の指摘にあるように、優れた改善案の提言者はラインの現場監督者や間接工であって、一般作業者の直接工ではない(12)という実態は、J社でも確認される。

　筆者「役職名的には大体どれくらいの方が、『ここを頑張ると現場の生産性が上がるんだ』、そういう職階といいますか、レベルとかいうのは?」
　J社「それは班長、係長なんでしょうね。係長もそういうふうにあれなんですけど、班長さん、係長さん、管理・監督者クラスが一番しっかりしていないと駄目でしょうね。」

ただし、班長、係長、管理・監督者は、そもそもは一作業者としての直接工から、職域高度化を遂げてきた者、学歴としては高卒である。これに対してJ社は、大卒をも直接工とした配置を、1999年から開始した(図7)。これら大卒直接工4名

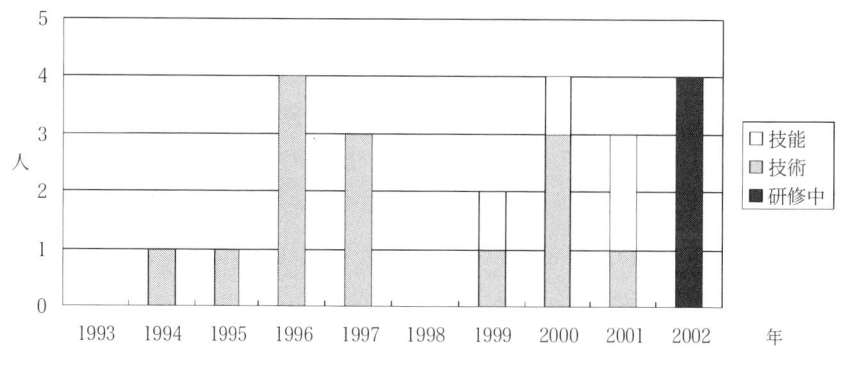

図7　J社における大卒採用の推移

(2002年4月現在)

表4　J社：直接工配置の大卒について

入社年	卒業学部学科	配置職種
1999年	私大工学部（電子）	複写機部品組立
2000年	私大工学部（材料）	複写機部品組立
2001年	国立大工学部（材料）	複写機部品組立
	国立大工学部（機械）	機械オペレータ

は、3名が複写機部品組立、1名が機械オペレータである（**表4**）。因みに、この4名は2002年4月現在、誰も離職していない。この配置の狙いは何だろうか。

J社のような量産組立加工型産業の、製造現場における生産性向上は、ムダ取り改善の積み重ねに支えられている。「現場のニーズを汲み取って、きめ細かく改善するのは現場でなければできない」。しかしこれは大変である、とJ社は言う。なぜなら「ただでさえ現場の人間は文字を書くのは大嫌いである」からだ。認知的能力cognitive abilityに対するこうした構えattitudeからは、生産能率や原価低減に直結する、優れた改善のアイデアの提案は、かなり難しいだろう、と想像される。では、そうした提案は誰がするのか。それが大卒直接工に求められているのである。

「（大卒の）大半は生産技術に就いてる……残りが現場のスタッフ。現実に現場のスタッフとして育てようとして、現場の仕事をしているっていうのが主ですけど、大卒の。」

現場のスタッフを最終的な目標に、そのスタートを直接工として配置している、ということである。それではJ社は、具体的な配置場所をどのように決定しているのだろうか。

「その職場をもうちょっと強くしたい。上が、班長・係長があまりずば抜けた人がいないんで、そこに大学生を入れて、それを育ててもらって、班長・係長クラスに早くしていきたいと……あとは、ここの職場、将来的にもっと強くしていきたいなっていうのが出てきたら、そこに配属する。」

現場改善の推進役たる班長・係長の能力レベルが低いと判断された場合、その下に大卒直接工を配置しているのである。彼ら大卒直接工は23歳＝入社2年目には班長になり、従来「早い人で5年かかっていた」（1982年インタビュー）高卒班長を追い抜いていく。これに対して近年入社の高卒は、「5年では（班長に）なれないかもしれませんですね」。

以上が、二重の閉鎖化の第2である。将来の幹部たる大卒者の一部が、入社時から直接工として配置されることの含意は何か。それは、改善提案の積み重ねによって高卒者が製造ラインの班長・係長へと昇進する機会をその分少なくしかねない、という可能性である。

いま一度繰り返せば、二重の閉鎖化とは、「上位職務の大卒化」ならびに「下位職務への大卒配置」であった。本節のまとめとして、これを図8に図示しておこう。

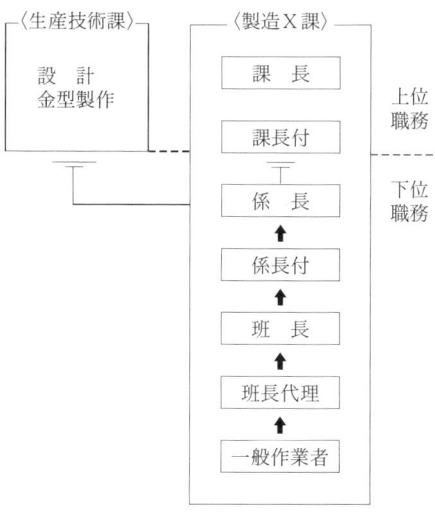

図8　職域高度化機会の閉鎖化についてのモデル

5. 結論と今後の研究課題

それでは、以上の知見を整理し、その上で今後の研究課題について2点述べようと思う。二重の閉鎖化という知見は、Braverman (1974)が定式化したテイラー主義の第2原則によって整理できる。第2原則は、①構想と実行の分離 the separation of conception from execution、②構想においても実行においても、様々な段階の分離を行うこと、である。第1の閉鎖化＝「上位職務の大卒化」は、①「構想 conception と実行 execution の分離」、第2の閉鎖化＝「下位職務への大卒配置」は、②「実行における、構想と実行の分離」にそれぞれ対応する。ともに学歴がそのモメントであり、これを可能としているのは、「選抜緩和をともなう高等教育進学率の上昇」という新卒労働供給の変貌である。1982年当時のように、採用市場において不利な位置にあったときは、採用できた者で対応せざるを得ないため、学歴や学科による職域の壁は、かえって低かった。ところが、採用市場における不利さが改善されたことで、高卒者にとっての職域高度化機会の閉鎖化が現実となったのだ。

もちろん、企業内部の人員配置・分業範囲を規定する要因は、労働供給だけではない。技術水準の上昇や労働需要側の論理（資本の論理）もまた、そうした要因に

特集　若年労働者問題と雇用関係・職場の変貌

他ならない。しかしながら、前者が後者に勝るとも劣らず重要であることは、「そもそもテイラー主義がなぜアメリカで生まれたのか？」という生成の問題へと立ち返ることによって、よりよく理解される。アメリカでは、19世紀末から20世紀の初めにかけて、移民の供給源が変わり、労働力構成の異質性が、いやが上にも高められた。すなわち、ある程度の教育と近代的職業・工場生活の経験を持つ北欧諸国からの移民に代わり、農民出身で文盲率も高い、東欧・南欧・アジア出身の移民が主力となり、南部の黒人・メキシコ人がこれに加わった。こうした移民労働者の管理は、職務をハイアラーキカルに細かく切り分けて単純化した課業 task に従事させることによって、初めて可能となったのである。

アメリカのこうした移民労働供給の変貌を、今日の日本における新卒労働供給の変貌と比較しようというのではない。そうではなく、アメリカ産業社会におけるこの歴史的経験は、企業内部の人員配置・分業範囲に、労働供給が影響するという因果図式を、鮮明に浮かび上がらせる、と言いたいのである。

さて、高卒就職者の激減・質的低下ならびに大卒就職者の増加——再び図1（前出、4頁）を見ると、新卒就職者に占める高卒者はもはやそのマジョリティではなく、1997年以降、大卒者が上回っていることがわかる。このような、新卒就職者の学歴構成と人口規模の変化が持つ意味は重要である。そこで、これについていま少し考えてみよう。考察しやすくするために、次のように単純化されたモデルを設定する。新卒就職者を男子に限定し（女性が多く占める短大が除外される）、中卒と高専卒（ネグレクト可能な人数規模）、ならびに大学院卒を除外したモデルである。これを図9に示した。Y軸方向には学歴段階がとられている。三角形全体の面積は、高卒＋専修学校卒＋大卒の合計を表わす。三角形の内部で分割された面積は、各学歴の就職者数であり、ここでは割合を表示した。左側の三角形は1982年就職者であり、合計573千人、右側は2002年就職者で、合計367千人である。この2つの三角形を比べると、1982年には高卒レベルであったところに専修学校卒と大卒が降りてきている。二重の閉鎖化の背景にあるのは、このような新卒労働供給の変貌である。

もちろん、J社で見られた現象——「大卒技能工化」——がどのていど広がっているのか、そのマグニチュードについてはよくわかっていない。ただし、これは現実的生起であり、中小企業において拡大する可能性は否定できまい。その場合、

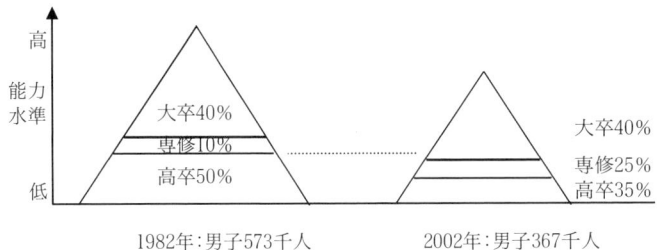

図9 新規学卒就職者の学歴構成と人口規模の変化がもたらす代替雇用のモデル

注)上記モデルは単純化のために、男子に限定し(女性が多く占める短大が除外される)、中卒と高専卒(ネグレクト可能な人数規模)ならびに大学院卒を除外したものである。

次のようなことが問題となってくるであろう。学歴別賃金は続けられるのか。大学進学は企業にとって、あるいは個人にとってペイするのか。高校現場ではどのような進路指導をすればよいのか。このように、「大卒技能工化」は広まるとすればその社会的インパクトは重大である。それゆえ、今後の必須の研究課題のひとつであると筆者は考える。それでは、大卒技能工化の社会的条件・企業内的条件は何か。社会的条件のひとつについてのモデル化を試みたのが図9なのである。

さて、本稿の知見は、「高校斡旋による正規就職は、職業能力形成面で、フリーター等の非正規就労と比べてずっと望ましい」という一般認識に、疑義を呈する。本稿が示した職域高度化機会の閉鎖化は、「高校経由の正規就職によって、その後の職業キャリアの土台を築くことができるのか」という疑問を突きつけているのである。

ここで「土台」を、仕事に対する適切な態度 proper attitude (Osterman 1980) と、知識・スキルの2つに分けて、この疑問について考えてみよう。J社のように、直接ラインの現場においてすら、大卒者が「構想」を担うことによって、高卒者は「実行」の担い手としてのみ位置づけられている企業に、数年間勤続した結果、得られるものは何だろうか。確かに、「兵隊」意識――極端でない限り、仕事に対する適切な態度の一部を構成するものだろう――は身につくかもしれない。然るに、職業キャリアの土台となるような知識やスキルの習得については大きな疑問符が付く、と言えよう。

それゆえ、職域高度化機会が閉鎖化した企業への入社は、離職か勤続かの選択

において、次のようなパラドクスをもたらす。すなわち、職域高度化機会がないということで、見切りをつけて早くに離職すると、早期離職が負の意味を帯び、仕事を見つけるのが難しくなってしまう。「アガキ・モガキ期」が当然のアメリカに対して、それが当然化していない日本では、早期離職は、アメリカの場合よりもずっと負の意味を帯び、人格特性に問題があることのシグナルとして読まれかねない。このようなシグナルは、従来の制度的・規範的特徴——新規一括採用・長期勤続を特徴としてきた日本企業のあり方——に規定されて残っているのである。それでは、負のラベルを貼られない程度まで長く勤続すればよいのかというと、本稿で見たように、職域が閉鎖化しているため、必要な知識やスキルが身につかない。その状態で転職しようとしても、知識やスキルが不充分だと見なされてしまう。Osterman が描いたような settling down は、あまり起こりそうにもない。

　もともと若年労働市場が流動化していたアメリカに対し、新規一括採用・長期勤続を戦後の長きにわたって制度的・規範的特徴としてきた日本。従来機能してきたこの制度が、若年労働市場の流動化に及ぼす影響は如何なるものか。同じ若年労働市場の流動化といっても、日本固有のそれはどのようなものか。本稿がひとつの仮説として提示したのは、如上のパラドクスである。

　以上、「大卒技能工化の社会的・企業内的条件」「若年労働市場の「日本的」流動化」の２点を、今後の研究課題として提示した。労働社会学がこれらを掘り下げていくのであれば、学校教育からの労働供給により関心を払ってきた教育社会学との、緊密な共同作業が不可欠ではなかろうか、と筆者は考える。

（注）
(1) この調査は、2000年度日本学術振興会の助成を受け（「高校から職業へのトランジッションの変容過程に関する研究」）、苅谷剛彦・東京大学大学院教授を研究代表とし、千葉勝吾・山口一雄・濱中義隆・堀健志・筒井美紀・大島真夫・林未央・新谷周平・卯月由佳のメンバーで実施した共同研究である。Z県立の進路多様校を中心に、11校で進路指導担当教師のインタビュー、ならびに12校で生徒への質問紙調査を2001年に行った。なお、1992年調査は別個の共同研究（研究代表・苅谷剛彦）によるものである。
(2) 生徒への質問紙調査では、クラスでの成績を5段階に分けて尋ねている。
(3) この調査は、2001年調査をふまえて、2003年に筆者が個人研究として実施した調査である。上記11校の中から7校を選び出し、インタビューを行った。
(4) 理系に限定したのは、文系だと事務職や営業職での就職が入り、ブルーカラーの高学

歴代替というここでの論点に、データが沿いにくくなると考えたためである。
(5) この指摘は、「ヒトの存在は分業範囲を100％決定する」と言っているのではない。そうではなく、①日本企業における「仕事の区分」と「ヒト」の対応関係はより緩やかであることを指摘し、②技術革新や資本の論理など、分業範囲を決定する様々な要因の中で、「ヒト」という要因の重要性を強調したものである、と筆者は理解している。
(6) 1982年当時の資料としては、インタビュー・ノートとテープが、研究会のレジュメや計画表とともに残されている。それゆえ20年前のデータが、回顧データによってではなく、活用可能である。当時の資料の活用を快諾して下さった岩木秀夫先生・小林雅之先生・岩永雅也先生に、ここに記して謝意を表明したい。
(7) 筆者は、全企業とのインタビューにおいて、まず初めに、テープ録音の許可を求めた。その結果、O社のみで許可を得られなかった。
(8) この分業体制では、性別分業がなされている。2002年のインタビューによれば、女性労働者は主に検査業務、場合によっては現場事務を兼務するということであった。
(9) 個別の機械についても、自動誤組発見機や自動寸法修正機などを自社開発してきた。
(10) 現在のJ社では、金型の内製率は100％である。
(11) J社では、職業訓練校（職業能力開発校）卒と専修学校卒は、高卒と同レベルと見なされており、技能工採用が高卒で充足しなかった場合の次善の策として位置づけられている。その理由としては、ひとつには「高等学校卒業程度を入学資格とし、その多くは2年制の教育機関である工業系専門学校は、その技術的な水準としては、工業高校の卒業程度」（伊藤1998）ということ、いまひとつには、就職機会がない・出来ないという消極的理由による短期中等後教育進学者が増加する中では、彼らの能力レベルに期待が持てない、ということがあろう。それゆえ、「ブルーカラーの高学歴代替」は、専修学校を飛び越えて、大卒による高卒の代替となって現れる、と考えられるのである。この議論は、労働市場における専修学校の評価について踏み込む必要がある。それについては拙稿（2005近刊）を参照。
(12) 石田ほか（1997）もまた、現場の改善に関して、直接工のそれは、自分の工程の"1秒改善"に限られており、小改善は基本的には組長（係長）・班長の業務であるという事実を指摘している。
(13) 以下、このパラグラフの終わりまでについては白井（1992）を参照した。

〔参考文献〕

Braverman, Harry 1974, *Labor and Monopoly Capital; The Degradation of Work in the Twentieth Century,* Monthly Review Press, New York＝富沢賢治訳 1978、『労働と独占資本』岩波書店。

Davidson, Percy and H. Dewey Anderson 1937, *Occupational Mobility in an American Community,* Stanford University Press.

Dore, Ronald, P.、田丸延男訳 1986、『貿易摩擦の社会学：イギリスと日本』岩波書店。

石田光男・藤村博之・久本憲夫・松村文人 1997、『日本のリーン生産方式―自動車企業の事例―』中央経済社。

伊藤和雄 1998、『職業と人間形成の社会学―職業教育と進路指導―』法律文化社.
岩永雅也 1988、「求人段階における企業と学校の実績関係」天野郁夫研究代表『高等学校の進路分化機能に関する研究』(トヨタ財団報告書)、140-151頁.
小林雅之 1988、「高卒技能労働者の職場定着と昇進」天野郁夫研究代表『高等学校の進路分化機能に関する研究』(トヨタ財団報告書)、171-191頁.
厚生労働省、『新規学卒者の労働市場』各年度版.
熊沢誠 1998、「就職の現実」佐伯胖・黒崎勲・佐藤学・田中孝彦・浜田寿美男・藤田英典編『岩波講座 現代の教育』第12巻、岩波書店、222-243頁.
――― 2000、『女性労働と企業社会』岩波書店.
文部科学省、『学校基本調査』各年度版.
中島史明 2002、「1990年代における高校の職業紹介機能の変容―初回就職形態に見る高校から職業への移行の多様化―」小杉礼子編『自由の代償 フリーター』日本労働研究機構、101-118頁.
日本労働研究機構 1998、『新規高卒労働市場の変化と職業への移行の支援』.
――――――― 2000、『フリーターの意識と実態―97人へのヒアリング調査より―』.
――――――― 2001、『大都市の若者の就業行動と意識―広がるフリーター経験と共感―』.
野村正實 1993、『熟練と分業―日本企業とテイラー主義―』御茶の水書房.
――― 1998、『雇用不安』岩波書店.
岡部恒治・戸部信之・西村和雄編 1999、『分数ができない大学生：21世紀の日本が危ない』東洋経済新報社.
Osterman, Paul 1980, *Getting Started: The Youth Labor Market,* the MIT Press.
白井泰四郎 1992、『現代日本の労務管理 第2版』東洋経済新報社.
Taylor, Frederick Winslow 1934, *The Principles of Scientific Management,* Harper & Brothers Publishers, New York＝上野陽一訳・編 1969、「科学的管理法の原理」『科学的管理法』新版、産業能率短大出版部.
筒井美紀 2005近刊、『高卒労働市場の閉鎖化と高校進路指導・就職斡旋における構造と認識の不一致』東洋館出版社.
Vogel, Ezra F. 1979, *Japan as Number One,* Harvard University Press, Cambridge＝広中和歌子・木本彰子訳 1979、『ジャパン アズ ナンバーワン』TBSブリタニカ.

若年勤労者の会社・仕事観と企業の人事管理

林　大樹
(一橋大学)

1. 若年雇用問題の深刻化と対策

(1) 新卒フリーター増加についての国民生活白書の分析

「デフレと生活―若年フリーターの現在」を副題とする『平成15年版 国民生活白書』は、「近年、失業率が過去最高水準の5％台半ばで推移する中で、とりわけ25歳未満の若年の失業率は10％に近づいており、今後の日本経済を担う若年の就業問題は、極めて重要な課題となっている」(内閣府 2003：48)と述べ、若年雇用の悪化の現状と要因、その問題点と対策について考察を行った[1]。

同白書は若年雇用の悪化現象の中でもとりわけ新卒フリーターの増加に注目した。「近年、卒業後、進学せず正社員としても就職しないで、パート・アルバイトとして働いていたり、無職の状態にある人が増加している」(内閣府 2003：48)と指摘し、こうした人々を「新卒フリーター」[2]と定義して、新卒フリーターの増加の背景にある、若年を取り巻く労働市場の環境の変化や、学生の就業意識の変化に注目して、詳細な検討を行ったのである。

新卒フリーターの増加要因として、同白書は労働経済学的にオーソドックスな分析を試みており、企業(労働需要)側の要因と学生(労働供給)側の要因を分けて整理している。企業(労働需要)側の要因としては、新卒求人の減少、パート・アルバイトの増加、中途採用の活用、求人・求職状況の変化などがあり、他方、学生(労働供給)側の要因としては、学生の資質低下の影響、学生の就業観の変化、高校の進路指導の問題、大学教育の問題があるとしている。このように労働の需給両側面の要因を指摘した上で、「どちらかといえば、労働需要側の問題がより強い影響を及ぼしていると考えられる」(内閣府 2003：56)としながらも、デフレ下での経済

特集　若年労働者問題と雇用関係・職場の変貌

低迷による企業の労働需要の減退が若年の就業観の変化や勤労意欲の低下につながり、さらにそうした若年の意識の変化が企業の採用意欲の減退を招くという悪循環が生じていると指摘している（内閣府 2003：56）。悪循環が生じるメカニズムについて十分な解明がなされたわけではないが、企業の労働需要の減退が新卒フリーター増加の主要因であることを示唆している点は、的確であると思う。

(2) 「若者自立・挑戦プラン」

若年層の雇用（失業）問題の深刻さは政府の政策にも影響を与えた。政府も若年者の就業促進に力点を置くようになり、2003年6月には「若者自立・挑戦プラン」が決定されている。ただし、同プランに関係する平成16年度（2004年度）概算要求額をみると、「Ⅰ-1. 教育段階から職場段階に至るキャリア形成及び就職支援」に184億円、「Ⅰ-2. 若年労働市場の整備」に187億円、「Ⅰ-3. 若年者の能力の向上」に236億円、「Ⅰ-4. 創業・起業による若年者の就業機会の創出」に29億円、および「Ⅱ. 地域における新たな枠組み：若年者のためのワンストップサービスセンター（通称：Job Cafe）の整備」に91億円などである。施策の性格をみると、労働需要の創出よりも、労働供給側の能力向上に重点が置かれているように思われる。

「若者自立・挑戦プラン」は2004年になって強化することが決まり、内閣官房、内閣府、文部科学省、厚生労働省、および経済産業省の関係府省は連携してプランの強化の具体化のために必要な概算要求等をまとめて、2004年9月10日に公表した。それによると概算要求額合計は810億円で、前年度予算額526億円に比べ、54％増の予算規模となっている。概算要求の内容をみると、プランを強化するために新たに取り組む施策（概算要求額351億円）として、「1. 学校段階からのキャリア教育の強化（ものづくり体験等）、専門職業人の育成」に43億円、「2. フリーター・無業者に対する働く意欲の涵養、向上等」に202億円、「3. 成長分野を支える人材育成の推進」に71億円、「4. 企業内人材投資の促進」に13億円、「5. 誰でもいつでも能力向上を行う機会の提供（草の根eラーニング・システムの導入）」に17億円、「6. 国民各層が一体となって取り組む国民運動の推進」に6億円が充てられている。202億円の概算要求額が充てられていて、最も注目される「2. フリーター・無業者に対する働く意欲の涵養、向上等」の中身については、(1)フリーター・無業者に対する働く自信と意欲の涵養・向上、(2)学校在学中の職業意識の形成、就職・定着支

援等の強化、(3)個人の選択を機能させた若年者の能力開発施策の拡充、(4)ものづくり立国の推進、(5)若年者試行雇用事業の拡充といった項目が列挙されている。

2003年に引き続き2004年に作成された「若者自立・挑戦プラン」関連の政府の諸施策においても、労働需要の創出方策に比べ、労働供給側の質的・量的な労働能力向上の方策に重点が置かれる傾向に変わりはない。この点、同プランが若年者の就業促進にどれほど有効か疑問が残らないわけではない。

なぜかというと、前述の『平成15年版 国民生活白書』が指摘するような「悪循環」が存在するのだとしたら、それへの対策は、まず「悪循環」の起点である「企業の労働需要の減退」、さらにはその原因であるデフレによる経済不振に焦点を合わせるべきであると考えるからである。「若年の就業観の変化や勤労意欲の低下」のような「結果」なり「帰結」に焦点を合わせてもこの問題の根本を解決することにはならないのではないかと考える。需要が拡大しないのに、供給力を増強しても、需要と供給のギャップは拡大するばかりであり、一層困難な雇用問題を引き起こしかねないことも危惧される。

また、「若年の就業観の変化や勤労意欲の低下」といった若年層の意識の変化は、そうした意識変化が実際に生じているとしても、ストレートに企業の採用意欲の減退という現象に結びつけて考えてよいものか疑問である。理由は、次に触れるように、すでに日本企業は若年層の意識変化に対応した募集・採用方法や人事管理を模索していたはずであったと考えるからである。

2. 1990年代初頭の若年労働力供給不足と人事管理の新しい方向

今を遡る約10年前の1990年代初頭、日本企業の経営環境は現在とは大きく異なり、バブル経済による労働市場のひっ迫と、バブル崩壊後の景気後退期においても継続した若年労働力の売り手市場に企業は悩んでいた。当時、若い世代の就業観の変化を指摘し、企業がいかにして若年層に魅力的な会社とならねばならないか、若年層に対するマネジメントの工夫を提言する専門家も少なくなかった。1992年9月刊行の『労政時報別冊 若年層社員の人事管理研究—採用、育成、処遇の新潮流を探る』(労務行政研究所発行)はそうした専門家の論稿を多く掲載して興味深い。

たとえば、1980年代に就職、転職のための仕事情報誌の編集に長く携わり、若

年層と女性の就業意識の観察を続けていた江上節子氏は、「若者と働く女性の就労意識と行動パターン」の中で、「若年層と共通する女性の就業スタイル」について、(1)「会社軸より仕事軸」、(2)「組織ロイヤリティより自分ロイヤリティ」、(3)「ハードな給料より快適な自由時間」、(4)「専門職志向の増大」といった新しい価値観の台頭を指摘し、いまや企業は若者や女性に代表される新しい仕事の価値観を持った人々に選択される状況に直面していると主張した（労務行政研究所 1992：42-50）。

また、明治大学経営学部の根本孝教授は、「『共生主義人事』は、世代ギャップを超えられるか」の中で、「人間関係がうまくいかない」、「自分の時間がない」、「仕事がつまらない」、「自信がない」などの若者の悩みを整理し、そうした若者へのマネジメント対応の重点として、教育訓練（人間関係能力の開発。理念・倫理教育。生活マネジメント支援など）、人事システムの改革（労働時間短縮、休日増加などの勤務時間、勤務体制の改革。仕事のてごたえや合理的な評価、報酬を期待する若者に対する能力評価・報酬システムの改革。仕事、職務の明確化とキャリア目標、CDPの明示などキャリア・ガイダンス、キャリア・マネジメントの改革）および職場マネジメント（面白さのマネジメント）の3本柱を示した（労務行政研究所 1992：37-40）。

さらに同氏は、若者への対応は「矯正策」と「歩み寄り策」に区分され、世代ギャップを埋めるものであるという前提で考えれば、このどちらかの選択となるが、今後は第3の対応策、すなわち、世代ギャップは埋めるものではなく、それは尊重し、相互理解の上で相互協力の道を探る必要があり、世代ギャップを超え、個々人の個性、特性に焦点を当てた、新たなマネジメントへの転換が求められてきているとも主張した（労務行政研究所 1992：40-41）。

3. 2000年代初頭における若年勤労者の会社・仕事意識の変化

筆者が参加した財団法人雇用開発センター「新世代の生活意識と職業観に関する調査研究」プロジェクトは、2001年11月から02年3月にかけてアンケート調査を実施した。同調査は若い勤労者（主に20代と30代）の仕事や会社（勤務先）に対する意識などの特徴を捉えることを目的とし、労働組合（産別組織3団体）および企業（4社）を通じて、所属する組合員または従業員を対象に質問紙を配布したもの

で、対象者4,382名に対して、1,691票の有効回答（有効回収率38.6％）を得ている。以下に同アンケート調査の概要を紹介する。

(1) 調査の課題とアンケート調査の項目

この調査は、「『バブル景気』をはさむ、ここ20年程度の社会・経済環境の急速な変化を背景として、日本企業の雇用慣行や人的資源管理システムに変化・多様化の波が押し寄せてきている。こうした変動のなかで、『新世代』就業者の仕事観、組織コミットメント、キャリアの志向性、将来生活の展望などに、どのような特徴がみられるだろうか」という課題をもって行われた。アンケート調査の項目は大項目を挙げると次の6つになる。

Ⅰ　現在の仕事と働き方について……………………………………問1～問5
Ⅱ　就職前のことや就職活動について………………………………問6～問8
Ⅲ　職場生活、職業経験の内容とそれに対する評価、考え方について …問9～問13
Ⅳ　キャリア形成、キャリア開発の現状と意向 ……………………問14～問19
Ⅴ　生活や働き方の変化などについて………………………………問20～問25
Ⅵ　回答者の属性について……………………………………………F1～F6

(2) 回答者の属性

回答者の属性の主な特徴は、次の通りである。
①首都圏の事業所に勤務しているか首都圏に在住していて、「学生」は含まれていない。
②性別は男女ほぼ半々（男性が52.7％、女性が47.3％）。
③雇用・就業形態は正社員（71.0％）がほぼ7割と多いが、アルバイト（16.1％）、派遣社員（7.9％）、パートタイマー（3.0％）、契約社員（2.1％）といった多様な非正社員が含まれており、いわゆる「フリーター」と呼ばれる層も入っている。後述する回答結果の観察においては、雇用形態を約7割を占める正社員と約3割を占める非正社員に大別し、さらにそれぞれを4区分の年齢階層とクロスして8つの階層とした「雇用形態・年齢別」の集計を属性別クロス分析の柱としている。
④年齢は20歳代と30歳代が中心である。

⑤勤務先企業は大企業が中心である（総従業員数5000人以上の企業に勤務する人が48.6％、同1000〜4999人の企業に勤務する人が27.1％、同300〜999人の企業に勤務する人が10.3％）。
　⑥業種は、製造業(36.4％)、飲食店(24.1％)、小売業(16.9％)の順に多い。
　⑦職種は、事務職(25.7％)、サービス職(22.4％)、販売職(11.9％)、技能・作業職(9.5％)、技術・設計職(8.9％)、研究・開発職(6.3％)、情報処理・ソフトウェア開発職(6.0％)など多岐にわたっている。

　回答者の属性の特徴については特に次の点に言及しておきたい。それは、調査対象とした勤労者の勤務先企業に業種が「飲食店」あるいは「小売業」であるものが比較的多く含まれているが、それらは飲食店業や小売業に多くみられる中小・零細企業ではなく、チェーンストア組織等の大企業が対象となっていることである。そうした業態では、よく知られたファーストフード企業に典型的なように、多数のパートタイマー、アルバイト従業員を雇用し、それら非典型な雇用形態の従業員の人事管理について格別に配慮している場合もある（たとえば中島豊2003を参照）。したがって、そうした比較的少数の先進的企業における若年層マネジメントの実践が本アンケートの回答者の意識傾向に少なからぬ影響を与えていることは考えられる。

　筆者は、そうしたサンプリングの偏りについて、本アンケートの回答者が最近のわが国の若年勤労者全体の意識傾向をどれだけ代表しているかという点、すなわち標本抽出の方法や標本の代表性に疑問符がつけられる可能性を認識している。しかし、その点が本研究目的にとっての弱点であるとは考えない。本研究は日本企業の人事管理と若年勤労者の就業意識の相互作用に強い関心を持つものである。若年勤労者一般の意識傾向の観察を主目的としたわけではない。本研究では、サンプルに一定の偏りがあるがゆえに、特定の人事管理がどれだけ従業員の就業意識に影響を与えるかが増幅した値となって観察できたのではないかと思う。したがって、以下に紹介する回答結果とその分析から読み取るべきは、特定のマネジメントの作用がいかに若年従業員の意識に影響を与えているかという点であると考える。若年勤労者一般の意識傾向の把握は別の調査データ分析に拠る必要があると考える。

(3) 5年前と比較した会社と仕事に対する気持ちの変化

　本アンケートでは、若年勤労者の会社・仕事意識の変化を探るため、次の質問を設けた。「問11　会社（職場・勤務先）と仕事に対する気持ちについて、5年前（1996年）と比べた変化をうかがいます（5年前に学生だった方は、働きはじめて1年目の頃と比べてお答えください）。また、登録型派遣社員の方は、実際に働いている企業・団体など（派遣先）でのお気持ちをお答えください」として、以下の①～⑥の6項目を挙げ、各項目に対する気持ちが「強くなった」、「今まで通り強い」、「薄れた」、「もともと薄い」および「わからない」の5つの選択肢の中から1つを選んでもらった。問11で質問した6項目は以下の通りである。

〔5年前と比較した、会社と仕事に対する気持ちの変化（問11）〕
①　自分は会社の一員だという気持ち
②　会社の発展のために最善をつくそうという気持ち
③　責任あるポストにつきたいという気持ち
④　仕事での責任をまっとうしようという気持ち
⑤　仕事内容への興味や関心
⑥　自己啓発、自分の能力開発への意欲

　5年前と比較した会社（職場・勤務先）と仕事に対する気持ちの変化を問うた一連の質問への回答結果をみると、非正社員、なかでも24歳以下の最も若い年齢階層の非正社員に会社発展への貢献意欲、仕事遂行の責任意識、仕事内容への興味や関心、自己開発意欲などの側面における会社・仕事意識の高さが特徴的であった。以下、アンケートの集計結果に即して、意識傾向を観察することにしたい。

1）　会社との一体感

　まず、**表1**は、「自分は会社の一員だという気持ち」すなわち会社との一体感の変化を示している。一見して注目されるのは、非正社員24歳以下層において、会社との一体感が「強くなった」とする者が45.1％と半数近くに達し、非正社員の中だけでなく、正社員の各年齢階層と比べても格段に高い比率を示していることである。ただし、正社員の各年齢階層では、会社との一体感が「今まで通り強い」という回答が多いので、こちらの比率にも注目する必要がある。正社員の場合、年齢が上がるにつれて、「今まで通り強い」の比率が上昇する傾向がみられる。「強くなった」と「今まで通り強い」を合計した比率を正社員の各年齢階層についてみる

特集　若年労働者問題と雇用関係・職場の変貌

表1　5年前と比較した、会社と仕事に対する気持ちの変化 (1)
「自分は会社の一員だという気持ち」

(%)

	強くなった	今まで通り強い	薄れた	もともと薄い	わからない	〈強い〉−〈弱い〉	無回答
正社員 24歳以下	34.5	33.1	6.9	8.3	14.5	52.4◎	2.8
正社員 25～29歳	33.0	34.0	9.5	12.4	9.8	45.1	1.3
正社員 30～34歳	22.7	45.3	14.9	6.3	10.3	46.9○	0.5
正社員 35歳以上	20.8	49.1	15.4	6.8	7.2	47.7○	0.7
非正社員 24歳以下	45.1	25.0	9.7	6.3	11.8	54.2◎	2.1
非正社員 25～29歳	27.9	28.3	17.8	15.5	9.6	22.8	0.9
非正社員 30～34歳	22.2	29.6	22.2	9.9	16.0	19.8	0.0
非正社員 35歳以上	21.7	41.3	8.7	19.6	4.3	34.8	4.3

注)「〈強い〉−〈弱い〉」は、「強くなった」および「今まで通り強い」の合計から「薄れた」および「もともと薄い」の合計を引いた数値である。同数値の高さを階層別に比べて、1位と2位の階層には◎印を、3位と4位の階層には○印を付した。

と、24歳以下で67.6％、25～29歳で67％、30～34歳で68％、35歳以上で69.9％であるから、会社との一体感を強いと考えている人の比率の傾向に年齢要因との関係はないようである。このように正社員は、会社に一体感を持っている人が年齢にかかわらず7割弱の多数を占めているのであるが、非正社員の場合は、会社に一体感を持つ人の割合 (「強くなった」と「今まで通り強い」の合計の比率) は、24歳以下で70.1％、25～29歳で56.2％、30～34歳で51.8％と年齢が上がるにつれ大きく低下する傾向を示している。ただし、この傾向は35歳以上では反転して、63％が強い会社との一体感を示すのが興味深い。

2) 会社発展への貢献意欲

表2は、「会社の発展のために最善をつくそうという気持ち」すなわち会社発展への貢献意欲の変化を示している。「強くなった」と「今まで通り強い」の合計の比率を正社員についてみていくと、24歳以下で60.6％、25～29歳で58.5％、30～34歳で59.7％とほぼ6割の水準で一定しているが、35歳以上になると65.5％と5ポ

表2　5年前と比較した、会社と仕事に対する気持ちの変化 (2)
「会社の発展のために最善をつくそうという気持ち」

(%)

	強くなった	今まで通り強い	薄れた	もともと薄い	わからない	〈強い〉-〈弱い〉	無回答
正社員 24歳以下	30.3	30.3	13.1	9.0	14.5	38.6○	2.8
正社員 25〜29歳	27.4	31.1	15.0	14.0	11.1	29.6	1.3
正社員 30〜34歳	20.9	38.8	22.2	6.8	10.6	30.7○	0.8
正社員 35歳以上	25.4	40.1	18.3	8.6	6.8	38.7◎	0.7
非正社員 24歳以下	34.7	32.6	10.4	8.3	11.1	48.6◎	2.8
非正社員 25〜29歳	22.8	31.1	16.9	13.2	15.1	23.7	0.9
非正社員 30〜34歳	19.8	33.3	19.8	8.6	18.5	24.7	0.0
非正社員 35歳以上	6.5	43.5	8.7	19.6	15.2	21.7	6.5

注) 表1に同じ。

イントほど上昇している。

これに対し、非正社員の場合は異なる傾向がみられる。非正社員において会社発展への貢献意欲が強い人の割合は、24歳以下で67.3%と7割近い高い比率を示すが、25〜29歳 (53.9%) と30〜34歳 (53.1%) では5割強に大きく低下し、35歳以上ではさらに下がってちょうど50%となっている。

3) 昇進意欲

表3は、「責任あるポストにつきたいという気持ち」すなわち昇進意欲の変化を示している。まず全体的な傾向として、新世代社員においては昇進意欲を強く持っている人が同世代の中で多数派ではないことが分かる。

年齢階層に注目すると、正社員にしても、非正社員にしても、若干の例外はあるものの、年齢階層が上がるにつれて昇進意欲が強くなった人の割合が減り、逆に昇進意欲が薄れた人の割合が増大している。

表3に戻って、より詳しく昇進意欲の動向を観察すると、興味深い傾向がみられる。まず、正社員について「責任あるポストにつきたいという気持ち」が「もと

特集　若年労働者問題と雇用関係・職場の変貌

表3　5年前と比較した、会社と仕事に対する気持ちの変化 (3)
「責任あるポストにつきたいという気持ち」

(％)

	強くなった	今まで通り強い	薄れた	もともと薄い	わからない	〈強い〉−〈弱い〉	無回答
正社員 24歳以下	20.0	18.6	9.0	29.7	20.0	0.0◎	2.8
正社員 25〜29歳	19.8	19.0	11.6	30.6	17.9	▲3.4○	1.1
正社員 30〜34歳	13.4	18.6	25.2	31.7	9.6	▲24.9	1.5
正社員 35歳以上	11.8	25.4	25.1	28.0	9.3	▲15.8○	0.4
非正社員 24歳以下	24.3	16.7	12.5	27.8	16.7	0.7◎	2.1
非正社員 25〜29歳	16.7	10.0	19.2	39.7	14.2	▲32.9	0.9
非正社員 30〜34歳	14.8	7.4	17.3	46.9	13.6	▲42.0	0.0
非正社員 35歳以上	2.2	6.5	13.0	60.9	10.9	▲65.2	6.5

注）表1に同じ。

もと薄い」人、換言すれば、最近5年間で低い昇進意欲に変化のない人の比率を年齢階層別にみると、24歳以下層で29.7％、25〜29歳層で30.6％、30〜34歳層で31.7％、35歳以上層で28％と年齢階層にかかわらず、ほぼ3割を占めていることが分かる。これに対して、昇進意欲が最近5年間で「薄れた」人、すなわち昇進意欲の低下があった人の比率を年齢階層別にみると、24歳以下層で9％、25〜29歳層で11.6％という1割程度の比率が、30歳を境に、30〜34歳層で25.2％、35歳以上層で25.1％を示しており、4人に1人の割合で昇進意欲が「薄れた」人がみられる。言うまでもなく、日本企業の雇用慣行において、昇進機会は従業員の年齢と密接な関係がある。設問における「責任あるポスト」を回答者がどう解釈したかは回答者により多少の幅はありうるが、年齢を考えると、管理職あるいは、管理職ではないが職場リーダーとして責任を持たされる立場が考えられていると思われる。若年就業者が管理職や職場リーダーに就きたいという気持ちが薄れたということは何を意味するのであろうか。おそらく、そうしたポストに就くことの魅力が低下したか、そうしたポストに就くことが困難になって、昇進を諦めたかのど

ちらか、あるいはそれらの両方の要因が働いているのではないかと思われる。

4) 仕事への責任感

表4は、「仕事での責任をまっとうしようという気持ち」の変化を示している。「強くなった」と「今まで通り強い」を合計した比率を使って、仕事への責任感の強い人の占める比率を年齢階層別にみていくと、正社員では24歳以下層から35歳以上層まで順に79.3％、83.1％、81.3％、82％となっていて、年齢階層にかかわらずほぼ8割前後を占めている。同様に、非正社員についてみると、若い年齢階層から順に84.1％、84％、88.9％、89.2％と漸増している。同じ年齢階層ごとに比べると、どの年齢階層においても、非正社員のほうが正社員に比べて、仕事への責任感の強い人の占める比率が5〜7ポイント程度高くなっていることが注目される。

表4 5年前と比較した、会社と仕事に対する気持ちの変化 (4)
「仕事での責任をまっとうしようとういう気持ち」

(％)

	強くなった	今まで通り強い	薄れた	もともと薄い	わからない	〈強い〉－〈弱い〉	無回答
正社員 24歳以下	37.9	41.4	9.0	4.1	4.8	66.2	2.8
正社員 25〜29歳	35.9	47.2	5.8	3.4	6.3	73.9	1.3
正社員 30〜34歳	23.9	57.4	10.3	2.0	5.5	69.0	0.8
正社員 35歳以上	25.4	56.6	9.7	1.4	4.7	71.0	2.2
非正社員 24歳以下	43.1	41.0	4.2	2.1	7.6	77.8○	2.1
非正社員 25〜29歳	31.5	52.5	5.9	2.7	6.4	75.3○	0.9
非正社員 30〜34歳	34.6	54.3	1.2	2.5	7.4	85.2◎	0.0
非正社員 35歳以上	19.6	69.6	4.3	0.0	2.2	84.8◎	4.3

注) 表1に同じ。

5) 仕事内容への興味、関心

表5は、「仕事内容への興味や関心」の変化を示している。回答者は全体として仕事に対する強い興味や関心を示していると言える。なかでも、5年前と比べ「強

表5　5年前と比較した、会社と仕事に対する気持ちの変化(5)
　　　「仕事内容への興味や関心」

(%)

	強くなった	今まで通り強い	薄れた	もともと薄い	わからない	〈強い〉−〈弱い〉	無回答
正社員24歳以下	33.8	35.2	10.3	7.6	10.3	51.1	2.8
正社員25〜29歳	34.6	37.2	13.2	6.3	7.4	52.3○	1.3
正社員30〜34歳	25.4	42.8	19.4	3.5	7.6	45.3	1.3
正社員35歳以上	23.7	46.2	21.1	2.5	5.4	46.3	1.1
非正社員24歳以下	43.1	34.0	13.9	1.4	5.6	61.8◎	2.1
非正社員25〜29歳	32.9	37.9	16.4	2.7	9.1	51.7	0.9
非正社員30〜34歳	40.7	32.1	13.6	4.9	8.6	54.3○	0.0
非正社員35歳以上	23.9	58.7	8.7	0.0	4.3	73.9◎	4.3

注)表1に同じ。

くなった」という点では、非正社員24歳以下層の43.1%と非正社員30〜34歳層の40.7%が目立つ。また、「今まで通り強い」については、58.7%と6割近くがそうだとしている非正社員35歳以上層がずば抜けて高い比率を示している。仕事内容への興味や関心が「薄れた」とする人は全体的には少数であるが、正社員35歳以上層(21.1%)と同30〜34歳層(19.4%)では約2割という相対的に大きな割合を占めており、非正社員では35歳以上層がきわめて高い仕事関心度を示していることと比べて気になる点である。

6)　自己啓発意欲

　表6は、「自己啓発、自分の能力開発への意欲」の変化を示している。「強くなった」の比率は、非正社員の24歳以下層と同25〜29歳層で4割を超え、同時に、正社員の25〜29歳層でも4割を示している。また、「今まで通り強い」を合わせて見ると、正社員、非正社員のいずれの階層でも自己啓発、自分の能力開発への意欲は高いと言える。気になる点としては、前の設問でもみられた正社員の30歳以上の階層において、意欲が薄れたとする人が2割弱に達していることである。企業の

表6　5年前と比較した、会社と仕事に対する気持ちの変化 (6)
「自己啓発、自分の能力開発への意欲」

(%)

	強くなった	今まで通り強い	薄れた	もともと薄い	わからない	〈強い〉－〈弱い〉	無回答
正社員24歳以下	32.4	29.7	11.0	10.3	13.1	40.7	3.4
正社員25〜29歳	40.6	33.8	11.1	5.5	7.7	57.8◎	1.3
正社員30〜34歳	28.5	36.5	19.4	5.5	9.1	40.1	1.0
正社員35歳以上	32.3	38.7	17.2	5.0	6.1	48.7	0.7
非正社員24歳以下	43.1	32.6	6.9	2.8	12.5	66.0◎	2.1
非正社員25〜29歳	40.6	32.0	11.9	5.0	9.6	55.7○	0.9
非正社員30〜34歳	35.8	33.3	6.2	8.6	14.8	54.3	1.2
非正社員35歳以上	30.4	41.3	10.9	4.3	8.7	56.5○	4.3

注）表1に同じ。

中堅従業員であるこうした階層において、仕事への興味、関心が薄れ、能力開発の意欲も薄れたとする人が占める2割という割合は、けっして無視しうる小さな割合ではないと思われる。

7) 小　括

　表7は、これまでみてきた表1〜6の一種の総括表であり、「強くなった」および「今まで通り強い」の合計から「薄れた」および「もともと薄い」の合計を引いた数値である「〈強い〉－〈弱い〉」値を項目別、雇用形態・年齢別に示したものである。

　項目の①「自分は会社の一員だという気持ち」と項目②「会社の発展のために最善をつくそうという気持ち」を〈会社意識〉、項目の④「仕事での責任をまっとうしようという気持ち」と⑤「仕事内容への興味や関心」を〈仕事意識〉とまとめると、〈会社意識〉では正社員が上回っており、〈仕事意識〉では非正社員が上回っている。ただし、非正社員24歳以下層は〈会社意識〉も、〈仕事意識〉も、ともに高水準である。なお、項目③「責任あるポストにつきたいという気持ち」については、水準にかなり大きな格差はあるものの、プラスの意識は正社員、非正社員を問わず各階

特集　若年労働者問題と雇用関係・職場の変貌

表7　5年前と比較した、会社と仕事に対する気持ちの変化
「〈強い〉－〈弱い〉」値の項目別、雇用形態・年齢別一覧表

項　目	非正社員				正社員			
	24歳以下	25～29歳	30～34歳	35歳以上	24歳以下	25～29歳	30～34歳	35歳以上
①自分は会社の一員だという気持ち	54.2◎	22.8	19.8	34.8	52.4◎	45.1	46.9○	47.7○
②会社の発展のために最善をつくそうという気持ち	48.6◎	23.7	24.7	21.7	38.6○	29.6	30.7○	38.7◎
③責任あるポストにつきたいという気持ち	0.7◎	▲32.9	▲42.0	▲65.2	0.0◎	▲3.4○	▲24.9	▲15.8○
④仕事での責任をまっとうしようという気持ち	77.8○	75.3○	85.2◎	84.8◎	66.2	73.9	69.0	71.0
⑤仕事内容への興味や関心	61.8◎	51.7	54.3○	73.9◎	51.1	52.3○	45.3	46.3
⑥自己啓発、自分の能力開発への意欲	66.0◎	55.7○	54.3	56.5○	40.7	57.8◎	40.1	48.7

注）項目別にみた「〈強い〉－〈弱い〉」値の高さが、最も高い階層と2番目に高い階層には◎印を、3番目に高い階層と4番目に高い階層には○印を付した。

層で弱く、昇進意欲は全般にきわめて低調である。また、項目⑥「自己啓発、自分の能力開発への意欲」については、非正社員の意欲が高いが、正社員の中では25～29歳層において、非正社員に匹敵する意欲の高さが示されていた。

4．2000年代初頭における若年勤労者の仕事や職場への満足度

前節では、2001年11月から02年3月にかけてアンケート調査を実施した財団法人雇用開発センター「新世代の生活意識と職業観に関する調査研究」プロジェクトの調査データに基づき、若年勤労者の会社意識と仕事意識の変化の特徴を観察した。その中で最も注目されるのは、非正社員24歳以下層にみられた強い会社意識と仕事意識ではないだろうか。他にも注目すべき点としては、意外に弱い正社員の仕事意識などあるが、非正社員24歳以下層の会社意識と仕事意識の強さの背景や原因を探る中で、正社員の仕事意識の弱化の背景や原因も浮かび上がってくるのではないかと考える。

以下、本節では、若年勤労者の仕事や職場への満足度の設問から得られたデータを中心に、非正社員24歳以下層にみられた強い会社意識と仕事意識の背景あるいは原因を考察することとする。

(1) 若年勤労者の満足度を高める仕事と職場の特徴

本アンケートでは、問12②において、若年勤労者が仕事や職場についてどの程度満足しているかを尋ねた。同設問では、以下の14項目を挙げ、それぞれについて「満足している」「どちらともいえない」「満足していない」の3つの選択肢を示して、満足度の測定を試みた。

① 重要な仕事や責任ある仕事を任されること
② 仕事内容と自分の能力や経験がよく合致していること
③ 自律性が高い(仕事のやりかたを自分できめられる)こと
④ 仕事内容が変化に富んでいること、創造的であること
⑤ おもしろい仕事・好きな仕事であること
⑥ 新しいことを学ぶ機会が多いこと
⑦ 社会的な貢献をすること
⑧ よい対人関係(上司・同僚)があること
⑨ 昇格・昇進の機会に恵まれていること
⑩ 仕事の成果が正当に評価されること
⑪ 都合のよい勤務時間または勤務地であること
⑫ 失業の不安なく働けること(雇用・仕事の保障)
⑬ 給料や賞与、福利厚生がよいこと
⑭ 教育や研修を受ける機会が多いこと

表8〜15は、アンケートへの回答者の仕事や職場への満足度の特徴がよく示されている項目、とりわけ非正社員24歳以下層にみられた強い会社意識と仕事意識の背景あるいは原因を考察する上で参考となる回答のみられた項目を取り上げ、雇用形態・年齢階層別に回答結果を示している。

まず、**表8**は「よい対人関係(上司・同僚)があること」への満足度を示している。非正社員24歳以下層の6割が「満足している」と回答していて、非正社員の他の年齢階層に比べても、また同年齢階層である正社員の24歳以下層に比べても格段の満足度の高さを示している。以下に掲げた**表9〜11**は、それぞれ「おもしろい仕事・好きな仕事であること」、「新しいことを学ぶ機会が多いこと」、「教育や研修を受ける機会が多いこと」に関する満足度を示しているのであるが、これらの項目

特集　若年労働者問題と雇用関係・職場の変貌

表8　仕事や職場への満足度（A）「よい対人関係（上司・同僚）があること」

(%)

	満足している	どちらともいえない	満足していない	無回答
正社員・24歳以下	44.8	36.6	16.6	2.1
正社員・25〜29歳	③ 49.3	34.3	14.8	1.6
正社員・30〜34歳	36.5	43.3	19.6	0.5
正社員・35歳以上	41.2	42.7	13.6	2.5
非正社員・24歳以下	① 61.8	20.8	14.6	2.8
非正社員・25〜29歳	④ 48.9	32.9	17.4	0.9
非正社員・30〜34歳	45.7	34.6	18.5	1.2
非正社員・35歳以上	② 54.3	39.1	4.3	2.2

注)「満足している」比率の高い階層から順に①②③④を記した。以下の表9〜15も同じ。

表9　仕事や職場への満足度（B）「おもしろい仕事、好きな仕事であること」

(%)

	満足している	どちらともいえない	満足していない	無回答
正社員・24歳以下	41.4	33.1	22.8	2.8
正社員・25〜29歳	39.3	37.5	21.6	1.6
正社員・30〜34歳	28.2	50.6	20.7	0.5
正社員・35歳以上	28.3	44.1	25.4	2.2
非正社員・24歳以下	① 60.4	22.2	15.3	2.1
非正社員・25〜29歳	③ 50.2	30.6	18.3	0.9
非正社員・30〜34歳	② 53.1	29.6	17.3	0.0
非正社員・35歳以上	④ 45.7	39.1	13.0	2.2

表10　仕事や職場への満足度（C）「新しいことを学ぶ機会が多いこと」

(%)

	満足している	どちらともいえない	満足していない	無回答
正社員・24歳以下	37.2	44.8	15.2	2.8
正社員・25〜29歳	④ 41.7	39.3	17.2	1.8
正社員・30〜34歳	30.5	50.9	18.1	0.5
正社員・35歳以上	33.3	46.6	17.6	2.5
非正社員・24歳以下	① 52.8	34.0	11.1	2.1
非正社員・25〜29歳	38.4	39.7	20.5	1.4
非正社員・30〜34歳	③ 44.4	37.0	18.5	0.0
非正社員・35歳以上	② 45.7	41.3	10.9	2.2

若年勤労者の会社・仕事観と企業の人事管理

表11　仕事や職場への満足度 (D)「教育や研修を受ける機会が多いこと」

(%)

	満足している	どちらともいえない	満足していない	無回答
正社員・24歳以下	20.0	51.7	26.2	2.1
正社員・25〜29歳	③ 28.2	45.9	24.0	1.8
正社員・30〜34歳	21.4	55.4	22.9	0.3
正社員・35歳以上	21.1	55.6	21.1	2.2
非正社員・24歳以下	① 48.6	38.9	10.4	2.1
非正社員・25〜29歳	② 33.8	42.5	22.8	0.9
非正社員・30〜34歳	④ 22.2	48.1	29.4	0.0
非正社員・35歳以上	15.2	43.5	34.8	6.5

表12　仕事や職場への満足度 (E)「都合のよい勤務時間、勤務地であること」

(%)

	満足している	どちらともいえない	満足していない	無回答
正社員・24歳以下	37.9	36.6	23.4	2.1
正社員・25〜29歳	43.0	34.3	21.1	1.6
正社員・30〜34歳	39.3	44.8	15.6	0.3
正社員・35歳以上	40.9	41.2	14.7	3.2
非正社員・24歳以下	④ 53.5	27.1	17.4	2.1
非正社員・25〜29歳	② 61.6	30.6	6.8	0.9
非正社員・30〜34歳	① 65.4	19.8	13.6	1.2
非正社員・35歳以上	③ 58.7	21.7	17.4	2.2

表13　仕事や職場への満足度 (F)「仕事の成果が正当に評価されること」

(%)

	満足している	どちらともいえない	満足していない	無回答
正社員・24歳以下	16.6	54.5	26.9	2.1
正社員・25〜29歳	22.7	53.6	22.2	1.6
正社員・30〜34歳	22.4	51.6	25.4	0.5
正社員・35歳以上	22.2	50.5	24.7	2.5
非正社員・24歳以下	① 40.3	36.1	20.1	3.5
非正社員・25〜29歳	④ 27.9	47.5	22.8	1.8
非正社員・30〜34歳	② 29.6	44.4	25.9	0.0
非正社員・35歳以上	③ 28.3	50.0	19.6	2.2

特集　若年労働者問題と雇用関係・職場の変貌

表14　仕事や職場への満足度（G）「失業の不安なく働けること」

(%)

	満足している	どちらともいえない	満足していない	無回答
正社員・24歳以下	① 52.4	41.4	4.1	2.1
正社員・25〜29歳	② 47.0	43.0	8.4	1.6
正社員・30〜34歳	④ 37.8	52.9	8.8	0.5
正社員・35歳以上	③ 40.1	47.0	10.0	2.9
非正社員・24歳以下	37.5	45.1	14.6	2.8
非正社員・25〜29歳	35.2	42.0	21.9	0.9
非正社員・30〜34歳	25.9	49.4	24.7	0.0
非正社員・35歳以上	28.3	39.1	30.4	2.2

表15　仕事や職場への満足度（H）「給料や賞与、福利厚生がよいこと」

(%)

	満足している	どちらともいえない	満足していない	無回答
正社員・24歳以下	15.4	40.0	42.1	2.8
正社員・25〜29歳	① 21.9	39.3	37.5	1.3
正社員・30〜34歳	③ 19.1	45.6	35.0	0.3
正社員・35歳以上	② 21.5	44.8	30.8	2.9
非正社員・24歳以下	④ 16.0	38.9	43.1	2.1
非正社員・25〜29歳	11.4	39.7	47.5	1.4
非正社員・30〜34歳	9.8	42.0	48.1	0.0
非正社員・35歳以上	6.5	30.4	58.7	4.3

に対してはいずれも非正社員24歳以下層の満足度が高水準となっている。非正社員24歳以下層において、他の階層に比べて強い会社意識と仕事意識がみられる背景には、こうした仕事や職場への満足度の高さが存在するものと考えられる。まとめれば、職場の人間関係が円滑であり、おもしろい仕事、好きな仕事ができ、学習機会に恵まれていることが非正社員24歳以下層における会社発展への貢献意欲や仕事遂行の責任意識を高めているという仮説を立てることが可能である。

(2) 若年勤労者の意欲を保持する職場マネジメントのあり方

　上でみた「人間関係が円滑であり、おもしろい仕事、好きな仕事ができ、学習機会に恵まれている」職場マネジメントが実行されるのであれば、その効果は当然、非正社員24歳以下層だけに及ぶものではなく、他の階層にも作用し、多くの若年

勤労者の意欲向上につながるものと思われる。また、前述の『労政時報別冊 若年層社員の人事管理研究―採用、育成、処遇の新潮流を探る』（労務行政研究所1992）も含め、1990年代初頭の若年労働力供給不足を背景に提唱された人事管理の新しい方向はまさに現在の若年勤労者の意欲向上に効果的と考えられる職場マネジメントのあり方と軌を一にするものと考えられる。

　そうだとすると、なぜそうした若年勤労者の意欲向上に効果的と考えられ、すでに10年前には知られていた職場マネジメントのあり方が非正社員24歳以下層に限定的な効果となっているのかが疑問である。おそらく職場マネジメントのあり方に関係する理由と非正社員の職業人生設計に関係する理由との2つがあると思われる。

　まず、職場マネジメントのあり方に関しては、非正社員24歳以下層の回答者が勤務する企業と職場の特性が影響していることが考えられる。前述の通り、本アンケートの回答者にはチェーンストア組織の飲食店や小売業の大企業の従業員が少なからぬ割合含まれている。そうした企業の店舗において、非正社員は「現場の主役」として活用されており、企業としても、優秀な非正社員をいかに引き付け、高い意欲を保ちつつ職場に保持するか努力している。したがって、それら企業の職場（店舗）では、若年勤労者の意欲向上に効果的と考えられる新しい職場マネジメントのあり方が実践されている可能性があるのではないだろうか。経営者が非正社員24歳以下層の活性化に強い関心を寄せる職場に比べると、若年の正社員の勤務する職場では、たとえば高齢化が進んでいて、若年者が自分たちが職場の「主役」であると意識するには程遠い状況だったり、リストラで職場の中堅層が薄くなっていて、組織の末端にいる若年者にも職務上の大きな負荷がかかり、疲弊した職場の状況があるのではないかと思われる。

　次に、非正社員の職業人生設計に関係する理由については、**表16**をみながら考察を加えたい。仕事や職場への満足度についての14項目の質問について、「満足している」とする回答と「満足していない」とする回答の差を〈項目別満足度指標〉と呼ぶとすると、**表16**は〈項目別満足度指標〉を雇用形態・年齢別に示したものである。なお、14項目の並べ方に工夫してあり、非正社員24歳以下層の〈項目別満足度指標〉の値の高い項目から順番に並べてある。それによって、非正社員24歳以下層と25歳以上の各階層とで、項目別の満足度の違いがどの辺りにあるかが観察

特集　若年労働者問題と雇用関係・職場の変貌

表16　非正社員24歳以下層に注目した仕事や職場への満足度〈項目別満足度指標〉
（「満足している」―「満足していない」の値、雇用形態・年齢別）

項目(仕事や職場への満足度)	非正社員				正社員			
	24歳以下	25～29歳	30～34歳	35歳以上	24歳以下	25～29歳	30～34歳	35歳以上
1) よい対人関係(上司・同僚)があること	<u>47.2</u>	31.5	27.2	<u>50.0</u>	28.3	34.6	16.9	27.6
2) おもしろい仕事・好きな仕事であること	<u>45.1</u>	32.0	<u>35.8</u>	32.6	18.6	17.7	7.6	2.9
3) 新しいことを学ぶ機会が多いこと	<u>41.7</u>	17.8	25.9	<u>34.8</u>	22.1	24.5	12.3	15.8
4) 教育や研修を受ける機会が多いこと	<u>38.2</u>	<u>11.0</u>	▲7.4	▲<u>19.6</u>	▲6.2	4.2	▲1.5	0
5) 都合のよい勤務時間または勤務地であること	36.1	<u>54.8</u>	<u>51.9</u>	41.3	14.5	21.9	23.7	26.2
6) 重要な仕事や責任ある仕事を任されること	27.8	16.0	25.9	<u>34.8</u>	11.0	26.4	19.9	<u>34.1</u>
7) 失業の不安なく働けること(雇用・仕事の保障)	22.9	13.2	1.2	▲2.2	<u>48.3</u>	<u>38.5</u>	29.0	30.1
8) 仕事内容が変化に富んでいること、創造的であること	<u>22.2</u>	7.8	7.4	<u>10.9</u>	9.0	6.9	5.3	8.2
9) 仕事内容と自分の能力や経験がよく合致していること	20.1	19.6	22.2	45.7	2.1	15.6	9.1	14.7
10) 仕事の成果が正当に評価されること	<u>20.1</u>	5.0	3.7	<u>8.7</u>	▲<u>10.3</u>	0.5	▲3.0	▲2.5
11) 自律性が高い(仕事のやりかたを自分で決められる)こと	12.5	18.7	12.3	<u>41.3</u>	1.4	24.3	15.6	<u>25.4</u>
12) 昇格・昇進の機会に恵まれていること	<u>9.7</u>	▲<u>11.4</u>	▲<u>13.6</u>	▲<u>23.9</u>	▲<u>10.3</u>	▲0.3	▲1.0	<u>0.4</u>
13) 社会的な貢献をすること	6.9	8.7	19.8	8.7	6.9	4.2	▲0.3	7.2
14) 給料や賞与、福利厚生がよいこと	▲27.1	▲36.1	▲38.3	▲52.2	▲26.9	▲<u>15.6</u>	▲15.9	▲<u>9.3</u>

注）項目は、非正社員24歳以下の「満足度指標」（「満足している」―「満足していない」の値）が高い項目から順番に並べた。

しやすくなっている。それによると、非正社員24歳以下層と同25～29歳層の間の相違点として目立つのが、25～29歳層で「4) 教育や研修を受ける機会が多いこと」（38.2ポイント→11.0ポイント）と「3) 新しいことを学ぶ機会が多いこと」（41.7ポイント→17.8ポイント）の満足度指標が大幅に下がっており、逆に「5) 都合のよい勤務時間または勤務地であること」（36.1ポイント→54.8ポイント）が大きく満足

度を上げている点である。25～29歳層にみられる傾向はその上の世代である30～34歳層でもほぼ類似しており、「4) 教育や研修を受ける機会が多いこと」の満足度指標はさらに低下してマイナス7.4ポイント、「5) 都合のよい勤務時間または勤務地であること」の満足度指標は25～29歳層と同様にきわめて高い51.9ポイントを示している。さらに労働条件に関する項目の満足度指標が非正社員24歳以下層と同25～29歳層、同30～34歳層でどう違っているかをみると、「7) 失業の不安なく働けること（雇用・仕事の保障）」（22.9ポイント→13.2ポイント→1.2ポイント）、「12) 昇格・昇進の機会に恵まれていること」（9.7ポイント→マイナス11.4ポイント→マイナス13.6ポイント）、および「14) 給料や賞与、福利厚生がよいこと」（マイナス27.1ポイント→マイナス36.1ポイント→マイナス38.3ポイント）といった具合に軒並み低落している。25歳以上の層では、それ以下の年齢層に比べて、結婚、出産、子育てといった職業人生に重要な影響を与える出来事に直面する割合が増える。若年勤労者が、そうした家庭責任と就労のバランス面で非正社員の勤務形態にメリットを感じている傾向は認められ、それは「5) 都合のよい勤務時間または勤務地であること」の満足度指標の高さに表れているが、一方、低い労働条件への不満や教育・研修機会の減少への不満も厳然としてあり、そうしたデメリットと先に述べたメリットとの見合いで非正社員25歳以上層の勤労意欲はようやく保持されているのではないかと思われる。

5. 結 び

　政府の「若者自立・挑戦プラン」が重点施策として予算増額が行われたり、「職に就いていず、学校機関に所属もしていず、そして就労に向けた具体的な動きをしていない」若者を指すNEET（Not in Employment, Education or Training）という言葉が話題となるなどの現象をみると、最近、日本の若者の雇用問題への関心は高まっていることは確かなようである。しかしながら、近年の議論や政策の力点は、フリーターやニートである若者がいかにそうした位置から脱出するかに置かれていて、脱出後の「居場所」あるいは「活躍の場」としての「職場」のあり様に関する議論が少ないのではないかと思われる。

　振り返れば1990年代は、その初頭に巻き起こった若年層マネジメント論を先頭に、わが国企業が職場マネジメントの水準の向上に取り組む好機であったと思わ

特集　若年労働者問題と雇用関係・職場の変貌

れる。しかし、職場マネジメントの主体である中堅層はリストラの対象となり、職場マネジメントの客体としての若年者は「活躍の場」としての職場に参入する道をきわめて狭くされ、職場マネジメント力向上の機会は失われた。

　フリーターやニートからの脱出策も重要であろうが、むしろ若者の「活躍の場」として、この間に疲弊した職場の活性化が急務であろう。本稿でアンケート結果から垣間見た非正社員24歳以下層を活性化させている職場マネジメントのあり方が非正社員の25歳以上の階層と正社員をも活性化させうる普遍性を持ちうるかどうかが人事管理の当面の課題であると考える。

〔注〕
(1)　総務省統計局「労働力調査 長期時系列データ」によれば、平成元年（1989年）以降の若年層の完全失業率の推移は次表の通りである。

年　次		総　数	15～19歳	20～24歳	25～29歳
平成元年	1989	2.3	7.0	3.8	2.8
2	1990	2.1	6.6	3.7	2.7
3	1991	2.1	6.6	3.8	2.8
4	1992	2.2	6.7	3.9	2.9
5	1993	2.5	7.1	4.7	3.4
6	1994	2.9	7.5	5.0	4.0
7	1995	3.2	8.2	5.7	4.3
8	1996	3.4	9.0	6.1	4.6
9	1997	3.4	9.0	6.2	4.9
10	1998	4.1	10.6	7.1	5.6
11	1999	4.7	12.5	8.4	6.2
12	2000	4.7	12.1	8.6	6.2
13	2001	5.0	12.2	9.0	6.7
14	2002	5.4	12.8	9.3	7.1
15	2003	5.3	11.9	9.8	7.0
16	2004	4.7	11.7	9.0	6.4

資料出所）総務省統計局「労働力調査 長期時系列データ」
(http://www.stat.go.jp/data/roudou/longtime/03roudou.htm)により、筆者が作成。

　若年層を代表する年齢階層として20～24歳層に着目して完全失業率の推移をみると次の通りである。上の表には示していないが、1980年代は同年齢階層の完全失業率はほぼ4％台であり、ピークは1986年の4.6％であった。1980年代末に完全失業率は低下を始め、その底が1990年の3.7％であった。1990年代、完全失業率は一貫して上昇し、その勢いは2003年に9.8％に達するまで続いた。2004年には9.0％と若干の低下がみられるので、この傾向が2005年も続くのであれば、2003年が20～24歳層の完全失業率悪化のピークであったことになる。

(2)　ここで取り上げた『平成15年版 国民生活白書』第2章では、「正社員を希望していてもやむを得ずパート・アルバイトになる人が多いという現実を踏まえ、働く意志はあっ

ても正社員としての職を得ていない人を広くフリーターとしてとらえ」、フリーターを「15～34歳の若年（ただし、学生と主婦を除く）のうち、パート・アルバイト（派遣等を含む）及び働く意志のある無職の人」と定義している。また、新卒フリーターについては、学校を卒業してフリーターとなる人であるとしている。ただし、「本章でのフリーターの定義からは、働く意志のない無職の人は除かれるが、ここで使用している『学校基本調査』では、統計上、無職の人について、働く意志の有無を把握できないため、やむを得ず進学準備者など働く意志のない無職の人も含んで分析している」と統計使用上の制約を付言している（内閣府 2003：48）。

〔参考文献〕
内閣府編 2003、『平成15年版 国民生活白書』ぎょうせい。
労務行政研究所編 1992、『労政時報別冊 若年層社員の人事管理研究―採用、育成、処遇の新潮流を探る』労務行政研究所。
中島豊 2003、『非正規社員を活かす人材マネジメント―どうすれば組織コミットメントを生み出せるか―』日本経団連出版。
財団法人雇用開発センター 2002、（研究報告書）『新世代の職業観とキャリア―働く20代・30代の現在と将来―』財団法人雇用開発センター。

―――― 日本労働社会学会年報第15号〔2005年〕――――

若年層の就労状況と労働社会学
―― 第15回大会シンポジウムを振り返って ――

藤田　栄史
(名古屋市立大学)

　立命館大学で開かれた第15回大会シンポジウムのテーマは「若年層の就労状況と労働社会学」であった。上林千恵子、筒井美紀、林大樹の三氏からの報告があり、筒井、林両氏の報告は『労働社会学会年報』本号に論文として収録されている。上林報告は、氏の論文「大都市フリーターの行動と価値観―少数者としての高卒若年者―」『社会志林』(第50巻第1号、法政大学社会学部学会、2003年)にベースをおいたものであった。

　若年就労の問題にのみ焦点を絞った研究成果は、シンポジウム開催時点(2003年11月2日)では、労働社会学分野においてそれほど多いといえない状況であり、教育社会学分野などの研究者による研究成果の方が目立つ状況であった。教育社会学分野での研究成果として、日本労働研究機構の小杉礼子氏を中心とした一連の研究成果(小杉礼子編 2002、『自由の代償／フリーター』日本労働研究機構；小杉礼子 2003、『フリーターという生き方』勁草書房)、そして、矢島正見・耳塚寛明 2001、『変わる若者と職業世界』学文社；苅谷剛彦・菅山真次・石田浩編 2000、『学校・職安と労働市場―戦後新規学卒市場の制度化過程―』東京大学出版会などがあり、また、家族社会学をベースとした研究成果としては、宮本みち子 2002、『若者が《社会的弱者》に転落する』洋泉社や山田昌弘 1999、『パラサイト・シングルの時代』ちくま新書があり、労働経済学分野での研究成果としては玄田有史 2001、『仕事の中の曖昧な不安』中央公論社などがあった。

　一方、若年就労に焦点を絞った労働社会学分野での研究成果は目立った形ではそれほどなく、シンポジウム報告者の上林による研究、小西二郎 2002、「『ノンエリート』青年の『社会』形成」『唯物論研究年誌』などによる青年労働者の研究、浅川和幸による(2002)「専門学校と職業教育」『日本労働社会学会年報』第13号などの研

究があり、また、シンポジウム報告者である筒井美紀により労働社会学と教育社会学とをつなぐ問題設定を重視する視点からする研究成果（2001）「外国人労働者と高卒就職者の代替雇用」『日本労働社会学会年報』第12号が出されていた。また、日本型雇用の解体という雇用・賃金制度の変動のなかに位置づけて若年雇用の変化を検討する研究も行われてきた（木下武男 2002、「日本型雇用の転換と若者の大失業」竹内常一・高生研編『揺らぐ〈学校から仕事〉へ』青木書店；赤堀正成 2002、「フリーター―新自由主義改革の落とし子―」『労働の科学』57巻2号など）。

労働社会学分野の特長を生かした若年就労研究の方向性を考えてみるならば、戦略的な事例設定に基づく個別職場・個別企業のインテンシブな事例調査を行うという労働社会学に蓄積してきた研究手法を生かし、若年労働者の問題に接近する方法が一つの方向としてあるだろう。小西二郎の研究や本号に掲載されている山根清宏の投稿論文はこうした線上の研究であり、筒井美紀のシンポジウム報告も個別企業の事例調査に基づき分業体制・人員配置を企業が改変することが新規学卒労働市場の構造に影響を及ぼしていく姿を描き出している。

第二の方向性は、労働市場や雇用制度等の社会的な枠組みを背景におきながら、若年労働者・無業者の主観的な・主体的な生活・世界に入り込み、彼ら／彼女らの生活世界を把握し、就業をめぐるその価値規範・アスピレーションを掘り起こそうとする研究視点である。この第二の視点は、第一のインテンシブな事例研究のなかでも取り組みうる視点である。上林のシンポジウム報告は、第二の方向性を重視するものであり、P.ウィリスの学校を舞台としたイギリス労働者階級の対抗文化形成の研究やP.ブルデューの「文化資本」概念を方法論的に意識しながら、偏差値の低い高校卒業者が労働・雇用における「マイノリティ」「少数者」として位置付けられ、彼ら／彼女らが学校秩序を拒否し「社会への反抗心」を抱いてフリーターを選択していく側面にスポットライトをあて、一見自主的に見えるフリーター選択の意味を捉え直し、こうした社会への反抗心と閉塞感を「自立と独立への気概に結びつけていく方法こそが残された課題だ」と結ぶ。

シンポジウムの林報告も、質問紙調査の数量的分析に実証の素材を求めるという方法の点では上林報告と異なるものであるが、第二の方向性に沿うものであるということができる。林報告は若い勤労者を対象とした意識調査によって、非正社員若年層には会社発展への貢献意欲、高い仕事意識と自己開発意欲が見られる

と指摘する。こうした若年勤労者の意欲を保持できるかは職場マネジメントのあり方にかかっているとし、リストラによって疲弊した職場の活性化こそが課題であるとする。

　シンポジウムのディスカッションにおいて多くの論点が取りあげられたが、第一の論点は、多くの若年層にとって就業への移行とその後の職業的キャリア形成が、90年代後半以来、それ以前とは異なる困難な状況に陥っている、その困難性を明らかにするという課題である。今日の若年失業者・フリーター問題は、90年代末以来の不況下で起きている一時的問題という側面を部分的には持っている。2007年以降、団塊の世代が定年を迎え、正社員としての就労から大量に引き上げていく。団塊世代の正社員からの撤退は若年失業者問題やフリーター問題を一時的には緩和させるであろう。しかし、不況による雇用機会減少の背後では、企業側の非正規雇用の拡大と正社員層の少数精鋭化が急激に進行し、こうした企業側の労働需要の変化がフリーター問題の主要要因をなしている。雇用の非正規化や流動化が、中長期的にどこまで進むのか、雇用労働のどのような質的変化につながるのかは慎重に検討する必要がある。非正規雇用の拡大は長期雇用慣行全般を掘り崩す可能性を持つが、長期雇用慣行が適用される雇用者層を質的な意味での「マイノリティ」にしてしまうわけではない。非正規雇用の拡大が長期雇用慣行の適用される範囲を狭める結果、長期雇用慣行が守られる職は「エリート」職として位置づけ直され、労働市場におけるその位置がかえって強化される、という雇用の二極化へとつながる可能性は大きい。

　一方、この「エリート」職に就くことができた若年層は、いわゆる「成果主義」等による選別・競争の激化に巻き込まれている。週60時間以上働く若年男子正社員の比率はここ数年、80年代末のバブル経済期と比べまさるとも劣らない水準にあり、長時間労働により疲弊し燃え尽きる者が出てきても当然な状態があり、こうした中で若者の過労死・過労自殺問題が浮上している。

　また、日本企業のグローバル化とサービス経済化とは、上林報告が強調したように、大都市での製造業ブルーカラー労働力の需要を顕著に失わせ、高卒就職希望者層の、とりわけ男子の就業を困難にし、高学歴化の進展とあいまって、高卒就業者を数の点でも職業的地位の点でも「マイノリティ」化させている。さらには、筒井報告の分析によれば、中小製造業では人員配置・分業が、課長クラスの「上位

職種の大卒化」と「下位職務への大卒配置」に向かい、高卒技能工の職域高度化機会は二重に閉鎖化され、その結果、高校斡旋による正規就職は、職業的知識やスキルを修得する機会があり、非正規就労に比し職業キャリア形成上望ましい、という従来の認識が、必ずしも妥当しなくなっているという。

　国際競争力のある自動車・電気機器など製造業における若年派遣工・請負工の大群の登場は、新しい雇用システムへの移行を意味するのであろうか。筒井の取りあげた中小製造業の事例は、分業構造の質的変化であるのだろうか。それとも、分業構造の枠組みは変わらないものの、企業側から「質的に低下」したとみなされた高卒技能工が少数化するなかで、従来、高卒者が占めていた職位に「大量化した」大卒者をつけ、現場改善の担い手をこれら大卒者に期待するという、大卒者による高卒者の代替の進行であろうか。後者の場合、職場分業構造の枠組みは維持されるが、分業構造の担い手は交代し、少数化した高卒技能工のキャリア形成は行き詰まりの道に化すという変化が生じる。一方、非正規雇用、流動的雇用が製造業の中核的労働力部分にも及ぶ場合、職場の分業構造が変わり、その企業が保持しようとする競争力の強みの質も違ってくるであろうし、企業の利潤戦略にも変化は跳ね返ってくるであろう。

　雇用の不安定化、流動化の傾向は確かに生じているが、それが新しい雇用・経営システムに結びつくかは今だ試行錯誤の過程にあるのではないだろうか。目標管理と結びついた「成果主義」が普及してきたが、業績の結果だけでなく、結果に至るプロセス、そして組織としての業績向上への貢献を重視して「成果主義」を運用しようとする揺り戻しが起こっているし、個人のキャリア形成の視点を付け加えるなどの修正を加えるものの、中核的な労働力部分の企業内養成と長期雇用慣行を主要大手企業は変えようとはしていない。正社員とパート・派遣・請負との従来からあった雇用の分離だけでなく、管理者と技術・事務職従業員、そして技能職従業員、これら三者の間での処遇体系の分離傾向が見られるようになり、「従業員・社員としての一体感・集団主義」が揺らぎ始めているが、企業側から日本企業の「強み」だと認識してきた職場の集団性を、自ら音頭を取って堀り崩す方向へと乗り出してきているわけではない。企業・職場内部から生じる変化もあるが、規制緩和・市場主義のイデオロギーが広がり、このイデオロギーが政治的力を持ち、その結果として社会政策の制度内に実体化され、学校などの教育制度が市場競争に

直接的にさらされる傾向が強まる、こうした社会的な変化が、企業・職場の内部構造を揺り動かす側面にも注意をもっと払う必要が大きくなっているのではないだろうか。筒井報告が強調しているように、学校教育からの労働力供給により焦点をあててきた、教育社会学との共同作業が、労働社会学にとって重要になっているということは、以上のような文脈に位置付けても理解できるように思われる。

　シンポジウムから浮かび上がってくる第二の課題は、上林報告がとりわけ強調した問題、すなわち、フリーターの脱企業社会感・脱学校感にかかわるものである。フリーターに見られる学校秩序の拒否と社会への反抗心は、いかにして「自立と独立への気概」へと結びつくのであろうか。P.ウィリスが解明した労働者階級の少年たちの対抗文化は、従属性を超え出ない範囲のなかでの反抗という性格を持っていた。旧来の企業秩序・学校秩序からはみ出たフリーターなど若年層の意識・規範感は、定職に就かない、結婚しない、家庭をつくらないという形態で現れる「撤退意識」(中西新太郎 2003、「非正規・不安定就業とともに生きる」『日本の科学者』6月号)であり、「ニート」や「引きこもり」と通底する意識であるかもしれない。こうした「逸脱的」意識は、個人的なものにとどまり、あるいは小集団のなかに自足する傾向が強く、横に連携して、自らの価値・規範感を包み込む制度・秩序の立ち上げへとは向かいにくく、若年層当事者からする問題解決へ向けた社会運動が広がってこない。

　日本の場合、単身生活を賄うことができないような低水準の収入しか得られないフリーターや若年失業者は、親との同居を選ぶしか選択肢がない。日本では、家族単位での自立自助を基本とし、公的な社会保障責任は家族依存の生活自立自助を補足するものと位置づけられているため、若年失業や若年のワーキングプアの問題は、若者の失業給付や生活保護の問題として表面化するのではなく、親への若年層の経済的依存の問題として、「パラサイト・シングル」現象としてまず社会問題化する。新規学卒失業者は日本では失業給付の対象にならないし、稼働能力を充分に持っているので生活保護の対象となることはましてや起こらない。職業訓練の機会を得ようとしても、ようやく一部の公的職業訓練機会が用意され始めたが、専門学校等へ授業料を支払って通うことになる。若年失業・半失業の対応は家族依存に任されているため、両親が生活の経済的基盤を持っている範囲では問題が社会化せず、親子間の自立ができない、親子間のストレス、あるい

は「ニート」の問題として社会問題化することになる。このように、若年就労問題がストレートに失業問題や生活保護の問題として現れない構造を日本社会は持っている。しかしながら、子どもの生活を支えるだけの経済力を持たない階層では、同居したとしても低賃金の就労を長時間こなして若者自身が半ば経済的に自立するしかない。

　職業的自立を重要な部分とした若者の社会的自立の困難は、日本だけでなく先進国に共通する問題である。雇用の非正規化と流動化、知識基盤社会化のもとでの産業構造の変化、福祉国家制度の再編成などにより、若者から大人への移行、学校から職業への移行の社会的標準が薄れてきている。また、この移行が長期化する傾向にあり、「ポスト青年期」「ヤングアダルト」期というとらえ方が試みられ、「ヨーヨー（yo-yo）型」移行と特徴づけられる、リスクを帯び不安定な移行、学校・職場・失業を行ったり来たりする移行が増大しつつある。若者の自立の構造的変容に結びつけて若者の就労状況を研究することは、私たちの第三の課題であろう。

　日本では若者の自立への移行がスムーズに行かなくなる状態を、学校・企業・家庭による社会化の伝統的な仕組みの「崩壊」として問題化する傾向が強い。しかし、学校・企業・家庭のあり方自身が見直され、学校・職場・家族のあり方を構造的に組み立て直すことが課題となっている時代に、社会化の問題として検討するのは問題の立て方として狭すぎる。欧州では、若者の移行期の全般的な構造変動が生じつつあるとして、新しい柔軟な移行期のあり方を設計しようとする発想がむしろ提出されている。

　シンポジウムの林報告は、こうした発想を共有するものであり、日本の近年の政策・議論はフリーターやニートからの脱出策に力点が偏重しており、脱出後の「居場所」としての「職場」のあり方に関する議論が少なすぎると批判する。90年代初めには若年層マネジメント論が起こり、若年層に魅力的な職場マネジメントを模索する動きがあった。だが、リストラによってこうした試みは後景に退いてしまったのであり、若者の「居場所」として、リストラによって疲弊した職場の活性化が急務だと指摘する。日本的な雇用慣行を引きずりながら、（労働）法的規制緩和を行いつつ企業内雇用慣行に市場の仕組みを導入しようとしている日本の職場を念頭におくならば、若者の職業への移行の困難を、職場のあり方の見直しの作業を通じて模索しようとする作業は重要であろう。

フリーターなど若年就労問題の現実的政策を議論する時、若者個々人の職業的キャリア形成に焦点をあて、若者支援の「個別化」した政策が重要であるといわれている。イギリスの若年層支援政策も、日本ではこうした視点から紹介されている。個人に焦点をあてることは政策的には当然のことであるが、若者個人への支援を支えるためには、若年層に対する包括的な職業的エンパワーメントの社会的枠組みを構想し制度化することが求められるのであり、こうした視点からする若年層就労研究が行われてよいと思う。非正規雇用と低い賃金労働条件のなかで就労する若者にとって、非正規雇用と正規雇用との均等処遇の問題は重要であり、アメリカにおける living wage の運動や欧州における basic income の構想の研究などにより、生活できる最低賃金制度のあり方を検討することも課題であろう。また、知識基盤社会におけるキャリア形成のあり方、学習戦略や人材育成への「社会的投資」のあり方を研究し、これらのあり方が労働の質や職場の分業構造にいかなるインパクトを与え、労働の人間化の可能性を生み出すかを検討することは興味深い課題であろう。若年層就労問題は、労働社会学のこれまでの蓄積を生かして取り組むことによって、教育社会学、家族社会学、社会政策・福祉研究などとの共同作業へと研究の視点を広げることになる実り豊かな研究領域である。

投 稿 論 文

1. 「引越屋」の労働世界　　　　　　　　　　　　　　山根　清宏
   ——非正規雇用で働く若者の自己規定——

2. 対人サービスにおける感情管理　　　　　　　　　　小村　由香
   ——生活保護ケースワーカーを事例として——

3. 労働者の遍歴と社会的連帯　　　　　　　　　　　　土井　徹平
   ——19世紀末から20世紀初頭の鉱山労働者を対象として——

4. 縫製業における中国人技能実習生・
   研修生の労働・生活と社会意識　　　　　　　佟　岩・浅野　慎一

5. タイ国における工業開発とインフォーマル化　　　青木　章之介
   ——アユタヤ周辺における労働者コミュニティの事例——

「引越屋」の労働世界
―― 非正規雇用で働く若者の自己規定 ――

山根　清宏
(東京都立大学大学院生)

1. 本稿の目的

　非正規雇用で働く若者は、生活の場において「フリーター」として語られ把握されるだけでなく、彼ら彼女らが出会う労働の場において、最も如実に「フリーター」として把握される。「フリーター」としてあるということは、日常生活ならびに労働生活において自身の地位が問われるということである。本稿は、横浜市に所在するA社K事業所(引越業)に従事する男性「フリーター」の労働過程を記述することを通して、「フリーター」とカテゴライズされる若者とそこに生じる葛藤のあり様、それと関連して彼らが労働現場における地位に基づく自己規定によって自ら形成していく下位文化に注目し、そこで形成される仲間集団の規範と彼らの自己意識を把握することを目的とする。それは「フリーター」回避、「正社員」獲得を当然とする視点からは理解しえない、「フリーター」の労働過程の内部において「フリーター」としてある若者の「正社員」雇用獲得を困難にする独特の事情を明らかにするものである。

2. 「フリーター」を取り巻く状況

　「フリーター」は、産業、雇用構造の変動、企業の雇用改革(日経連 1995；玄田 2001)、トラッキング機能の低下(苅谷・粒来・長須・稲田 1997)、青年期の変容(宮本 2002)など様々な要因を背景として、派遣社員、契約社員などの有期、弾力的な非正規雇用者とともに増加傾向にある。15～34歳のパート・アルバイトは、1990年に261万人であったのに対し2001年には515万人と254万人増加し(国民生活白書 2003)、その後も増加傾向にあると考えられている。

投稿論文

　本来「フリーター」という呼称は、1987年に『フロム・エー』(リクルートフロムエー) のその当時の編集長が何らかの方向性、目的をもってアルバイトで働く人たちを応援する造語として使用したのが最初であるが、その後の経済状況の変動もあり、今日の「フリーター」とは、むしろ明確な目的意識をもつことなしに非正規雇用で生活を送っている若者や学校卒業後の無業者を表す言葉として理解されていると思われる。[1]日本労働研究機構(2001)によれば、性別構成は男性4割、女性6割、学歴構成(男性/女性)は高校卒(40/37%)、専門・各種卒(19/23%)、大学・大学院卒(16/9%)、中卒・高校中退(13/6%)、高等教育中退(9/5%)、短大・高専卒(1/19%)、その他・不明(2/1%)である。そして「フリーター」は、若者の自発的選択よりもむしろ階層要因(日本労働研究機構 2001；耳塚 2002、2002a)、ジェンダー要因（本田 2002）を媒介し労働市場の変容とともに生じていることが指摘されている。これらの先行研究は、「フリーター」が産業・雇用構造の変動によって生じた資本制社会の経済的な現象として現れるだけでなく、社会的な意味合いをも帯びて現れること示すものである。したがって、「フリーター」の労働過程における日々の営みのなかから、具体的にそうした社会的な意味合いを社会学的に読み解くことが求められるのである。

　「フリーター」であることは、同時に「フリーター」というカテゴリーによって強い負のラベルが付与され扱われることである。戦後、日本社会は学校制度が大企業・男性・正規雇用者を中心とした日本的雇用慣行と接合し、『『家族賃金』という観念」(木本 1995))とともに性別役割分業を内包することによって、男性を公的領域へ女性を私的領域へと分化させ形成されてきた。それは、男性に正規雇用を志向し獲得すべき社会的地位として期待すること、つまり「正社員にならなければならない」というステレオタイプ化された社会規範によって男性が把握されることであった。そして今日、若年男性が非正規雇用者としてあることは、「フリーター」というラベルが付与され、性別役割期待と獲得すべき雇用形態からの二重の逸脱者として把握されることである。男性「フリーター」は「正社員にならなければいけない」というステレオタイプ化された社会規範によって、二重の社会的な負のまなざしに日々晒される状況に置かれているのである。

　本稿では、男性「フリーター」を社会規範、労働過程との関わりから捉えるとともに、「フリーター」へ至る過程をメリトクラティックな「選抜＝差異化過程」が

「特定の文化的階層に人々を配属／固定化すると同時に、それに相応しく人々を社会化」(薬師院2001))していく過程であると捉え、業績主義に貫徹された学校卒一括就職システムに乗る以前に「業績主義社会における競争」(堀2000)に降りたこと／乗れなかったことによって選択されていく「周辺的」、不安定な雇用と、それが若者の生活、労働に与える影響に着目し、「フリーター」を特定の階層へ「配属／固定化」していく契機として捉える。そして以下では、高卒者の求人が大卒者などによる学歴の代替によって減少し、非正規労働市場の拡大などの構造的要因を背景として否応なく「フリーター」としてあり、正規雇用獲得がより困難な状況にあると考えられる高卒・中退者を対象とする。また、男性非正規雇用者を対象とすることによって、ジェンダー要因を介在しステレオタイプ化された社会規範が男性「フリーター」にいかなる負のまなざし与え、労働過程にどのように作用しているのかを明らかにし、局所的な一事例ではあるが、男性「フリーター」の労働過程を記述、解釈することによって、「正社員」雇用獲得を困難なものにし「フリーター」期間が長期化していく要因を検討していく。

3. 「引越屋」に従事する男性「フリーター」

　本稿で対象とする事業所は、引越業を業務とする大企業A社K事業所である。引越業は、1970年代中頃からの物流の減少、経費の高騰、「輸送の商品化」によって運送業界の経営戦略の転換を背景に発展し、当時危機的状況にあった中小の運送業者が未開拓・未整備・未市場化状態の引越業に着目し、高速道路網のインフラ整備の急速な進展、都市圏における核家族化、広域な人口移動、消費者の需要に適応することによって事業として成立させていった(舘澤1997)。A社では、1973年に引越業務を開始し、1985年から世帯向けの引越業務を本格的に全国展開している。

　K事業所は、横浜市港北区に所在し、横浜市の一部と川崎市の一部を管轄する。従業員は「正社員」(ドライバー9名、事務員4名(女性2名))、契約社員(専業ムーバー11名、学生ムーバー3名、事務員5名(全て女性)、ヘルパー約20名(全て女性))、アルバイト(ムーバー)約10名からなる。「ドライバー」は現場責任者で、トラックの運転、荷物運び、トラック荷台での荷積み・荷崩しを行う。「ムーバー」は、文字通り荷物を運ぶことが作業の主でトラックの運転はしない。年齢構成は、ド

ライバーが20代：1名、30代：2名、40代：3名、50代：3名、専業ムーバーが20代：7名、30代：1名、40代：1名、50代：2名からなる。

　引越業は繁閑期の仕事量の差が著しく、それに対処するため非正規雇用者が多く雇用されている。対象となる若年専業ムーバーは、契約期間は1年、時間給は1,200円から1,250円、昇給は年1回あり、最近5年間は契約更新時に一律10円の時間給が昇給しているが昇給しない場合もある。賞与は年2回、1回あたり1万円から3万円程が支給され、年収は平均300万円前後である。社会保険等は専業ムーバーの多くが不完備にある。

　雇い主は専業ムーバー間の出勤日数、労働時間が平均的になるよう配慮、調整し出勤日を決定する。仕事量が流動的な引越業では、出勤の確認は基本的に前日でなければ行えず、専業ムーバーは出勤・欠勤を意思表示できるが、ある程度の労働時間を確保するため特別な事情がない限り欠勤の意思表示はしない。2002年のインタビュー実施時、A社の引越事業では、5年ほど前まで実施されていた契約社員からの「正社員」登用は完全に廃止されており、A社の雇用方針が正規雇用から非正規雇用への代替が進められていることもあり、今後契約社員から「正社員」への登用は実施されないと思われる。

　本事例は、若年専業ムーバー5名[5]を対象とする。2001年11月から2002年4月の間に1回1時間から2時間、1対1のインタビューを1回から3回に分けて行い、必要があればその都度追加インタビューを実施した。今回の記述はインタビューと2002年4月までの参与観察によって得たものから構成する。筆者は1997年8月より勤務を開始し、ここで扱われる若年専業ムーバーの1人である。インタビュー実施時は月間10日から15日程度、継続的に従事し日々若年専業ムーバーと接触する機会を得ていた。彼らは高校中退・卒業時に「正社員」としての職業を確定しなかった／できなかった。職業選択時に「正社員」としての職業獲得までの一時的な雇用という認識によって非正規雇用を選択し、K事業所での低賃金、不安定な雇用を開始している。

(1) 引越という「仕事」

　引越という「仕事」は、複数の作業員がチームを組み、作業員間の直接的、即時的な協働性によって「接客」、「力」、「運送」という三要素を多様な現場状況に適応

させて成立する。そのため、引越作業は荷物の運搬、梱包などの肉体的重労働よりも、むしろ作業員間の協働性が重要視されている。作業は肉体的な苦痛を伴う苛酷な作業であるため、作業員間の体力差が歴然と表れ、体力の弱さは直接作業に影響を及ぼすことになる。そのため作業の進行を妨げないように、各作業員は体力の限界に挑みながらも作業員相互に気遣いと協力を示し作業を行う。そして作業開始から終了までの肉体的・精神的な持続的・反復的な相互行為は、作業員間に共同性を生み出していく。

　作業手順を十分に把握できていない雇用開始当初のムーバーに分担される作業は、作業員としての選別過程でもある単調かつ体力の消耗が最も著しい荷物の運搬作業である。それは同時に、引越作業の肉体的な辛さを学ぶだけでなく、作業員同士の協働性、段取りに基づく各役割とその貫徹の重要性を学んでいく過程でもある。そして過酷な選別過程を経ることのできたムーバーは、一朝一夕では修得が困難かつ体力以上に実力差が表れる引越作業の段取りを組む能力を求められていく。段取りは、無駄を省き作業効率を上げ、合理的に作業を進めていく上で重要かつ「仕事の出来」、「お客さん」の満足度を左右する。そのため雇用開始当初の過酷な荷物の運搬作業のなかで、体力の強さが他の作業員に対する優越感、「仕事」に対する自負獲得の主要な要因となっていても、作業経験を積んでいくに従い、それは段取りを現場状況に適した方法で組み、最善のサービスが提供できたかどうか、つまり段取り能力の優劣が主要な要因となって変化していく。引越作業は現場数、「お客さん」数だけ、作業手順、段取りの数がある。だからこそ、現場を積み重ねるに従い、体力ではなく段取りが重要視されていくのである。そして段取り能力は、研修制度やマニュアルがなく現場での経験と自主性によって修得されていく作業技術を基礎とし、作業員の作業能力の高さを直接的に反映するため、「仕事」の喜び、満足感の獲得に直接的な影響を及ぼし、各作業員の作業遂行能力は、「仕事の出来」として相互に確認、把握され作業員間の信頼の礎となっている。

(2) 生活の場で注がれる否定的なまなざし

　しかし、若年専業ムーバーはK事業所に従事し「仕事」に精通していく一方、事業所外では非正規雇用にあることによって、「正社員にならなければいけない」と

いうステレオタイプ化した社会規範に基づく否定的なまなざしに日々晒され、社会的洗礼としてその経験を強制されている。彼らは自らの地位を問われ、自問することを迫られているのである。

　「言われたねぇ、やっぱ正社員になれっていう話。ここに行けっていうのも勧められた。それは誰かの紹介とかじゃなくて、新聞の折込チラシの、要は親父が昔やってた仕事の、工具ってやつ。親父はそういう仕事してたわけ。それに近いような仕事。工場で正社員求めてるから、寮もついてるよ、だからやってみれば。何の意味もなく言うわけ。……取りあえず正社員っていう、決められた立場になればいいんじゃないか、どんな職種でもっていう考えでしか言わなかったから。……俺は違うんじゃねぇかって、だから受け入れられなかったね。ただ親的には寮っていうか、家を出て要は正社員で安定した給料、安定してるとは言えないんだけど、取りあえず給料を貰えるということで、住む場所も提供してくれるからいいんじゃないかっていう理由でしか言わない訳よ。(お袋も)同じような感じ、一緒。」(Aさん)(括弧内は筆者補足。以下同)

　「A社じゃなくても、それは(正社員で働くこと)いいんだけど。A社に限らずなんだけどね。その、仕事は何でもいいんだけど、取りあえず、ちゃんとボーナス貰えるようなところって(親は)言ってるんだが。知り合いのとこで。土建屋さんの事務の仕事があるから、それやんないかって言ってくるんだけど。社員言ってもさぁ、個人経営みたいなとこだからさぁ、給料安いって言ってたんだけど。」(Bさん)

　「うちの親はねぇ、絶対社員になりなさいと、ならなきゃ意味がない派なんですよ。……社員だからって何だっていう。不安定な立場っていうことに対して何か言う奴には俺納得いかない部分があるんすよね。……社員だったらああそうかって言うんだけど、バイトだったら、んーっていう何かこう一瞬それだけで内容はともかく、それだけで結局そうゆう目で見られちゃうっていうのが納得いかないんですけどねぇ。」(Cさん)

　家族の主たる賃金稼得者としての役割を期待される彼らは、不安定な非正規雇用にあることによって、「仕事」の内実、やりがいといった満足感が評価されることはなく、非正規雇用という地位のみが問題視され、引越という「仕事」に従事し

ていることは否定的に評価される。そして生活の場におけるこのような経験は、彼らのまなざしに影響を及ぼすこととなる。彼らはK事業所で非正規雇用にある年配の専業ムーバーや雇用日数の短い専業ムーバーに対し、否定的なまなざしを向け、彼らに対し自己を優位に位置づけるのである。

(3) 若年専業ムーバーのまなざし──自己の優位性と「仕事の出来」──

　K事業所での非正規雇用という地位は、若年専業ムーバーに対する二重の社会的な負のラベルを現実的・具体的な「正社員」との雇用上の格差として彼らに対峙を迫る。「フリーター」として把握されること、ステレオタイプ化した社会規範は、K事業所内での明確な地位の格差として彼らに顕在化するのである。だが、彼らはそれを受容するのではなく労働を通じて抵抗を試みていく。

　彼らは両親、友人からの「フリーター」であることに対する様々な否定的な評価をある程度受容しながらも、その否定を試みる。しかし彼らの否定という行為は、直接的・対面的であれば一時的に達成することは容易であろうが、日々非正規雇用で従事するなかでステレオタイプ化した社会規範によって負のラベルを付与され、そのような規範から完全に外在的にあるのではない彼らにとって、その試みを持続的に達成することは容易ではない。そのため、彼らが自身の地位を積極的・全面的に肯定することは困難をともなうと同時に彼らにアンビバレントな感情、葛藤をもたらす。Aさんは、「人に聞かれた時に、『何やってんの？』運送屋で働いてる。『運転してんの？』運転してない。『社員なの？』社員じゃない。それを言うのが恥ずかしい。『何なのあんた？』っていうノリじゃん。それはちょっと恥ずかしいんだよね」と語る。

　そして、そのような感情は彼らと同等の地位にある50歳前後の専業ムーバー、雇用日数の短い専業ムーバーに対する差異化・序列化として表出されていく。「簡単に馬鹿にするっていうのはさぁ、間違っていると思うんだぁ。やっぱり年配者なりのさぁ、あのぉ、知恵とかってあるじゃん。上手さっていうのが。そうゆうのは大事にしなきゃいけないと思うんだよ。」(Bさん)、「(アルバイトは)違うとは思わない。ただその人がどうだって話。形じゃないんだぁ。その人がどうゆう風に認識してどうゆう仕事するかが一番大切。アルバイトでも出来る奴だったら関係ないから、契約(社員)とかそんなの。その人の受け方」(Aさん)と、自己と

同等の地位にある彼らに対し肯定的な評価をくだす。
　しかし肯定的な評価を表明しながらも、彼らはステレオタイプ化した社会規範、非正規雇用という地位に基づき、同等の地位にある彼らに対して否定的な負のまなざしを向け差異化をはかるのである。

　「Hさん（40代後半専業ムーバー）みたくはなりたくないと思うな。あの人はあんまり一生懸命やってないじゃん、仕事。でもあの年じゃん。で、何かその日暮らしみたいな感じで、あんまり良く映らない、俺には。……あれぐらいの年になってムーバーは、俺はやってられないねぇ。食っていく上ではあれだねぇ。」（Dさん）

　「不安だろうなぁと思いますけどねぇ。普通年くったら、もう年金頼りじゃないですか。収入の途ってそうないですからねぇ収入確保の。ホントどうすんのかなって。」（Eさん）

　50歳前後の専業ムーバーに対する差異化・序列化の様式は、現状のままでは将来同等の地位にあるのではないかという不安、危機感から「雇用の安定」が指標となり潜在的に表出される。一方、雇用日数の短い専業ムーバーには「雇用の安定」に「仕事」の熟練度という指標が加わり、明示的・顕在的に表出される。両者に対する指標には、「若さ」から「老い」、現在から未来への時間軸の延長線上で、現在の雇用が不安定であるという認識から「雇用の安定」を、そして「仕事の出来」によって負のまなざしを無効化できるという認識から「仕事」の熟練度を指標として用いている。だからこそ「仕事」に熟練である年配の専業ムーバーには「雇用の安定」が、雇用日数の短い専業ムーバーには「雇用の安定」、「仕事」の熟練度の両者が欠如しているために、彼らを否定的に捉え差異化し自己を優位に位置付けるのである。彼らの態度は矛盾するものであるかもしれない。だが矛盾・葛藤を抱きながらも自己を積極的に肯定しようとする独自の試みとして表出されている。
　このような彼らの適応は、日々の労働、「仕事の出来」を重視することでより強化されスムーズに行われている。彼らはK事業所に従事することを「仕事」と呼び、「バイト」と呼ぶことを拒む。自己に対するアルバイトという認識を拒否し否定するのである。

「まぁ、友達もそうだよ。『まだやってんの? 今のアルバイトみたいなの』みたいなこと言われんのね、『明日バイトでしょ』みたいな。俺は『仕事』って言ってんのね、敢えて『仕事』って言うのね。意識付けみたいなので、『明日仕事』。『あ、バイトなんだ』ってわざと言うんだよね。馬鹿にしやがって。自分のなかで意識付け。自分のなかでそうだから。仕事だから。これで飯食ってると思う訳だから。」(Aさん)

「仕事です。もう自分が仕事だと思ってます。そこにバイトっていうものはないっす。バイトっていうのは俺んなかね、もっと簡単なもんなんですよ。」(Cさん)

「仕事。バイトって、人から『明日バイト入ってるの』とか言われんのは凄くやだ。『バイト』って言うなよって。『仕事』って言えよって思う。言わないけどね。」(Dさん)

しかし、彼らの他者に対する「仕事」という言明は、一時的なもので他者の認識を変化させうるものではない。だが、「仕事」と呼び、「仕事」にこだわることでアンビバレントな感情、自己の否定と肯定の揺れに「解決」を試み、「仕事」への没頭が更なる賃金獲得やK事業所での「正社員」雇用の獲得に繋がることがなくとも、「仕事」こそが葛藤に一時的な終息をもたらし、自己肯定化に強く作用するのである。だからこそ「仕事」に没頭し夢中になっていく。それは作業中の「接客」においても顕著に確認することができる。

「まず客に対してアルバイトっていう風な目で見られたくない自分があるから。要は何つうか、何か聞かれた時に答えられないのは駄目だと思う。契約社員になって一応いっちょまえには出来るようになった。でも見てくれと、要は俺童顔だから若く見られる訳よ。だから聞かれても答えられるのに、全て答えられるとは言わないけど、まぁ一通りのことは答えられる訳よ。でも見てくれが童顔で、まぁ格好だらしなかったかもしんない、ズボン下がってるし。その時点で『アルバイト? 大学生?』って言われたのが凄くショックだった訳。アルバイトって認識されるのがショックだった訳。」(Aさん)

「自分がプロとしての仕事をどれだけ出来るか。この仕事をしていく上では取りあえずプロでなきゃいけない……、プロに見せなきゃいけないっていうの

はあるのね。」(Bさん)

　彼らはラベルの付与による葛藤を、他の専業ムーバーへの差異化・序列化による自己の優位な位置付けと「仕事」への没頭によって「解決」を試み、自己を肯定的に規定し維持しようと努めている。そして彼らの労働過程でみられる規範とは、地位ではなく「仕事の出来」を第一に重視することであり、その背後には非正規雇用という地位と彼らが経験した否定的なまなざしの社会的洗礼が大きく作用しているのである。

(4) 事業所内の規則・ドライバーへの対抗
　若年専業ムーバーのまなざしは、事業所の規則、「正社員」であるドライバーに対しても向けられる。規則、ドライバーは、対抗すべきものの象徴としてある。
　彼らは、K事業所の規則を遵守すべきものとして、また「正社員」の地位を自己よりも優位に位置付けるべきものとして認識している。しかし、彼らはK事業所内の「立場」の差異を受動的に甘受し、規則、「正社員」の指示を積極的、全面的に受容しているのではない。K事業所で従事することは、必然的に事業所の規則の遵守を強制するが、彼らにとって全面的な受容は地位への従属を意味し、それらは「仕事の出来」に関わると判断される場合のみ、有意味なものとして重視されているに過ぎない。規則、地位は一方的に彼らの行為を規定する拘束力をもちえていないのである。
　規則に対してDさんは、「俺らにいろんなこと要求するけどさぁ、じゃぁ俺らの為に何かやってくれた？ 要求するだけじゃん。」と語る。そして「仕事の出来」に無関係であるとみなされる制帽の着用、社訓を読み、ルーティン化した朝礼への出席は遵守されない。

　「(たまたま朝礼に出席したとしても全員で唱和する社訓を)言う訳ないじゃん。その代わり俺ビシッと立ってるから、1番ね。社訓なんて関係ねえから俺らに。」(Aさん)
　「俺(帽子を)被る必要ないと思っていますよ。それ、だって、明らかに社員と契約社員つう壁があるからですよ。だって会社ってそうじゃないですか。例えば作業中はみんな(ドライバー)結局脱いじゃいますよね。それ、そこまでもっ

てして被るんなら、作業中もきっちり被ってるっていう人がいるならまだ分かりますよ。……結局はじめの挨拶なんですよね。……俺なんの問題もないと思いますよ。」(Cさん)

「(帽子を被らないことは)まぁちょっと反抗みたいなもの。俺正社員じゃないからみたいな。お客さんもそんな気にしてる様子ないし。別にお客さん気にしてないなら、いいじゃんみたいな。(制服、朝礼の出席を求められることは)うざいっすよね。何なのって思いますよね。(朝礼に出席しないのは)社員じゃないからいうのが一番大きいすかねぇ。どっかで社員とねぇ、区別したいんですよね。俺は社員じゃないっていう。まぁ、甘えかもしれないですけど。そこまでやってねぇ……、ますます不満がつのるだけかな、みたいな。」(Eさん)

そして「立場」の差異に対しては、ドライバーに対する対抗によってその無効化を試みる。彼らとドライバーは、お互いを通称で呼び合い、昼食後には談笑し他愛ない会話で時間を過ごす関係にある。しかし、一旦現場に入れば両者の関係は緊張関係へと一転する。ドライバーに対する彼らの態度は、「仕事の出来」と「立場」の差異に基づき、「正社員」であるドライバーの「仕事の出来」の悪さは、年齢や経験年数に関係なく強烈な批判の対象となる。

しかし「立場」の差異を乗り越え、直接的な批判をドライバーに向けることには大抵ならない。また「仕事の出来」に価値をもつ彼らが自身の能力を相対的に低く評価しているなら、直接的な意思表示はさらに起こりにくい。「仕事の出来」の重視と明確な「立場」の差異が、直接的な意思表示を困難なものにさせているのである。

だが、彼らは独特の方法によってその困難さによって生じる不満、葛藤の「解決」を試みる。それは「仕事の出来」の精度を向上させることによって、ドライバーに「仕事の出来」の良さを認めさせ信頼を獲得し、「事業所内の地位」を「『仕事の出来』に基づいた現場での地位」によって逆転させて現場作業における主導権を握ることである。それは、現場作業の「裏」の責任者となり、「表」の責任者であるドライバーとの「地位」を逆転させることである。彼らは「立場」の差異を、「仕事の出来」という能力の問題に置き換えることで読み替え、唯一対等になれる「仕事の出来」によって、彼らを規定している「立場」の差異を無効化し「解決」を試みる

69

のである。

　「契約社員でも社員と同等じゃなきゃ俺や(嫌)なの。仕事の内容っていうか、やること自体全部出来て当然じゃなきゃ文句言ったりとかいうのは俺の中じゃおかしいと思うのね。……社員と同等になってこそ言うべきじゃんって思っているから。まぁ立場は違うけど。」(Aさん)

　「仕事だったらさぁ……、お互い引越っていうもんに対しては一人前でしょ。そう思ってりゃ、そんなにあれじゃん。一応ラインはあるけど、それ以上に気使う必要っていうのはないじゃん。正しいと思ったら、明らかに間違っているっていうことは、ま、俺は言わないかもしんないけど、いや俺は言うけど、言わない人は何でだろうって思うよ。言った方がいいことは言った方いいと思うから。」(Dさん)

　「別にプロじゃなかったら何でもないじゃん。プロとプロじゃないっていう壁はあってさぁ、全員プロだったらこの壁(「正社員」との格差)はいらない。まぁ、給料っていう壁だけは残るけどさぁ。だってさぁ、お客さんは全員プロだって思ってんでしょ。」(Bさん)

　これらの行為は、雇用条件の改善に繋がるものではないのだが、「フリーター」というラベルの付与を受け、非正規雇用で従事するなかで肯定的に自己規定しようとする彼らの合理的な行為であり、労働現場で日常的にみられる具体的な試みなのである。

4. 労働過程における下位文化

　過酷な選別過程を経験し「仕事の出来」にこだわり引越という「仕事」を修得していく一方で、若年専業ムーバーはK事業所を契機とする出会いによって仲間集団を形成している。それは非正規雇用での日常的な相互作用のなかで、自己肯定化の試みに関わる独自の価値基準の共有、非正規雇用であるゆえの社会的な見通しの共有によって強固な心理的結束力をもつ集団であり、労働過程において独自の下位文化を形成している。

(1) 競争と仲間集団

作業現場は、「仕事の出来」の不断の相互確認の場であり、作業員としての存在価値である「仕事の出来」は、若年専業ムーバー相互に序列化されて認識されている。そのため仲間意識を共有する若年専業ムーバーであるが、現場では相互をライバル視し「仕事の出来」をめぐって競う相手となる。彼らはドライバーに対する場合と異なり、相互に直接的な批判を向ける。だが、それは彼らの結束の強固さを示すものであり、また作業技術の向上にも大きく貢献している。

　「(E君に対して) リーダー的な面で優れてるって感じた。要は他人に指示を出したりとか、あとは現場を仕切る。要は責任者的な、ムーバーとしての責任者的な態度が凄く俺より優れてる。同等だと思ってたんだけど、ね。ブッチャケ、人の扱い方、俺の方がウメーナー(上手いと)思ってたんだけど、いやぁ違うと。……プレッシャー感じるよね。やっぱり俺も同等なんなきゃって思うし。負けてらんねーなっ、つーのはブッチャケ思うよ。……E君に対しては追いつかないけど、K(雇用日数の短い若年専業ムーバー)には抜かれないように俺もっとガンガン行かなきゃいけない(という思いが)、凄くある。……F(雇用日数の短い若年専業ムーバー)じゃ無理だよ。レベル低い、レベル低い、低い。現場がまとまってないんだよね、あいつの現場って。カッコ悪いんだよね、あれね。」(Aさん)

　「頭の回転とか、段取り的には敵わないと思いつつも頑張ろうと思う、そうゆう自分はあるわけです。それは勝つにしても、勝てないにしても。また体力面で言ったら負けたくないっていうのもあって。」(Cさん)

　「俺はねぇ、まだG(筆者)、Gより下だなっと思ってんだよね。仕事全般に対して。バランス型なんだぁつって。G、Gに勝ったぜと思えないんだよね。Eさん、でもちょっと強引なとこあるからね、Eさんもね。そこに多少スキが見える時があるんだよね。Bさんはねぇ、微妙だね。結構ガサツだからね。」(Dさん)

　このように彼らは「仕事の出来」をめぐって競う競争関係にあるのだが、現場外での彼らの関係は「仕事の出来」の優劣によって完全に規定されるものではない。仲間集団は「仕事の出来」による明確な序列関係によってではなく、「仕事の出来」、年齢、経験期間(入職時期)の差に基づく「緩やかな序列関係」によって成立してい

るのである。彼らにとってK事業所は、長期的、永続的に従事すべき職場ではなく、また仲間集団も長期的なものではないという認識を前提に形成されている。そのために、現場での「仕事の出来」に基づく明確な序列関係は潜在化し、仲間集団の現場外での関係へ転換されることにならないのである。彼らの関係は、たとえ年上であっても経験期間が短ければ、「〜さん」といった敬称が必ず用いられることはなく「〜君」や通称が用いられ、また年上で経験期間が長くても「〜さん」という敬称ではなく通称が用いられたりする。彼らは「仕事の出来」に基づく序列を仲間集団の関係に転換するのではなく、「緩やかな序列関係」によって仲間集団を形成しているのである。だが、一時的な集団という認識であっても、それは「われわれ」を意識する内集団としてあり、ドライバーら「正社員」、さらにステレオタイプ化された社会規範は、対抗すべき「かれら」「やつら」として意識され、仲間集団は強固な結束力をもっているのである。

K事業所での仲間集団の存在は、負のまなざしの否定、他の専業ムーバーに対する差異化・序列化、規則・ドライバーへの対抗を試みる彼らにとっての基盤であり、自己肯定化のために大きな機能を果たしている。

(2) 「呑み」の役割

仲間集団では定期的に「呑み」の場が催される。「呑み」の場は、常に若年専業ムーバーのみで構成され、ドライバー、50歳前後の専業ムーバー、学生ムーバーが加わることは滅多にない。話題は「仕事」に関することが主であり、他に異性、パチンコ、ゲームの話で盛り上がる。「仕事」の今後、改善点に関する話題がのぼることはよくあるが、各々の今後の進路、将来に関する話は申し合せたかのごとく話題に上ることは滅多にない。雇用日数の短い若年専業ムーバーは、他の若年専業ムーバーが現場で共に作業を経験し、多少「仕事」を覚え、「出来る」と認められたり手を抜かずに作業に取り組んでいることが確認されると、仲間集団への参加を意味する「呑み」への誘いが掛かる。誘いを掛けられた若年専業ムーバーがその誘いを断ることはほとんどなく、「呑み」の場への参加によって彼らの価値規範は共有され継承されていく。しかし「仕事の出来」が認められたとしても、将来に対する社会的な見通しが大きく異なる学生ムーバーに誘いが掛かることはほとんどない。

「やっぱり、見てない現場を、聞きたい、話を。(参考に)なる。気になるわけだから。同等と思ってる人間達がどういうふうに行動してるかっつうのが。(呑み以外に話す機会は)少ないよね。少ない、凄く少ない。やっぱり興味あんのは俺、自分らとか、E君やD、C。凄く興味あるから。聞きたいね。っていうか、E君一番聞きたいね。やっぱ、俺はちょっと、ある意味ライバル視してるから。」(Aさん)

　「やっぱ失敗話とかするじゃん、よく。で、人の失敗話も聞くじゃん。で、呑みで言うのって結構酔っ払ってグチャグチャになるかもしんないけど本音聞けるしさぁ。まぁ普段みんな本音で言ってくれてるの分かるけどさぁ。そういうので考えさせる場があるじゃん。あぁそういや、あん時ああいうこと言われたなぁっつって。呑みは大事だと思う。」(Dさん)

　「考え方を伝えてくるじゃないですか。俺がわがまま言ったら伝えてくるじゃないですか。それは大きいっすよ。わがまま言うことは結果的には……、結果的には考えが変わるようになったんだから、わがまま言ったことは無駄にはなってないですね。それを言った相手がやな(嫌な)思いをして反撃してくれたお陰でこういう風に考えられるようになったから。俺的な個人的なあれなんですけど。確かに俺は今までは何も考えずに自分の言いたいことだけゆったんだなって、ふと気づいたんですよ、それを分かんなかったんですよね、今まで。呑み会なんでしょうね、きっかけは、でも。」(Cさん)

　「大きいっすねぇ。普段、あんま、そんな仕事中話す時間ないじゃないですかぁ。やっぱ、いろんな本音とか聞けますからねぇ。愚痴も多いけど。どんな人間かを知れたことが大きいすかねぇ。」(Eさん:酒は全く呑めないにもかかわらず「呑み」の場には常に参加)

　現場作業での会話は、作業の合間に取る休憩での他愛ないものでしかなく、十分な会話の時間はない彼らにとって、「呑み」の場は「仕事」についての情報交換の場となり、相互の技術向上、「仕事」に対する動機付けの契機となっている。だがそれ以上に、単なる職場の同僚ではなく、社会的な見通しを共有し日常的に接する仲間との「人と人の繋がりを深める」(Dさん)場として、「呑み」を重ねることは彼らの心理的結束をより強固なものとしているのである。

(3) 長期化というパラドックス

　若年専業ムーバーは、「フリーター」というラベル、非正規雇用という地位を、K事業所での労働を通じて形成された仲間集団に支持され対峙、適応し、「仕事の出来」を重要視することによって明確な職業意識を獲得していく。しかし彼らは「仕事」の自負を獲得できたとしても、非正規雇用での雇用が継続する限り、自らの地位に対する自問の日々から逃れることはできない。彼らは経験を積み雇用期間が長期化していくに従い、「フリーター」であることによる負のラベルの付与によってではなく、非正規雇用者としての自らの経験に基づき、「雇用の安定」の確保、賃金の安定と上昇を期待することのできる「正社員」雇用を志向するようになる。それは地位ではなく「仕事の出来」にこだわることこそが積極的な自己肯定であった彼らにとって矛盾することであるかもしれない。しかし非正規雇用者として生きていくことの困難さを経験を通じて理解している彼らにとって、それを継続していくことが容易なことではないことは明白である。彼らは、非正規雇用の地位で自らの拠り所としてきた「仕事の出来」と、獲得すべきものとして志向するようになった「雇用の安定」という二つの間で揺れ、日々葛藤しながら「仕事」に励んでいる。

　仕事量、賃金が流動的な非正規雇用にある彼らにとって、「雇用の安定」を確保できないことが日々の労働を通じて自覚されている最大の不安要因である。

　「いいかなって思うんだけど将来性がどうしても凄くない訳だからさぁ、それがやなのね。今のままで体を使いつつやるだけだったら多分40、50やろうと思えば出来るんだと思うけど、ただ賃金自体はたいして上がっていかないわけじゃん、今のままだったら。そうゆうのだと、や（嫌）だし、多分やっていけないと思うんだ。」（Aさん）

　「一生食っていくんだったらこの仕事やっていきたい、好きだから。だけど今の若いうちだけだったらいいかもしんないけどさぁ……やっぱ辛いでしょ。」（Dさん）

　そして肉体を酷使する引越業では、怪我は欠勤を強い給与の減少を招いてさらなる不安を煽る要因となる。以前、足の靭帯を伸ばし2、3ヶ月欠勤せざるを得な

かったCさんは、「出なかったら貰えないですもんねぇ。そういうのはやっぱ焦りますねぇ。」、腰痛のため出勤できなかったDさんは、「消費者金融行くぐらいだから。先月カツカツだったんだから。15。給料が15だよ。手取りで13だ」と語る。このようなK事業所での彼らの雇用とは、雇い主依存の労働時間の管理、繁閑差や怪我等による給与の変動、不十分な社会保障制度という非常に不安定な雇用であり、このような雇用にこそ「仕事」の自負の獲得が可能であっても、「雇用の安定」の確保が困難なために非正規雇用者としての将来像を描きにくくさせ不安を煽る要因がある。さらに不安は加齢によって促される。23歳のBさんは「いつまでやろうかなぁって問題だよね、この仕事ね。……28とかそこまでいかなきゃね（いかなければいいが）」と、現在の生活、雇用をある期限までの過程として捉えることができる。だが、27歳のBさんは「昔と今の収入っていうのはあんまり変わらない。19の頃は一番収入が多い方だったの。要はその年代の中で。今はやっぱり27歳で比べると明らかに負けてるでしょって」と、加齢を要因として生活、雇用の不安を語る。同様の不安定な雇用にあるなかで、年齢は彼ら個々に程度の差をもって不安を駆り立てる要因となっているのである。

しかし、このような「正社員」登用の見通しがないなかでの不安定な雇用と日々の不安に対峙しながらも、彼らのK事業所での従事は継続し長期化している。親と同居であったり、一人暮らしである彼らは、十分とは言えないまでも300万円前後という年収によって彼らなりの「安定」を維持し生活を送っている。経済的物質的基盤は長期化を促す要因の一つとして考えられるが、より重視すべき点は、ステレオタイプ化した社会規範、「正社員」との格差に日々対峙し適応していく労働過程で形成され、強固な心理的結束、愛着をもつ仲間集団の存在が長期化を促がす要因として作用しているということである。

「ムーバーの人たちがいなかったら駄目だっていうこともありますよ、今の状況だったら、恐らく。それっていうのはある意味弱い部分なのかもしんないけれども。うん、少なくともそれが自分で作ってきたものっつうか……、やっぱり、それが今働くっていうことにおいて俺ん中でもっとも一番それが大事だってことですね、多分。例えば、結構一方的に俺が思ってるだけなのかもしんないですけど。ただ、その、やっぱり、こう（ホームに）戻って来た時に、こう、

何て言うんですか、こう、『お疲れ様、お疲れ様っす』。そういう風に言うことが出来る。それがただ形だけ言うんじゃなくて、それをお疲れ様ですねっていう風に、ホントにそういうことが出来る相手がいるっていうこと自体で俺はすでにもう凄く関係いいと思いますよ。そう思って言えてるんですもん。」(Cさん)

「(今まで続いたことで)1番大きいのは、まぁ周りの仲間じゃないけど、A君とかGさんとかD君とかが居たからじゃないですかねぇ。GさんA君D君あたりがいなくなったらって考えると、んー。まぁ、それはもう覚悟はしてることですけどねぇ。自分も含めて。まぁ、でもやっぱ、そういう呑み重ねていったということで、職場でも、やっぱ……、何すかねぇ、みんな(現場作業後)ホームに集まった時とか楽しいですしねぇ。」(Eさん)

彼らの自己肯定化の試みを支えてきた仲間集団は、「雇用の安定」確保のために「正社員」へ移行しようとする際、それを促すものとして機能しない。仲間集団の存在が、「正社員」への移行を遅延化させる要因となり、自己肯定に不可欠であった仲間集団が彼らなりの社会的な見通しのなか新たな一歩を踏み出そうとする時、それこそが障害となって一歩を躊躇させるのである。「雇用の安定」を保障すると考えられている「正社員」雇用が獲得できるのは、彼らが仲間集団を離脱することによってもたらされるのかもしれない。そして「仕事」への自負、慣れ親しんだ「居場所」への執着、安堵感、「居心地の良さ」は、加齢にともないより困難になる「正社員」雇用獲得を切迫した問題としてではなく、漠然と抱く先延ばされた問題として遠くへ追いやっていくのである。

「引っ張る、引っ張る、凄く引っ張る。居心地いいから、思ってるけどそんなに強く思えないんだよね。今すぐ辞めたいっていうのはない。ブッチャケいい条件あったらとか思ってるけど出たいとは。でも実際出てないから。もう1年ぐらい前からずーと思ってることなのね。このままやってても1からやった時やっぱり早い方がいいと思うから、1からやるなら。でもやっぱり居心地いいし、それなりのことさせてくれるし。ある意味不満が少ない訳よ。」(Aさん)

「何だかんだズルズルやってくことになっちゃうのかなぁって。だったら区切りつけんなら早い方がいいってみんな言うじゃん。だけどやりてぇんだよ

ねぇ。居心地いいってこと、分かるでしょ。あんまり(他の職場)知んねぇけど、でもうちはみんな人いいと思うよ。」(Dさん)

このように、若年専業ムーバーが労働過程で用いる行為様式は、独自の下位文化を形成し、それは「仕事」への没頭、仲間への愛着、「居心地の良さ」として彼らが抱える葛藤、「雇用の安定」の問題を一時的に忘失させるものである。しかし「雇用の安定」の問題は、彼らに不安を煽りだす日常的な問題として認識されており、彼らが「正社員」雇用の獲得を目指そうとするとき、彼らが労働過程において用いてきた行為が予期せぬ結果として障害となり決断を鈍らせ、非正規雇用者である期間は長期化し、彼らの不安を助長させるというパラドックスを生み出しているのである。彼らは経験を積むに従い否応なく自己を否定的に捉えるようになるとともに、日々労働を通じて自己肯定化をはかり、否定と肯定の間を揺れ動いている。そしてEさんの次の語りは、若年専業ムーバーの思いを的確に表している。

「ここが俺の居場所だ、みたいには言い切れない、言い切れないのかなぁーってね……。」

5. 結　語

「フリーター」を含む非正規雇用は、労働需要の減少と企業の雇用方針によって今後ますます増加する傾向にある。それは量的な変化だけではなく、弾力的・流動的な有期雇用を維持・拡大させる一方で、非正規雇用に従事する労働者をますます恒常的・基幹的な労働力として用い続ける質的な変化でもある。だが、たとえ恒常的・基幹的な労働力として雇用されたとしても、その雇用条件は正規雇用に比べ大きな格差をもつものでしかなく、ひとたび非正規雇用に従事すれば、その後の「正社員」雇用獲得、非正規雇用からの移動は極めて困難をともなう。

K事業所における若年専業ムーバーから確認されるのは、それが「正社員」雇用獲得の拒否、職業意識の希薄といった理由によって導かれるのではなく、非正規雇用で日々従事するなかで否応なくもたざるを得なかった行為様式の予期せぬ結果として生じているということである。負のラベルの付与を社会的洗礼として強制的に経験した彼らは、労働過程での適応によって否定的なまなざし、雇用、生

活の不安を回避し、「仕事」へのこだわりが促されていく。そしてそれは、仲間集団の存在によって強化・維持され独自の下位文化を形成している。しかし、このような彼らの用いる行為、仲間集団の存在、「居心地の良さ」こそが、非正規雇用の長期化というパラドックスを生みだし、「正社員」雇用獲得をより困難なものとさせているのである。

「フリーター」は、生活の場においてジェンダー要因を介在させ「正社員にならなければいけない」という社会規範によって把握されるとともに、労働の場おける「正社員」との雇用格差とそれに対する適応のなかで「フリーター」としてある。ステレオタイプ化された社会規範と非正規雇用の拡大を強化する企業の雇用方針は、相互補完的に労働過程に作用し、一方で男性・正規雇用を堅守しながら非正規雇用者をより強固に固定化させ従事する若者に葛藤・矛盾を抱かせている。そして若者の「フリーター」期間の長期化と増大は、多様な階層の若者を「フリーター」を契機として特定の階層、下層へと「配属／固定化」していく過程であり、家族形成、社会保障制度に変容を迫るものとなるであろう。本稿で扱った事例は、組織化されることなく個別化、孤立化された「フリーター」が労働の場での出会いを通じ日常的、具体的に繰り広げる合理的選択によって「周辺的」な雇用へと追いやられていく過程を示している。そして、非正規雇用に従事する若者が、労働過程で矛盾、葛藤を抱えながらも仲間集団に支持され獲得していく「仕事」への自負と非正規雇用にあるゆえ生じてしまう将来像獲得の困難さとは、今日の社会における不合理として本質的な問題をわれわれに提示しているのである。

〔注〕
(1) 日本労働研究機構（2000）では、「フリーター」を「フリーター」になった契機との時の意識に基づき〈夢追求型〉、〈モラトリアル型〉、〈やむを得ず型〉の三種類に類型化し、その構成は13.7％、46.9％、39.4％である。1987年当時「フリーター」という言葉によって把握しようとした〈夢追求型〉は僅か13.7％に過ぎない。
(2) 木本（1995、2003）が労働研究にジェンダー視点からの分析の徹底を指摘するように、従来の労働研究は男性労働者を主要な対象としてきた。男性「フリーター」を対象とすることは、既存の労働研究を捉え返すことであり、念頭には都市下層研究との接合がある。また、上林（1999）は女性非正規雇用者を「パートタイム」と「フルタイムパート」に区分し、配偶者の所得階層の差異と就業実態の多様性を指摘している。男性「フリーター」との比較検討が今後必要である。
(3) 「ムーバー」とは、非正規雇用者でK事業所における収入のみによって生活を送って

いる専業ムーバーと、週２日ほど従事する学生ムーバー（ほとんどが大学生）に大別できる。事業所内ではともに「ムーバー」という呼称であるが、本稿ではそれを専業ムーバーと学生ムーバーに分け、特に専業ムーバーの若年者（20歳代）を対象として論じる（「若年専業ムーバー」が該当）。この他に定職をもちながら、土、日曜日及び祝日のみ勤務する30歳代から50歳代のムーバーが５名在籍しているが、本稿では扱わない。平成12年度版『労働白書』における「フリーター」の定義は、各事業所での呼称がアルバイト・パートであることに基づくものとなっているが、本稿では「正社員」と非「正社員」の差異にする注目するため、若年専業ムーバーの呼称は契約社員であるが、若年の非正規雇用者であるため「フリーター」として論じていく。

(4)　「ヘルパー」とは、非正規雇用で従事する30代から50代の既婚女性によって構成され、食器、衣類、雑貨等の梱包・開梱を主な作業内容とする作業員。

(5)　略歴、家族構成は次の通りである。「フリーター」発生の要因として「相対的に低い階層を出自とする生徒」（耳塚 2002）、「進路多様校」の存在（苅谷・粒来・長須・稲田 1997）が指摘されているが、５名は異なる階層的背景をもち、また普通科という点では共通であるがＤ・Ｅさんの在籍した高校は県下有数の進学校である。

　　Ａさん（25歳・勤続６年）私立高校普通科中退・親と同居／聞き取り時期：2001年11月／家族構成：父（58〜9）高卒・無職；母（57〜8）高卒・パート；兄（29）商業高卒・公務員

　　Ｂさん（27歳・勤続８年）県立高校普通科卒・１人暮らし／聞き取り時期：2002年２月／家族構成：父（55）中卒・アルバイト；母（54）中卒・パート；兄（33）専門卒・会社員

　　Ｃさん（21歳・延べ３年）私立高校普通科卒・専門中退・親と同居／聞き取り時期：2001年12月／家族構成：父（46）大卒・公務員；母（44）大卒・公務員；祖母（68）無職

　　Ｄさん（23歳・勤続2.5年）私立高校普通科中退（大検取得）・親と同居／聞き取り時期：2002年３月／家族構成：父（51）大卒・社会保険労務士；母（51）高卒；姉（既婚）；祖母（77）

　　Ｅさん（27歳・勤続５年）県立高校普通科卒・１人暮らし／聞き取り時期：2002年４月／家族構成：父（56）大卒・会社員；母（53）高卒・市議会員；妹（23）大卒・アルバイト；弟（13）中学生

(6)　ホームとは、引越資材の保管場兼引越資材積み降ろしのためのトラック発着場。現場作業終了後、帰社し、現場の異なる作業員が１日の作業内容や冗談を交わしながら資材整理、翌日の資材準備を行う。作業終了後に安堵感、充実感を感じる場の一つである。

〔参考文献〕
Ａ社社史編集委員会 1991、『Ａ社70年史』Ａ社。
玄田有史 2001、『仕事のなかの曖昧な不安―揺れる若者の現在』中央公論新社。
堀健志 2000、「学業へのコミットメント」『高校生文化と進路形成の変容』学事出版。

本田由紀 2002、「ジェンダーという観点から見たフリーター」『自由の代償／フリーター』日本労働研究機構。
上林千恵子 1995、「現代の労働と労働市場」宮島喬編『現代社会学』有斐閣。
―――― 1999、「多様化する就業形態―日本と欧米諸国のパートタイム労働を中心として」稲上毅・川喜多喬編『講座社会学6 労働』東京大学出版会。
苅谷剛彦・粒来香・長須正明・稲田雅也 1997、「進路未決定の構造」『東京大学大学院教育学研究科紀要』第37巻。
木本喜美子 1995、『家族・ジェンダー・企業社会』ミネルヴァ書房。
―――― 2003、『女性労働とマネジメント』勁草書房。
耳塚寛明 2002、「高卒無業者への道」『労働の科学』Vol.57 No.2、労働科学研究所出版部。
―――― 2002a、「誰がフリーターになるのか」『自由の代償／フリーター』日本労働研究機構。
宮本みち子 2002、『若者が《社会的弱者》に転落する』洋泉社。
内閣府 2003、『平成15年版 国民生活白書』。
日本経営者団体連盟 1995、『新時代の「日本的経営」―挑戦すべき方向とその具体策』。
日本労働研究機構 2000、『フリーターの意識と実態』No.136。
―――――――― 2001、『大都市の若者の就業行動の意識』No.146。
菅山真次 1998、「〈就社〉社会の成立」『日本労働研究雑誌』No.457、日本労働研究機構。
―――― 2000、「中卒者から高卒者へ」『学校・職安・労働市場』東京大学出版会。
舘澤貢次 1997、『引越屋さんを上手に選ぶ本』ぴいぷる社。
氏原正治郎 1966、『日本労働問題研究』東京大学出版会。
氏原正治郎・高梨昌 1971、『日本労働市場分析・上』東京大学出版会。
薬師院仁志 2001、「学歴社会と選抜」『文化伝達の社会学』世界思想社。

⟨Abstract⟩

The Labor World of "Movers" : The Youth Self-Regulations in Temporary Jobs

Kiyohiro YAMANE

(Graduate Student, Tokyo Metropolitan University)

The aim of this paper is to investigate the youth labor process of temporary jobs and to explain factors to prevent a transition from temporary jobs — "freeter"to permanent jobs — "seisyain" in the case of "Movers" in Yokohama city. In particular, this investigation is focused on a social norm, a manner of action and a peer group.

Young men in temporary jobs have a manner of action in connection to a social norm and a status of temporary jobs and have a peer group in a labor process. Temporary jobs are located in a differential status from permanent jobs. And young men in temporary jobs are understood as a deviance from a social norm. Accordingly their experiences in temporary jobs and against a social norm bring them a manner of action in a labor process. In this case, that is a differentiation against old men and inexperience men in same temporary job, and is a opposition to regulations in an office and men in a permanent employment — "seisyain". And through their unique actions they become absorbed in jobs more and more.

But, when they have an intention to get permanent jobs — "seisyain" by reason of an unstable employment, they can't get it smoothly. A manner of action and a peer group prevent them from getting it. For them this is an unexpected result.

In this case, factors to prevent a transition from temporary jobs — "freeter" are brought by not only changes of labor markets or a lack of vocational trainings but also a manner of action and a peer group which is an adaptation to temporary jobs.

対人サービスにおける感情管理

——生活保護ケースワーカーを事例として——

小村　由香
（早稲田大学大学院生）

はじめに

　先進資本主義諸国を中心にサービス経済化が進み、かつてD.ベル（Bell 1974）がポスト工業社会について指摘したように、人と人との関係や、コミュニケーションが重要な意味を持つようになってきている。それにともなって、顧客やクライアントとの直接的な相互行為がその主要な職務となる「相互行為的なサービスの仕事 interactive service work」（Leidner 1993）に従事する労働者も増加している。対人サービスを提供する労働者は、しばしば自らの感情を、職務要件を満たすために使わねばならない。このような職場という公的領域において、適切な外見を保持・表出するために感情を操作する作業を、A.R.ホックシールドは「感情労働」（emotional labor）として概念化した。[1]

　ホックシールドは，感情労働を現代の新たな疎外と捉え、自己と役割との同一化による燃え尽きや、感情疎外による自己欺瞞、低い自尊心など、自己を脅かし、崩壊させる危険性を持つとし、その否定的な側面を強調した。しかし、その後の研究から自律性の獲得・保持（Paules 1996）[2]、労働者の感情管理能力の高さ（Fineman 1993）[3]、公的文脈を超えた顧客との親密な関係性の構築（Tolich 1993）などによって、感情労働は労働者にポジティブな帰結をもたらすことが、多数の事例によって実証されてきた。

　感情労働論は、サービス労働者とクライアントとの相互行為場面を焦点化し、労働者の心理的な側面を記述するための有効なツールを提供することで、対人サービス労働研究に大きな影響を及ぼしてきた。しかしながら、感情労働を主題としたこれらの実証研究のほとんどが諸外国で実施されたものであり、日本の

サービス労働者にそのまま合致するのかは検証を要する。そこで、日本国内のサービス労働者を対象に、対人サービスにおける感情管理の実態を明らかにすることを目的として、2003年8月から12月にかけて、首都圏の社会福祉事務所に勤務する10名の生活保護ケースワーカーへの聞き取り調査を行った。

生活保護ケースワーカーは、公的扶助(生活保護)制度に基づき、経済的に困難な状況にある人々に対し、生活保障と生活の立て直しのための援助を行う。それは経済的、精神的に自立できるよう、クライアントの生き方を変えるような支援をすることでもある。杉村宏は「『心から心へ働きかける直接的活動』(リッチモンド 1991)でなければ、相手の気持ちを揺り動かし、生き方について考え直すことなどおぼつかないだろう」と述べている。彼らのクライアントは、まさに社会的不利や困難を抱え、精神的にも追いつめられ不安定な状態にある場合が多い。そのようなクライアントを前にして、生活保護ケースワーカーはどのような感情を経験し、またそこで生起する感情を管理しているのだろうか。

現在、生活保護ケースワーカーを取り巻く環境は厳しい。サービス経済化の波は、公共部門で働く人々、すなわち公務員の世界にも波及しつつある。公共部門の「企業化」(du Gay 1996＝2001：272)について論じる研究者もいる。我が国でも、公共部門の改革・民営化が着々と進行しており、公務員はこれまで以上に住民・国民に対する顧客満足度を高めていかねばならない。そして高齢化の進行や核家族化等の社会的要因、景気動向等の経済的要因から保護率が上昇傾向となるとともに、生活問題が複雑化している被保護世帯が増加している。その結果、「ケースワーカーには、生活保護業務以外の低所得者にかかわる様々な問題が持ち込まれる傾向がみられ、ケースワーカーの負担となっている」(生活保護担当職員の資質向上検討委員会 2003：15)。それゆえ、生活保護ケースワーカーは、ストレスや疲労が蓄積する職務とされ、「福祉事務所は一番行きたくない職場」(「提言」：1)になっている。今回の調査を通じて、生活保護ケースワーカーの内的葛藤あるいは困難に直面する際の要因を抽出し、その回避の方途を探ることが第二の課題である。

1. 調査──調査方法とインタビュー対象者の属性──

本調査は、直接面接方式による聞き取りを、2時間半から5時間という面接時間

で行った。調査内容は、(1)生活保護ケースワークの具体的な職務内容、(2)職務遂行において要求される職業倫理・行動規準および感情規則、(3)クライアント(申請者・要保護者)との相互行為場面における生活保護ケースワーカー自身の感情経験、すなわち業務を通して生起する感情や葛藤等、である。いずれの聞き取り調査もカセットテープに録音し、後日書き起こしたものを本稿の資料として使用している。

調査対象者の10名の内訳は、男性4名、女性6名、経験年数は1年から20年以上で、プロフィールの詳細は以下の通りである。

Aさん：女性(28歳)、大卒(専攻は、教育学部社会教育総合課程カウンセラー養成コース・福祉)。1997年4月にS区に入庁と同時に生活保護ケースワーカーとして5年勤務。2002年4月よりS区知的障害者向けの作業所で指導員として勤務している。

Bさん：男性(40歳)、大学卒業後(専攻は経済史)、N区役所に就職。行政・事務職として勤務(2年)後、S区役所へ異動。高齢者ケースワーカー(6年)を経て、現職。生活保護ケースワーカー歴8年。現在、大学院で臨床心理学を学んでいる。

Cさん：女性(50代前半)、大学卒業後(専攻は福祉ではない)、T区役所に就職、今年で30年目。老人福祉課、衛生課、出張所を経て、現職。(生活保護ケースワーカー歴10年)

Dさん：女性(50代前半)、福祉関連の学校を中退。T区に就職、今年で30年目。福祉課、国民年金課、出張所、高齢福祉課を経て現部署。(生活保護ケースワーカー歴10年)

Eさん：女性(28歳)、大学卒業後(専攻は教育学部社会教育総合課程カウンセラー養成コース・福祉。Aさんとは大学時代からの友人)。S区に入庁、知的障害者のケースワーカー(4年)から、S区福祉事務所保護課へ異動し、現職。(生活保護ケースワーカー歴3年)

Fさん：男性(43歳)、大学卒業後(専攻は社会福祉)、Y市役所に就職。N区役所生活保護福祉課で17年間生活保護ケースワーカーとして勤務した後、生活保護の面接相談員を経て、現在、一般地区担当の生活保護ケースワーカー。

Gさん：女性(40代前半)、大学卒業後(専攻は社会学)、I区役所に就職、今年で21年目。最初の3年間は社会教育課に配属後、社会福祉事務所へ異動。(生活保護ケースワーカー歴18年)

Hさん：男性(50代)、大学法学部卒業後、I区福祉事務所に就職。管理係(経理事務)を経て生活保護ケースワーカーとなる。現在、新人ケースワーカーの研修において講師を務めている。

Iさん：男性(20代後半)、大学法学部卒業後、様々な職業を経験する。その後、農水省総務課で職員向けの年金計算業務にあたっていたが、I区役所へ転職。(生活保護ケースワーカー歴2年)

Jさん：女性(30代前半)。大学卒業後、O区役所に就職。O福祉事務所(現地域行政センター)(5年)、高齢者福祉・介護福祉関連の企画・運営・ケアマネージャーの研修や管理(7年)の後、2003年4月に現部署へ異動。(生活保護ケースワーカー歴6年)

以下、次節ではインタビュー調査をもとに、まず予備知識として、生活保護ケースワーカーの職務内容と日々の職務の中で彼らが経験する感情をみていく。その後で、生活保護ケースワーカーにおける感情管理と、それが彼らにもたらす内的葛藤や困難について分析を進めていく。

2. 生活保護ケースワーカーの仕事と感情

(1) 生活保護ケースワーカーの仕事

生活保護制度は、憲法第25条の規定に基づき、すべての国民・住民に対し最低限度の生活を保障するとともに、その自立を助長することを目的としている。保護は、要保護者の生活内容その他について必要な調査を行い、生活保護基準額に対する不足額を算定し、必要に応じて、生活・住宅・教育・医療・介護・出産・生業・葬祭の扶助が行われる。この保護制度を適用するにあたって、要保護者に面接し、生活保護の決定・実施に必要な調査を行い、保護の要否や保護の種類・程度などを決定し、また保護開始後は、その世帯の生活の建て直しのための計画(処遇方針)を立て、受給している人の自立の援助などを行っているのが、社会福祉主事、あるいは生活保護ケースワーカー(以下、ケースワーカーと呼ぶ)である。

ケースワーカーは、生活保護法(1950年5月施行―「新生活保護法」)の実施機関である福祉事務所に所属している。ここは「日本の公的扶助制度を支えているところで、いわば生活に困窮してしまった国民の最後の砦」(久田 1993：16-17)であり、ケースワーカーの仕事は、まさに住民の命や健康に直接関わるサービス(杉村 2000：161)を提供しているといえる。

　ケースワーカーの職務内容は、保護申請に関連する手続きや保護費の支給に関連する福祉事務、訪問記録・ケース記録などを主とする事務業務と、面接や訪問による調査・相談援助という対人業務に大別できる。

　事務業務量は増加傾向にあり、「ケースワーカーが事務処理に忙殺されている」(三矢 1996、2003：111) という。実際に、「こんなに事務処理が多いとは思わなかった。胃が痛くなるのは、事務処理、特に締め切り日前」(Jさん)と話す人もいた。

　その背景には、高齢者、在宅の精神障害者、経済的・社会的要因による要保護世帯の増加に伴う担当ケースの増加、調査項目の増加、介護保険、各種扶助制度の増加や複雑化に伴う業務、あるいはそれらの制度と生活保護業務との関連性が増えたことによる手続き業務等の増大がある。例えば、介護保険の保険料が、生活保護費から支払われるように引き落としの手続きをしなければならない。さらに、平成12年の地方分権一括法の施行により、生活保護の事務について機関委任事務から法定受託事務として、国が示す事務処理基準をもとに運用し、その実施体制となるケースワーカーの配置基準は必置から標準に緩和され、地方公共団体の裁量によることとなった(「提言」：1)。この現業職員定数の「自由化」(杉村 2000：163)は、対人業務においても同様に、ケースワーカーの負担を増大させている。

　対人業務には、要保護者が、最初に福祉事務所に相談に来た際の面接(インテーク面接)と、訪問調査がある。調査訪問には、保護申請に基づいて保護の要否と保護の種類、程度を決める初回訪問と、保護を受けている世帯に対して、法で定める最低限度の生活保障と自立援助を行う継続訪問があり、福祉事務所によっては、インテーク面接を専門に行うスタッフを配置しているところもある。継続訪問については、Aランク(月に1回訪問)、Bランク(2～3ヶ月に1回訪問)、Cランク(3～6ヶ月に1回訪問)、Dランク(半年～1年に1回訪問。主に入院・施設に入所している人)といった訪問類型をつくり、これに基づいて計画的に訪問し、受給者

の生活状況の把握につとめている。

> 「精神障害者の方は、コミュニケーションの仕方でその人の状態を判断します。例えば、うまくコミュニケーションできないときに、症状が重くなっている、とか。それといつも反抗的な人がやたら素直なときは、おかしい！と思ってよく聞いてみると、病院に行ってなかったり、薬を飲んでなかったりする。そこに直接話すことの重要性があるんです。」（Aさん）

というように、こうした定期的な訪問は、クライアントの生活状況を知る貴重な機会となっている。

(2) ケースワーカーに要求されること

ケースワーカーは、クライアントの状況を正確に把握し、適切な処遇を通して生活保護基準を満たす生活保障と自立援助を行わねばならない。そのために、ケースワーカーにはどのようなことが要求されるのだろうか。

社会福祉を学ぶ人向けに書かれた放送大学のテキストには、「ケースワーカーは、公的扶助の理念や生活保護の基本原理・原則、援助の方法などを体得することはもとより、社会的不利を負っている人々への自立に援助する積極的な姿勢が何よりも大切である」（杉村 2000：164）とある。そして、その任務を果たすためには、第一に、「最低限度の生活を保障するための制度のしくみや、活用しうる社会的資源について深く理解し、適切な処遇が行える力量を獲得すること」、第二に、「要保護者の生活問題の全体を正しく理解するための調査能力と、それを支える共感的態度」を挙げた上で、「要保護者が、生活問題の解決のために福祉事務所とケースワーカーは力になってくれるという信頼感が何よりも重要である」（杉村 2000：165-166）と、信頼関係の重要性が強調されている。

実際に、現場で働くケースワーカー自身も、次のように述べている。

> 「相手に信頼されること。相談者はケースワーカーに自分のプライバシーを話さねばならないので、少なくともケースワーカーが興味本位で利用者や相談者と接しているのではないことを伝える。」（Fさん）

> 「安心してもらうこと。そのために『あなたを受け入れます』というムードを

醸し出す。例えば、声のトーンを低くしたり、神妙そうな顔をしたりもする。下手に笑うと侮辱されたと思う人もいる。(中略) 落ち着いてもらうこと。クライアントは、取り乱した人や、不安感が強い人が多い。またケースワーカーは怖いと思われているし、何を言われるのか不安ですから。相手が話に入りやすい言葉を探す。これはケースワーカーの話を理解してもらうためにも大切。」(Bさん)

ケースワーカーは、「相談しやすい人であること。この人に相談すれば何とかなるかも、と思われる人」(Aさん)、「困ったことがあれば、この人に相談してみようかと思わせる人」(Iさん)、「何かあったら連絡される存在」(Jさん)にならねばならない。では、クライアントに安心感を与え、信頼関係を確立するためには、何が求められるのだろうか。

まず、相手を受容し、傾聴することである。これはケースワークの基本といえるだろう。

「とにかく受け止める、受容する、うなずくこと。不合理な事を言われても、相手が訴えていることは受け止める。そのなかでケースワーカーとして出来ることを伝えていく。『あなたの話を聞いていますよ』という表情や態度や、聞いてもらっているという安心感を与えること。」(Aさん)

相手を受容し、傾聴することによって、混沌とした状況を整理し、相手の抱えている問題を探ることが可能になる。そのためには、「待つこと、長い目でみること」(Fさん)、「解決を急がないこと。ケースワーカーが目先の効果を期待してはいけない」(Cさん)のである。Cさんには、どのような時に、相手から信頼されていることを実感したのかと質問してみたところ、「訪問のとき、ずっと玄関口でお話していたが、1年後くらいにお部屋に入るように言われたとき」だという。彼女が、玄関から部屋に入るまで1年かかったのであり、それだけ信頼構築に時間がかかる場合もある。

第二に、クライアントと適切な距離を保つこと。すなわち、特定の人と親密になりすぎず、適切な関係を保つこと、「割り切りと関わりのバランス」(Fさん)をとることである。「距離感が適切に保てていないと、援助がうまくできない」(Iさ

ん)、クライアントとの馴れ合いによって、「アプローチが同じになる。個別にしなくちゃいけないのに。また油断すると相手を放っておいてしまう」(Iさん)という事態にもなりかねないためである。

「人間関係の距離が縮まりすぎると、言葉遣いがフランクになってしまう。そんなときは、話し方など、自分で調節する」(Iさん)。Iさん以外にも、ほとんどのケースワーカーが、「こうしなさい」、という命令的な言い方や、「露骨な表現」を避ける、「ため口をきかない」(Cさん)、「なるべく丁寧に話す。プロだから。ケースワーカーだから」(Hさん)といったように、クライアントとの適切な距離をとるための技法のひとつとして話し方・言葉遣いに注意していた。これはケースワーカーにとってひとつのスキルだといえよう。

第三に、ケースワーカーがやりすぎないことも重要である。主体はクライアントであり、最終的にはすべてはクライアントの自己決定に委ねられる。ケースワーカーは、「提案やお手伝い、支援はできても、決めるのは本人。できるだけ本人が適切に選べるように支援する」(Jさん)だけである。それゆえ「やりすぎないこと。相手のためにも、自分のためにも。全部やってしまうと、相手がそれを当然だと思ってしまうし、自分がその人にずっとついてあげることはできない。」(Eさん)というのも、ケースワーカーは、大体2、3年で担当がかわることになっているためである。

時には、「できないことは断る。制度上あるいは身体的に、物理的にできないことは、はっきりできないと言う」(Gさん)ことも必要である。しかし、このことによって、<u>ケースワーカーは、何とかしてあげたい気持ちを抑えねばならず、自分の感情と制度との間で葛藤する</u>という事態を招く。

> 「本来の自分の感情、通常の人間関係とは違うものを処理することで生じる矛盾はある。制度と現実を巡る葛藤はある。何とかしてあげたいけど、できない。その『何とかしてあげたい』気持ちを抑えねばならない。」(Bさん)

今回のインタビューのなかで、個別の職務に付随して生じる感情以外に、日頃抱えている感情として、インタビューしたケースワーカーのほとんどが口にしていたのが、こうした「無力感」や「やりきれなさ」、「やり残し感」といった感情であり、そのことは非常に印象的であった。

「生活保護ケースワーカー一人ではどうにもならないこと。何とかしたいけど、できない。新人の頃、半年間くらい、自分がケースワーカーとして役に立っているのか、立っていないのではないかという無力感に襲われた。」（Fさん）

「制度としてできないことに由来する無力感と、自分の経験不足、知識不足から由来する無力感がある。もっと適切な手助けができるかも、と思う。」（Gさん）

ケースワーカーの職務の多くは法や制度に拘束されるが、クライアントへの共感的態度（あるいは共感）、受容、適切な距離の保持は、法や組織から明確に提示され、強制されたものというよりも、むしろ文化的な規範や職場で先輩や同僚から仕事を通して伝達されたものに影響を受けている。ホックシールドが調査した労働者とは異なり、ケースワーカーたちは体系的に明文化された感情規則を提供されていないという相違点があるだろう。企業や組織が決定する明確な感情規則に従うことで、例えば、ファーストフードの販売員のように、ある種の煩わしさから解放されたり、客からの攻撃に対する防御壁になることもある（Leidner 1996）。

逆に、明確な規則が提示されず、幾ばくかの裁量や自律性が付与されているからこそ、出会う困難もあるだろう。ケースワーカーは制度に基づいて仕事をするが、「なるべく制度を活用できるように拡大解釈するよう努めている」（Aさん）、「他の仕事はやることが全部決まっている。でもケースワーカーは、ワーカーの裁量に任されている。何もしなきゃ、何もしないですませられるし。自分の仕事を自分で組み立てられる」（Cさん）といったように、ある程度の裁量性や自律性が与えられている。だからこそ、どこまで、何をすればよいのかが曖昧になり、燃え尽きや精神的な負荷につながってしまうのではないだろうか。いずれにせよ、ケースワーカーに要求されるものは、その獲得が容易ではないし、彼らの人的資源を活用せざるをえない要素を含んでいる。

(3) ケースワーカーの感情経験

投稿論文

　「生活保護は経済的保障ではあるが、機械的な対応ではなく、人間的なコミュニケーションを通して経済援助すること」だとFさんは言う。そのクライアントは一人一人異なる人生を背負い、異なる生活を送っている。ケースワーカーは「処遇困難ケース」と呼ばれる人々――例えば、緊急度が高い人、薬物や人格障害などの精神障害の症状が重い人、高齢者で痴呆が進んで、徘徊したり、夜中に大声を出したりする人など――やケースワーカーを振り回す人、要求が強い人たちの対処もしなければならない。つまり、ケースワーカーは非常に幅広いクライアントを扱い、そうしたクライアントとの直接的な対人業務を遂行するなかで、様々な感情を経験する。

　面接や訪問は、ケースワーカーにとって必要不可欠な職務である。しかし、ケースワーカーはクライアントに、「時間設定を無視される」（Bさん）、「訪問したときになかなか帰してくれない」（Eさん）、「約束を守らない」（Gさん）とき、生活保護制度を正しく理解してもらえず、「明らかに筋が通らないことを言われるとき。こちらが言ったことをねじ曲げて理解されるとき」（Gさん）、「何度いっても聞いてもらえない。でも長時間、自分の言い分ばかり言う」（Aさん）ときは、イライラしたり、腹立たしさを感じる。しかし、<u>ケースワーカーは、感情的になってはいけない</u>。

　「感情だけをぶつけられると、こちらも感情で対応してしまう。攻撃的な人はどんどんエスカレートする。それによって関係性がとれなくなる。関係性が壊れると、支援のきっかけを失うことになる。」（Aさん）

　「怒られたとき、怒り返したくなるが、その気持ちを抑える。クライアントのその気持ちを受け止める。相手が怒った意味をケースワーカーは考えねばならない」（Bさん）のである。時には、わざとケースワーカーの同情心をかき立てる人もいる。「信用しすぎてしまわないことも大切。調査してヘンな人、詐欺っぽい人もいる。だまされたり、お金だけもって逃げられたときは、がっくりくる。ショック。裏切られた、と思う」（Aさん）というようなこともある。

　また「その場で受けたサービスだけでなく、そこで解決できないときもあるが、それを関連施設や他につなげていく。お金だけじゃなくて、その人にとっていい

病院の紹介もサービスのひとつ」（Aさん）というように、病院探しも大切な仕事である。クライアントの支援をスムーズに行うためには、病院のケースワーカーや保健師、施設職員などとの交流や人脈などの社会資源が重要になってくる。しかし、これもまたケースワーカーたちを悩ませることが多い。

「生活保護を受けている人は病院や施設になかなか入れてもらえない。なかには、そういう人を入れる枠を決めている病院もありますが……。介護施設は、保証人が必要なのに、そういう人がいない場合が多い。施設の入所が決まっても、それは妥協。遠いところだと、（ケースワーカーが：筆者注）会いに行けないし。断られるとわかっていても、病院や施設に電話をかけ続けるのはストレス。」（Jさん）

クライアントに腹を立てたことがほとんどないケースワーカーでも、「福祉事務所や役所の中で上司とうまくいかないとき」（Iさん）、「病院のむげな態度にキレたことはある」（Jさん）、「本人よりも親族に腹が立つことが多い」（Eさん）、「関連機関の人。施設、病院のスタッフ、医師」（Cさん）といったように、クライアントではなく、関連施設の職員やその親族に対してイライラしたり、腹を立てることも少なくない。

生活保護の仕事はクライアントの生死に関わることである。それゆえ、責任も重く、希望していない病院や施設に入れてしまった時には、後悔や自責の念を抱く。

「後悔することはしょっちゅう。これでよかったのかなぁ、と思う。特に亡くなられた時は。ある高齢者の女性を入院させたが、2、3日後に亡くなられた。どうやら病院の環境が合わなかったみたいで……入院させたばかりにと思ってしまった。」（Jさん）

さらに、ケースワーカーは、現場で多くの「死」と出会う。「ケースワーカーとなった限り、『死』を避けては通れない」（三矢 1996、2003：19-21）。身内と断絶状態にある人や、身内の所在が不明である人、血縁者・身よりのないクライアントが亡くなると、告別式、遺骨の保管、遺品の整理、納骨にいたるまで、ケースワーカーが全てを執り行うこともある。原因不明の変死の場合は、司法解剖がなされ、

警察からケースワーカーが身元確認を依頼されたり、事情聴取を受けることもある。クライアントの死に際して、ケースワーカーは強いショックを受け、それは彼らの記憶に残る。インタビューのなかでも、印象に残るケースとして、死と関連した事例を挙げた人も多かった。とりわけ、クライアントの自殺は、彼らに様々な感情を抱かせた。

　「1年目の時、ある精神疾患の人に対し、こちらが関係を切ってしまった。相手に暴言をはかれ、身構えてしまい、お互いの間に壁を作ってしまった。それから2、3日して飛び込み自殺をした。後から、もっと違う対処の仕方があったのではないか、と思った。」（Bさん）

　「1年目の時、いきなりお金のことでまくし立てられ、それを突っぱねた。するとその人が睡眠薬を飲んで自殺を図った。ショックでした。いろんな人に自分の気持ちをはき出した。他にも似たような事例があることを知って、落ち着いた。」（Ｉさん）

クライアントの死に際して、多くのケースワーカーは自分を責め、他に方法はなかったのか、別の対処の仕方はなかったのか、と自問していた。

　「ケースワーカーになって2年目のこと。前日までかかわっていた人が『Ｅさん、ありがとう』と残して自殺した。かなり落ち込んだ。さすがにその週末は家に閉じこもった。(中略)身よりのない人の死亡確認もキビシかった……。ビニールシートの中に裸で包まれている姿にもショックを受けた。(中略)最初はケースの死に直面したときにショックを受けた。それでも周囲のケースワーカーは葬儀のことを口にして、びっくり。悲しむことより事務的作業を優先することに抵抗感をもった。でも今では自分の口からも『葬儀はどうしましょう……』みたいな言葉が出ている。同じ職場に15人もケースワーカーがいれば、いつも誰かが死んでいる。」（Ｅさん）

このように最初はショックや悲しみに圧倒されていたケースワーカーも、次第にそうした感情が薄れ、クライアントの死を職務として処理するようになっていく。ケースワーカーの三矢陽子氏は、ケースワーカーの「哀しい習性」のひとつとして、「身内の葬儀にも涙が出なくなってしまった自分を発見したことである。

多くの死と多くの緊迫した場面に立ち会ってくると、否が応でも感性は鈍磨してくる。葬儀の段取りなどばかりが先立って、悲哀の感情はどこかへ置き忘れてしまう」(三矢 1996、2003:116)ことを挙げている。

以上のように、ケースワーカーは、様々な個別事情を抱えたクライアントや病院、施設のスタッフとのやりとりのなかで、様々な感情を経験する。

(4) ケースワーカーの感情管理

ケースワーカーはクライアントの話を聞いて、その内容を整理し、適切なアドバイスや支援・処遇計画を立てねばならない。お互いが感情的になってしまっては信頼関係が崩れ、ケースワーク業務に支障をきたすからである。ケースワーカーの感情管理の必要性について尋ねたところ、次のようなコメントが返ってきた。

「ケースワーカーにとって、感情のコントロールは必要です。それは感情をあえて出すことも必要だし、中立的な態度をとることも必要になってくる。少なくとも家でするのとは違う感情表出と態度で接している。仕事だから。例えば、相手から非常識な相談をされたときに、家族や友人に対してなら『そんなの無理に決まってる！』とはっきり言える。でも利用者の方には、頭ごなしの批判や否定はできない。」(Fさん)

「対人関係の感情の持ち方は、自分の訓練によって習得するもの。被保護者に対し、ケースワーカーは絶対的な権力を持っている。そして生活援助のプロ。(プロとして：筆者注)相談できる雰囲気を作らねばならない。ケースワーカーの感情が溢れ出してしまうと、そうした環境を作れない。ケースワーカーは相手が生身の人間(近所の人とか、知り合い)ならば話せないことも、『中身のない人間としてのケースワーカー』だからこそ話せる。中身を消すことで相談をしやすくなる。」(Hさん)

「意図的に怒るときもある。教育的介入のとき。これは自分で怒りのコントロールができる範囲でやる。高齢者の方にはしない。アルコール依存や薬物依存の人には、ケースワーカーが動じないことも必要。それが強い態度・冷たいと思われることもある。」(Bさん)

ここでは、状況に応じた感情管理がケースワーカーのスキルと考えられ、Ｂさんのように、感情管理はあくまでも制御可能な範囲で行おうとしている。時にはＡさんのように、自らの感情をクライアントにストレートにぶつけることで、自分の考えを伝えようとすることもある。

<u>「ケースワーカーは天使である必要はないが……</u>。顔がむっとしているときは、自分でもわかる。相手に『怒ってるでしょ』と言われたこともある。でもそれが言える関係はいい。そうした態度によって、相手に自分の気持ちを伝えることもある。その時は怒っている理由と一緒に。ケースワーカーが考えていることを伝えるためには、自分の気持ちや感情を伝えるべきときもある。それで喧嘩になることもある。」（Ａさん）

しかし、感情管理が常にうまくいくとは限らない。「意図せずしてキレることもある」（Ｂさん）。Ｄさんは、人格障害のケースで、被害妄想の激しい人にキレてしまった経験を次のように語った。

「その中年の男性は職場でも有名な気むずかしいというかやっかいな人。頑張ってその人といい関係になったと思ったら、ちょっとしたことで関係がこじれて、ケースワーカー解任要求をつきつけられた。それも３回も！　原因はあることに拒否をしたこと。それが『こんなに信頼していた人に裏切られた』という怒りに変わる。ケースワーカーとして、役所としてその人に何の援助もできなくなった。結局、すべてのパイプを自ら切ってしまった。」（Ｄさん）

また、「役所の窓口とは異なり、福祉事務所は地区担当制なので、どんなに嫌な人とでも、原則的には担当を代われない」（Ｇさん）。それゆえ、クライアントとうまく折り合いをつけて、自分自身も気持ちよく職務遂行できるようにしなければならない。「苦手な人はいる。そういう人には、平常心を保って話を聞くために、演技をする」（Ｊさん）。

ケースワーカーになる前に多くのアルバイト経験を持つＩさんは、前職とケースワークにおける感情管理を比較して、次のように言う。

「前職の接客業では、とかく相手のためになること、喜ばせることが求められて

いた。以前はいい感情とのみつきあっていた。ケースワーカーは悲しい感情や、いろいろな感情を対人関係の中で表出しなければならない。接客業務が長いので、お客さんには丁寧に、親切に接客しなくてはならない、お客さんを喜ばせなくてはならない、ということが染みついている。最初はそれができなくてショックだった。」(Ｉさん)

このように、ケースワーカーはクライアントに対してポジティブな感情のみならず、厳しい態度で怒ったり、相手に共感を示したり、うれしい、楽しいといった気持ちを共有するよう、自らの感情をうまく管理しながら職務を遂行している。

3. ケースワーカーが抱える困難

ケースワーカーは、感情管理を行いつつ職務を遂行するにあたって、幾つかの困難に直面している。本節ではケースワーカーが抱える主要な困難を三つ取り上げ、その要因について考察していく。

(1) 矛盾する規範――関わり過ぎとクライアントとの適切な距離をめぐる問題――

クライアントと信頼関係を築き、ニーズにあった支援をしていくために、ケースワーカーはクライアントの話を共感的な態度で親身になって聞くことが要求される。しかし他方で、クライアントへの感情移入や過剰なコミットメントを回避し、適切な関係を維持しなければならない。ここにひとつの矛盾が生じる。このことは、崎山(1999)が行った看護職者の事例と共通する。

崎山によれば、感情労働には、相反する二つの感情規範が併存する可能性を内包しているという。すなわち、「感情労働を行う際、その対象である個人との関係性に対する態度を指示する感情規範が対象者との関係性の親密化を促す一方で、ある特定の感情経験の職務上の表出・保持形態を指示する感情規範が、対象者との親密化の抑制を促す。そして両者が併存し、そのいずれかを選択することが困難であることによって葛藤が生じる」(崎山 1999:208)と論じている。Ｄさんは、その矛盾を次のように語った。

「ケースのなかに友達になりたいと思った人がいたけど、そうならないように気をつけた。やばいなぁと。友達になるとややこしくなる。自分の私情感情

で対応してしまい、仕事上の感情で対応できなくなる。私自身の感情を持った『私』がお客と接するのはマズイ。相手にのめり込むと、近くなりすぎる。自分がずっと担当できるわけではない。担当できないときがくる。私の感情を出すことにおそれを感じる。もっといろいろしたくなる。自分の中で境界線が崩れる。その境界線は仕事の関係の中では維持すべき。」(Dさん)

このように、クライアントに共感的な態度で親身になって接するうちに、友達のような親密な感情が芽生える。しかし過剰な感情移入は回避されねばならないし、ましてや、その人だけを特別扱いすることは公平性に反することになってしまう。ケースワーカーは、その相矛盾する二重規範を前に、どちらの規範に従っても問題が生じるため、仮にどちらかを選択したとしても、それが不十分であることを理解しているだけにストレスはより一層大きくなる。二重規範と自己の感情とのズレに対する感情管理を行ったとしても、どこか解消されない部分が残ってしまい、それが前節で言及した「無力感」や「やり残し感」と関係しているようにも思われる。

クライアントと適切な距離を保つためには、仕事やクライアントに対する「巻き込まれ」や「のめりこみ」に注意しなければならない。しかし、他方で、クライアントに巻き込まれずに職務を遂行できるのかという疑問もある。これは仕事と私生活の割り切りという公私の分離についてのスタンスを問うたところ、意見が分かれた。まず、区別しない(できない)と答えた人のコメントである。

「『ケースワーカーとして』、『私個人として』と最初は公私を区別しようとしたが、相談内容が生活・人生に関することなので、区別できないし、区別しないことにした。」(Aさん)

「ある程度は仕方ない。間にテーブルがあるわけじゃないし。一緒に行動したり、相手のエリアに入っていかなければならない。クライアントのペースにあわせる必要が出てくる。良い意味での巻き込まれは必要。無理矢理何かをさせるわけにもいかないし。」(Jさん)

「意識的に巻き込まれて関係を作ることもある。のめり込んでいる人はしんどくなって異動したり、やめたりする。」(Bさん)

逆に、Ｉさんのように明確に分けようとする人もいた。

「事務所を出たらケースワーカーとしてのスイッチを切ることにしている。家で、『今、考えてもなぁ』と思うようになった。家庭に持ち帰るとそれも問題になるし。１年目の頃は、どこまでつきあっていいか分からなかった。」（Ｉさん）

これ以外に、クライアントや状況によると答えた人もいた。

「私でなければ聞いてもらえないだろう、と思うときはとことんつきあう。巻き込まれる余裕や必要があれば巻き込まれる。『あの人は私の話を聞いてくれた』のではなく、その人の話を聞いてくれる人をたくさん用意してあげることが大切。ただし、若年の人で精神を患っている人には、生活保護ケースワーカーとしてではなく、固有名詞で、役所の人だけど、『〇〇さんが自分の話を聞いてくれた』という経験が必要な人もいる。とにかく誰かに本気で自分の話を聞いてもらえたという体験が必要な人もいる。」（Ｇさん）

「お客さんの援助のニーズ、量、種類は違う。振り回されることもあるけど、仕方ない。ある濃密な援助をしている人もいる。ただケースワーカーが抱え込むのはまずい。だから関わる人をたくさんつくって、一人で抱え込まない。」（Ｃさん）

必要に応じて意識的に「巻き込まれ」や「のめりこみ」を選択する場合でも、それによる弊害を回避するためには、自分でコントロールすること以外に、周囲の人々を巻き込むなど、一人で抱え込まず、組織的な取り組みが重要である。ケースワーカーの新人研修で講師を務めるＨさんは「巻き込まれ」について、次のように言う。

「本人が分からないうちに『巻き込まれ』てしまう。頭が熱くなって、判断ができなくなる。周囲がそれを察知して、冷静に戻してあげることが必要。ケースワーカーは集団戦。一人では絶対にできない。ケースワーカーが個人で悩まない、個人で恐怖心を抱かないためにこそ、組織的取り組みがある。」（Ｈさん）

実際に、ほぼ全員が、ストレスがたまったとき、「周囲の同僚にぐちる」と答え

た。「人に話すことで楽になる。だまって抱え込んだら終わり」（Cさん）、「職場で感情を吐露させる。それは新人、ベテランを問わず。対人関係の傷は、人間が、対人関係の中で癒す」（Hさん）のである。例えば、「『癒しのケース』をつくっておく。『苦手なケース』と『癒しのケース』をうまく配分して訪問のスケジュールをくむ」（Eさん）というように、訪問そのものが「癒し」、気分転換になる人もいる。

(2) 自己と仕事との関係──自己と職務の切り離しがたさに由来する問題──

次に、クライアントへの「巻き込まれ」と職務遂行および職務の魅力について考察してみよう。筆者は、対人サービスという職業の特性として、労働者の感情表現やパーソナリティそのものが生産物＝商品を構成するため、仕事と自己とを明確に分離することの困難性があると論じてきた（小村 2003）。ホックシールドは、サービス産業の躍進の結果、「自分のどこまでを役割に捧げ、どれだけを守るべきか、という労働者が抱える葛藤を先鋭化した」と述べている（Hochshild 1983:9）。

　「私も人間なので、それが病気だと思えば割り切れるけど、私自身が傷つく。人格障害の方に非難されたときは、私自身をえぐりとられるような気分に。そう思う自分もいやだし……相手に吸い取られる感じ……ショックでした。頭ではわかっているけど、自分の精神状態が悪いときや疲れているときに振り回されたり、心外なことを言われたときはつらい。」（Aさん）

というように、仕事上の出来事とはいえ、相手の言動によって「私」が深く傷ついてしまうこともある。

実際に明確に割り切ろうとしている人であっても、BさんやJさんのように、夢にクライアントが出てくるなど、完全に分離することは難しいといえるだろう。うまく分離できているとしても、それは経験やキャリアによって可能になっていることも多い。

　「時には、夜中に目が覚めることもある。人の顔が浮かんで目が覚めたり、眠れなくなる。目が覚めて、やるべきことをメモする。あるいは渦中の人の顔が目に浮かぶこともある。夢に仕事やクライアントのことが出てくるのは、自分がやれていないから。」（Jさん）

「1～3年目頃までは引きずることがあった。今は引きずらないようになっている。忘れる。慣れもあるし、割り切らないとしんどくなってしまうので、自分の中で割り切る術を作ってきたのかも……。割り切ることには以前は罪悪感があった。でも自分のマネジメントを考えると、割り切ることも必要かと。ただ忘れることが多くても、時々夢の中に出てくることもある。」(Bさん)

「20代の頃、気持ちが追い込まれることがあった。そうなると止まらなくなる。自分の立場を整理し出してからは、そういうことはなくなった。」(Hさん)

しかし、仕事と自己を切り離し、感情管理を上手く行えるようになった代償として、その職務の魅力が減退されているのではないだろうか。筆者は、労働者は職務と自己とを切り離しがたいという対人労働特有の性質によって、顧客である他者に積極的に関与し、接近していくことでより大きな自己承認と職務上の喜びを得ることもできると考える。つまり、仕事と自己とが分離しがたいことは、仕事の喜びを自己と重ね合わせることができるということでもある（小村 2004）。今回の調査ではAさんのコメントが象徴的である。

「嬉しいことが1割だけど、それで大変なことがちゃらになる。相手の反応があるのがうれしい。きれいな言い方をすると、困っている人が少しでも楽になる……楽にしてあげられることがうれしい。それで自分の存在意義が確認できる。自分は自己評価が低いので、それで自信がついた部分もある。みなさんから『あなたに話してよかった〜』『がんばれるような気がする』と言われると、うれしいし、ほっとする。自分もそういう存在になれるのだと思った。」(Aさん)

看護職の場合でも、患者との良好な関係を維持し、医療行為の遂行のために患者との適切な距離をとり、過剰な親密性に至ることを回避するという選択は、看護職従事者にとっての看護職の魅力を減殺するものでもあることが指摘されている（崎山 1999）。自己と職務とを切り離さず（あるいは切り離せず）適切な距離をとれないことで、他者である顧客からの賞賛や感謝がより一層大きな自己承認につながることもあると考えることは可能である。これは労働者のキャリアをふまえて考えると、より明確になるかもしれない。ベテランが仕事を通して味わう喜

びの質がキャリアや時間とともに変容し、他方で仕事に物足りなさを感じるかもしれない。少なくとも新人の頃に経験したような仕事の喜びを感じる機会は減っているだろう。とりわけGさんが、「新人の頃は、怖いもの知らずで……楽しかった」と当時を懐かしむ様子が印象的であった。「自分のやっていることの重大さがわからなかった」が、そのひたむきさが、ケースワーカーという仕事を楽しいものにしていた点は否定できないだろう。

(3) ケースワーカーとクライアントの非対称な関係

次に、ケースワーカーとその職務の対象者であるクライアントとの関係について考えてみたい。そもそも、クライアントを個人として尊重しながら、「信頼関係」を築くことが大切だと説かれるが、クライアントとケースワーカーの間には絶対的な地位の差から上下関係が生じ、非対称な関係が存在する。そこで成立している信頼関係とは何であろうか。「『信頼関係』という言葉があるが、これはフィクションではないか、と思っている。何かテクニカルな感じがする。例えば、刑事と被疑者の関係のような」（Hさん）というケースワーカーもいた。

当然のことながら、一方のケースワーカーは行政側の人間であり、申請者あるいは被保護者にとっては、経済給付（の手続き）をしてくれる人である。他方、クライアントは、お金を受け取る側にいる。それゆえ、ケースワーカーは「サービスの利用者とサービスの提供者との立場をわきまえること」（Gさん）が必要にもなってくる。そして法律上は、生活保護、公的扶助を受ける権利は国民に保障されており、対等な関係にあるようにもみえる。しかし、両者の間には隔たりがあり、「ケースワーカーとクライアントが持っている情報は違う」（Iさん）。ホームレスの支援ボランティアをしているBさんは次のように話す。

> 「ケースワーカーの仕事とボランティアでのホームレスの人との関係は違う（ことがケースワーカーになってよくわかった：筆者注）。ケースワーカーとホームレスの関係だと、どうしても支払う側と受け取る側という上下関係が出来てしまう。お金の話をしたり、これまでの過去の経歴を（ケースワーカーは仕事として：筆者注）聞かなければならない。この上下関係があるからこそ、相手に言いたいことを言える、命令できることもある。でも支援運動だと、自分

とホームレスの人との間に利害関係がない。ノーマルな関係。ふだん彼らと話すことは行政に対する批判や仲間との話。こちらは関係ができないといろいろ言えないこともある。でも現在の担当の中にホームレスがいないことが何より。絶対に直接担当したくない。避けたい。」（Ｂさん）

両者は生活保護制度という公的扶助制度、経済給付という「お金」を媒介に出会い、その関係が成立する側面はある。ケースワーカーは社会福祉の専門家として給料を支給されているプロだからこそ、クライアントに対して、私的領域にいる家族や友人とは異なる対応や接し方を求められ、立場の違いに自覚的になって職務を遂行することが要求される。しかし、Ｉさんのように、「お金」を媒介にした関係性を消そうとする気持ちもある。

「生活保護ケースワーカーはクライアントに対して立場が強い。でも対等な立場でつきあえるような関係。<u>相手にとって金銭給付という事の意識が少しでも抜けてくれれば</u>……。」（Ｉさん）

Ｉさんのコメントからは、クライアントとの信頼関係は、職務上必要とされる性質のものであることをどこかで認めながらも、そうしたドライな部分を否定し、私的領域で流通しているような関係性に近づけていこうとする姿勢が感じられる。

ケースワーカーの中には、クライアントから亡くなった奥様の形見の時計といった貴重なプレゼントをいただいたり、生活保護終了や異動した後でもクライアントに住所を教えて、手紙や電話でやりとりするなど、クライアントと親密な関係を続ける人もいる。もちろん、携帯電話の番号を教えることを躊躇する人や家族や友人とクライアントとを明確に分けて接する人もいる。しかしながら、クライアントを仕事上の対象として客観的には捉えきれないし、明確に区別できないような要素がどうしても残ってしまう。

ケースワーカーとクライアントとの信頼関係は、職務上要請される公的文脈の関係でしかないにもかかわらず、私的領域でみられるような信頼関係の確立を強調されることによる困難がある。プロとして、クライアントを仕事上の対象として割り切ろうとしても、客観的には捉えきれない部分が残ってしまうため、職務上の「信頼関係」を完全には確立できない。また、職務上要請される性質のものと

はいえ、あたかも私的領域で確立するような「信頼関係」を確立した（かのように振る舞う）としても、そこにはある種の嘘っぽさが生じるのではないだろうか。それとは別に、（心から）信頼していないのに、「仕事だから」とそうした関係を結ぶことで、ファインマンが指摘したような、「演技」の遂行能力やスキルの高さを感じ、それを肯定的に捉えているような点については、今回の調査では見受けられなかった。いずれにせよ、両者の関係は微妙であり、これもまたケースワーカーが抱える困難の一要因であるといえるだろう。

おわりに

　本研究は、日本の対人サービス労働者の実態を明らかにすることを目的として、ケースワーカーに要求される感情規則、およびその感情規則に適合するために彼らが行う感情管理について、インタビューをもとに分析をすすめてきた。

　ケースワーク業務において、最も重要なことは、クライアントとの信頼関係を築き、彼らのニーズを正確に把握し、適切な支援を行うことである。今回の調査から、ケースワーカーの仕事は、人間という不確かで個別的な存在を対象としているために、その相互行為場面においては、クライアントへの共感、同情、苛立ち、怒り、悲しみ、喜びなど、実に多様な感情を経験することがみえてきた。しかし、彼らは、自らの感情に浸ってばかりはいられない。職務を遂行するために、自己およびクライアントの感情を適切に管理しなければならないのである。

　ケースワーカーには、明文化・体系化されていないが、職場や先輩、上司などから受け継がれた暗黙の規範が存在するとともに、その規範は文化的・時代的な影響を受ける。ケースワーカーは、プロとして、公務員としての立場を自覚し自らの感情を抑える。そして言葉遣いや話し方によってケースワーカーとクライアント各々の立場を明確にすることで両者の距離を調節したり、あるいは研修でそのスキルを学ぶ。また難しいクライアントには複数のケースワーカーや組織全体で対処するなど、一人で抱え込まない、「巻き込まれ」すぎないような工夫をしていた。それでもストレスが蓄積したときは、職場で愚痴をこぼすなど、ケースワーカーの感情を吐露させて癒すようにしていた。

　ケースワーカーは、感情管理を行いつつ職務を遂行するにあたって、幾つかの困難に直面していることがわかった。まず、ケースワーク業務の中で、その職務

を果たすために従わねばならない規範そのものが矛盾を内包しているために、ケースワーカーに葛藤を引き起こすことである。すなわち、一方で、クライアントを受容し共感することを求めながら、他方で、「巻き込まれ」や「のめりこみ」を回避し、適切な関係を維持することを求められるのである。また、クライアントを個人として尊重し、対等な人間としての存在と意志を尊重しなければならないが、クライアントとケースワーカーの間には絶対的な地位の差がある。さらに複雑なのは、クライアントを仕事上の対象として客観的には捉えきれず、ケースワーカーとクライアントとの関係には、公的・私的領域という明確な区分ができないような要素がどうしても残ってしまうため、自己と職務、自己とクライアントとの関係間のバランスをとることは至難の技なのである。

さらに法・制度と現状とのギャップ、組織とクライアントとの間で板挟みになっているケースワーカーの姿もあった。ケースワークの実施にあたっては、法という厚い壁があり、現行の制度とクライアントのニーズや思惑が一致しない場合、ケースワーカーはクライアントと組織や制度の板挟みになり、そのバッファー役となってしまう。また、ケースワーカーは、クライアントへの過剰なコミットメントを避け、適切な関係を維持するためには、やりすぎは禁物である。クライアントのために、何とかしてあげたい気持ちを抑えねばならないことから無力感、やり残し感をもたらす。こうした感情は、クライアントと真正面から向き合い、真剣に職務に取り組んでいるからこそ生じる感情であろう。

現在、ケースワーカーの業務量は増加の一途を辿り、複雑な問題を抱えた多数のクライアントを担当しなければならない。その背景には、生活保護行政上の問題もある。第一に、一部の例外を除いて、生活保護ケースワーカーの多くが、ソーシャル・ケースワークの基礎的な理論の獲得も訓練の機会も与えられずにこの分野の仕事に従事させられ、また2～3年という短期間に職種の転換が行われるという、専門職制度の未確立と公務員の服務体制の問題がある。第二に、生活保護制度の目的を達成することよりも、「適正化政策」の目標の達成のための事務処理が優先されている（杉村 2000：172-173）現状が挙げられる。こうした状況の中で必然的に生じるストレスと、個別のクライアントとの相互行為において矛盾する規範と折り合いをつけながら日々の職務をまっとうし、そこで生じる様々な感情を管理していくことによる二重、三重のストレスが、彼らの大きな負担の内

実であると言えよう。

　最後に、今後の課題について触れておきたい。まず、ケースワーク業務が行政の独占サービスであること、ケースワーカーが公務員であるという立場に由来する問題である。つまり、そこには競合は存在しないため独占状態にあり、競争的あるいは商業的な要素があまり含まれず、組織内においてもケースワーカーの評価にもそれほど差がなく、貨幣（賃金）の影響をそれほど強く受けていないのではないかと思われる。こうした点をふまえ、他職種と比較した場合に、ケースワーカーが行う感情管理については、どのようなことが言えるのか、その特徴についても分析する必要があると思われる。

　次に、ケースワーカーとクライアントの二者関係に加え、ケースワーカーと彼らが所属する組織、さらにケースワーカーと組織とクライアントからなる三者関係について考察することが必要であると思われる。ライドナーは、「サービスの仕事を理解するためには、管理者、従業員、顧客の関係は互いに対立していることを自明視すべきでなく、その三者間の連携、対立のパターンは多様である」（Leidner 1996：38）と論じたが、ケースワーカーの場合、三者が互いにどのような影響を与えあっているのだろうか。

　こうした点をふまえ、さらに調査・研究を進めていくことで、対人サービス労働者としてのケースワーカーの職務の実態と感情管理の様相をより詳細に把握できるだろう。

〔注〕
(1)　ホックシールドは、「感情労働」(emotional labor) を、「資本主義労働市場で、営利目的で行われる感情作業」とし、「公的に観察可能な表情と身体的表現を作るために行う感情の管理という意味で用いる。「感情作業」(emotional work)、「感情管理」(emotional management) は、〈使用価値〉を有する私的文脈における同種の行為という意味で用いる（Hochschild 1983：7＝2000：7）。
(2)　G.F.パウルスは、ウエイトレス研究の中で彼女たちが感情労働を遂行しながら、自分自身で自律性を獲得する姿を描き出した（Paules 1996）。
(3)　感情労働には、自己の感情を操作することと同時即事的に、他者の感情を操作することによって、あるいは、肯定的な感情を配分する権利を持つことによって、相互行為場面そのものを統制する役割も存在する。ファインマン（Fineman 1993）は、感情労働には、感情管理という「演技」の遂行能力をめぐるゲーム、という要素があり、それをそつなくこなしうることが、自己を保持していることの確認となり、そのことを通

⑷ 「生活保護担当職員の資質向上に関する提言」。以下、引用に際しては「提言」と略記し、ページ数のみ記す。
⑸ ケースワーカーの多くは、「行政職」採用である。福祉の専門職として採用している自治体は少ない。Y市は　昭和40年頃から専門職採用を開始していたが、これは全国的にみても珍しいという。
⑹ 生活保護ケースワーカーのクライアントには、大まかにみて、生活保護の受給前の申請者と、生活保護の適用者と二種類のクライアントが存在する。特に、後者については、「被保護者」、「受給者」、「お客さん」、「利用者」、などと様々な呼び方があり、その呼び方はケースワーカーごとに異なり、特に統一されてはいない。職場では、クライアントのことを「ケース」と呼ぶことが多いが、この呼び方について疑問を感じている人もいた。本稿では特に申請段階の話において「申請者」と呼ぶ以外は、一括して「クライアント」と呼ぶことにする。
⑺ 三矢によれば、日本経済が低成長期に移行し、低所得者層と生活保護者層との生活格差が縮まり始めることによって、「生活保護行政に向ける社会の目は一層厳しさを増し」、それを受けて、国から現場へ向けて、「主訴（本人の申し立て）のみに頼らず、挙証資料（主訴を裏付ける資料）を添付するように……」との指導がなされ、調査は一層複雑さを増し難航するようになっていったという。加えて保護状況を恒常的に把握するための基礎資料作りや報告書の提出が急増しているという。その上、挙証資料の提出を要求するほど、ケースワーカーとクライアントの間の信頼関係は薄れ、クライアントの自尊心を傷つけるばかりではなく、ケースワークそのものを難しいものへと変えていったと主張している（三矢1996、2003：111）。
⑻ 生活保護法27条に、「相談など必要援助」という文言が追加された。つまり生活保護は、経済給付＋相談援助であり、近い将来の困ったことや不安に対する相談もできる。
⑼ ホックシールドはソーシャルワーカーなど、長期的に顧客と深く関わる職業について、「感情労働を監視する直接的なスーパーバイザーは存在せず、自分の感情労働を、非公式な職業規範と顧客からの期待とにつきあわせながら自ら監視している」（Hochshild 1983＝2000：176）ため、「感情労働が求められる職業の特徴のうち二条件しか満たしていない」と述べている。
⑽ 「感情規範」とは、感情表出の表出・保持についての望ましいとされる規範・規則であり、その感情規範に適合するように自己の感情の表出・保持のあり方を操作化することを「感情管理」とする。

〔参考文献〕

Bell, D. 1973, *The Coming of Post-Industrial Society: A Venture in Social Forecasting,* Basic Books ＝内田忠男・嘉治元郎・城塚登・馬場修一・村上泰亮・谷嶋喬四郎訳 1975、『脱工業社会の到来』（上）ダイヤモンド社。
du Gay, P. 1996, "Organizing Identity: Entrepreneurial Governance and Public Management," P. du Gay and S. Hall (eds.), *Questions of Cultural Identity,* Sage Publications of

London＝宇波彰監訳 2001、「組織するアイデンティティ、企業管理と公的経営」『カルチュラル・アイデンティティの諸問題』大村書店。
Fineman, S, 1993, "Organization as Emotional Arena," in S. Frank (ed.), *Emotion in Organization*, Sage, pp.9-36.
久田恵 1993、『ニッポン貧困最前線 ケースワーカーと呼ばれる人々』文藝春秋。
Hochshild, A.R. 1983, *The Managed Heart: Commercialization of Human Feeling*, The University of California Press＝石川准・室伏亜紀訳 2000、『管理される心―感情が商品になるとき―』世界思想社。
Leidner, R. 1993, *Fast Food, Fast Talk: Service Work and the Routinization of Everyday Life*, University of California Press.
─── 1996, "Rethinking Questions of Control: Lessons from McDonald's," in C.L. Macdonald and C. Sirianni (eds.), *Working in the Service Society*, Temple University Press Philadelphia.
小村由香 2003、修士論文「感情労働と自己―サービス労働研究のための一考察」早稲田大学大学院文学研究科。
─── 2004、「感情労働における『自己』―感情労働がポジティブな経験となるための条件」『社会学年誌』第45号、早稲田社会学会。
三矢陽子 1996（2003）、『生活保護ケースワーカー奮闘記』ミネルヴァ書房。
Paules. G.F. 1996, "Working Resistance, Organization, and Participation, Resisting the Symbolism of Service among Waitresses," in C.L. Macdonald, and C. Sirianni (eds.), *Working in the Service Society*, Temple University Press Philadelphia.
リッチモンド, M.、小松源助訳 1991、『ソーシャル・ケースワークとは何か』誠信書房。
崎山治男 1999、「感情労働と自己―看護過程における感情労働を通して」『年報社会学論集』第12号、関東社会学会。
杉村宏 2000、『公的扶助―生存権セーフティネット』放送大学教育振興会。
Tolich, M.B. 1993, "Alienating and Liberating Emotions at Work: Supermarket Clerk's Performance of Customer Service," *Journal of Contemporary Ethnography*, 22 (3): 361-381.

〔参考資料〕
生活保護担当職員の資質向上検討委員会 2003、「生活保護担当職員の資質向上に関する提言」。
第26回全国公的扶助研究会、第2回公的扶助研究東京セミナー実行委員会編 2003、「第26回公的扶助研究関東ブロックセミナー レポート・資料集」。

⟨Abstract⟩

Emotion Management by Service Workers: Case Studies on Livelihood Protection Case Workers

Yuka OMURA

(Graduate Student, Waseda University)

The current Japanese economy has the characteristic of so-called service economy in which the proportion of service workers tends to increase. Within the categories of such service are the "human-care service" workers who are required to provide "emotional labor," a term specifically defined by A. R. Hochschild. They must manage their emotion to adapt to the appropriate emotional states and their expressions required by the work. While engaged in emotional labor, contemporary service workers sell their minds, as A. R. Hochschild emphasized, and such emotional labor produces negative effects among them. Many researchers, however, criticized Hochschild, in that emotional labor also exerts positive effects on workers by promoting worker autonomy, emotional management skills, and private or intimate customer relationships.

The aim of this paper is to examine emotions experienced by livelihood protection case workers and management of emotions both among the workers and their clients. Additionally, their effects on both the workers and their clients would be considered. In this study, ten livelihood protection workers were interviewed. Based on the interviews, this paper analyzes the emotion management and its impact on workers.

Under the pressure of serious livelihood-related conditions of their clienteles, livelihood protection workers experience various emotions—sympathy, anxiety, sorrow, joy, etc.—and manage them. They should never react emotionally and accomplish their tasks of understanding client needs and supplying proper assistances. In view of the task, livelihood protection workers build trust-relationship with clients while keeping adequate distance from them. But there exist certain contradictions that are difficult to deal with. First, the norm of their task itself has inherent contradictions. Typically, they need to adopt their clients and have empathy with them but keep away from getting over-involved and maintain appropriate relationships with the clients. Second, the relationship between livelihood protection workers and clients is unequal and there is an absolute status differences between them. It so happens that livelihood protection workers are not able to think of their clients objectively. Third, there are some gaps between present law or legal institutions and the present conditions. Hence livelihood protection workers suffer from conflicts between the organizations they belong to and client needs.

労働者の遍歴と社会的連帯

―― 19世紀末から20世紀初頭の鉱山労働者を対象として ――

土井　徹平
(九州大学大学院生)

はじめに

　本稿では、近代日本のいわゆる「同職集団」の集団的特性について考察する。
　従来、同職集団は一般的に、市場における労働力の「商品化」を入職規制等によって制約した西欧の職業別組合 (*craft union*) と比較される形で取り上げられ分析されてきた。こうした経緯により、近代日本の同職集団は、労働組合的な対資本・市場的機能を本質とした労働者階級の経済機構であるという認識に則ったうえで論じられることが多かった。しかも西欧の職業別組合を、先進性を測るうえでの「尺度」とし比較対象としたことから、職業別組合のように官僚制的でなく、市場に対しルーズな規制しか及ぼさなかった日本の同職集団は、「前近代的」として消極的に捉えられがちだった。
　こうしたこれまでの研究に対し、東條由紀彦は、近代日本における労働力の「固有のあり方」を対象化する余地があるとし、同職集団における「固有の論理」、例えば擬制的親子関係や「家業」意識といったインフォーマルな論理それ自体から、同職集団そして近代日本の労働力の歴史的性格・意義を理解する必要があるとしている (東條 1990：424)。日本の同職集団の独自性を重視し、それらを個別的・実証的に分析することに積極的意義を認める東條の主張は、労働・労働者の歴史学的研究に新たな視座を与えるものであったと言える。
　こうした研究動向をふまえ、本稿では、近代日本の同職集団がいかなる特性をもって存在していたのか、特にその結合原理を明らかにすることとする。そして具体的には、これを、19世紀末から20世紀初頭の金属鉱山の坑夫 (採鉱夫) を対象とし、彼らの企業間移動と社会的連帯との相関関係を分析することを通じて明ら

かにすることとする。

　周知のことであるが、企業間の頻繁な移動は、近代の労働者において一般的にみられた行動であった。例えば、『職工事情』には、「鉄工」（造船業、車両製造業及び機械製造業に従事する職工）について次のようにある。

> 「鉄工の移動は、かの紡績、織物または生糸職工に比しやや少なきも、これを欧米の鉄工に比し甚だ多きが如し、殊に事業繁忙、職工の欠乏を告ぐる場合には単に僅少の給料の差違による軽しく他工場に行き、事業の閑なるに及びてまた大工場に移る等、工場の間を転々とするもの多く……」（農商務省商工局1903）

　こうした遍歴する労働者たちの中でも、特に高い移動率を示していた労働者が坑夫だった。1904年に農商務省商工局によって刊行された『鉱夫年令賃金勤続年限ニ関スル調査』によれば、3年以上、一所に止まる坑夫の割合は、全体のほぼ3割に過ぎず、鉱山局による『鉱夫待遇事例』、『鉱夫調査概要』を見ると、1906年から1910年の間、坑夫の約7割が1年間の内に移動していたことがわかる（農商務省商工局1904；農商務省鉱山局1908、1913）。具体的に足尾銅山を例にとってみると、1901年、坑夫の移動率（採用＋解雇／年末在籍数）は202％、平均在籍期間を推計するとわずか6ヶ月であった（武田2003：253）。ここからわかるように、坑夫らはそれぞれが、ある鉱山にやってきても、短期間の内に再び他へ移動していく生活を送っていた。

　しかし興味深いことに、こうした彼らは一方で、互いを「兄弟」と呼び合い「相助け相救う」、「友子(ともこ)」(1)という極めて強固な同職集団を形成していた。しかも、この友子は、1890年代以降に著しく発展し、20世紀初頭までに確立したと考えられている(2)。この時期は、まさしく前述したような極端な移動率が顕在化していた時期であった。つまり、坑夫らは個々の流動性の著しい増大を背景としながら、相互間での強固な連帯を実現していたわけである。

　一般的に、成員の流動性が低く、他者との関係が継続的である集団は、そこに利害や「縁」といった諸個人を結びつける契機が生まれやすく、ゆえに成員の連帯あるいは統合が促進されやすい性格を持つと考えられる。社会的連帯・均衡の根拠を、あくまで成員間関係の不変性・継続性に求めるとするならば、個々が頻繁に

移動していた坑夫は、社会的な規模で連帯し構造的な関係を築くことが極めて困難な人々であったと理解せねばならない。では、いかにして坑夫らは流動的な諸個人を社会的に統合し、強固な連帯を実現していたのだろうか。

このことを明らかにすることは、彼らの集団がいかなる結合体としてあったのか、いかなる内的規制力を有しており、それは何に依拠して実現・維持されていたのかといった集団の内的特性、特に結合原理を明らかにすることに他ならない。そしてこれら事実の解明は、坑夫と同様に各々が頻繁に移動していた「鉄工」などの同職集団を理解するうえでの一助ともなろう。

1. なぜ連帯が必要だったのか――遍歴及び連帯の歴史的背景――

(1) 鉱山の再開発と発展

はじめに、坑夫の流動性が著しく高まることとなったその歴史的背景について確認しておく必要があろう。そのためには、まず19世紀末における鉱山業の状況を知る必要がある。19世紀末は、いわば近代鉱山業の発展期であった。

明治前期、具体的には1880年代までの日本の鉱山業は、富鉱帯の減少や坑内排水・通気・運搬の不全といった経営上の重大な障害を抱え、全くの荒廃状態に陥っていた。しかし1890年代に入ると、こうした鉱山の状況は根本的に変化していくこととなる。これは、古河や住友、三菱等が中心となり、新たな開採法に則った鉱山の再開発を積極的に進めるようになったためであった。

具体的に述べれば、露頭を手掛かりに鉱床の走向に従いつつ、より採掘しやすい富鉱部のみを手掘りしていく従来の伝統的手法から、潤沢な資金を背景に鉱区を貫く大坑道（「通洞」）を開鑿し、これを幹として竪・横坑道を計画的に開いていくことで、探鉱及び採鉱を立体的かつ総合的に行っていく方法へと開採法が改善された。これに伴い排水、通気の改善、運搬の体系化、そしてより深部での鉱源開発が可能となり、それまで廃坑寸前だった幾多の鉱山が息を吹き返すこととなったのである。またこの際、旧来と同じ手掘採鉱という枠内であるが、穿孔・発破工法、すなわち火薬により岩盤を爆破していく工法への技術革新が達成されたことが大きな意味を持った。

こうした鉱山の再開発に伴い採鉱量は増大し、銅産出量は、1880年において778万斤だったものが、1890年になると3,019万斤、1900年代には6,000万斤を突破し

ている。一方、銀産出量をみてみても、同様の増加をみせており、1870年代から1900年代までに、産出量はほぼ10倍となっている(東京鉱山監督署 1991)。

また、各地で鉱山が息を吹き返したことによって労働力需要が高まり、坑夫数も急増することとなった。1880年代、5万人ほどだった鉱山労働者数(坑夫＝採鉱夫以外も含む)は、1910年には7万4千人となっている(鉱山懇話会 1932)。

しかしこうした鉱山における労働者数の増加のテンポは、同時期に約3倍強の増大をみせた石炭山などと較べれば決して早いものではなかった。これは、農村の余剰労働力を吸収し、すぐさま採炭夫として即戦力にできた石炭山とは異なり、金属鉱山では、掘削・採鉱という作業が労働者に極めて高い熟練性を要求する作業であったため、労働力需要を満たすだけの新規労働力の創出が困難であったためだった。

(2) 鉱山労働の性質と労働力不足

坑夫の労働とは、端的に言えば、岩石を掘削し鉱石を採取することである。先にも述べたが、当時は穿孔・発破工法が採用されており、これは岩盤に鏨と鎚で孔を掘り、火薬を充填して爆破していくという技法であった。このように説明すると非常に単純な作業のようであるが、この時代、掘削・採鉱は極めて複雑な作業としてあった。なぜなら、掘削・採鉱すべき対象そのものが極めて複雑な性状を持っていたためである。

例えば、「岩石又は鉱物の採り難きと採り易きとは其抵抗の多少に因り此抵抗は主に硬度と張力との二性質」に関し、この「硬度」と「張力」は、「天然力の作用或は他の作業の余波を受けて質が脆弱になつて居るとか、亀裂が出来て居るとか」、諸種の影響により各場所で異るため、これら「性状ヲ一々研究シテ実験スルモ到底一定ノ系統ハ作リ得可キモノニアラズ」と言われた(山口 1913：160；松永 1922：33；農商務省鉱山局 1907：75)。したがって、ある岩石を砕くために、どの部位にどれだけの火薬をどのように装填するべきかといった判断は、到底、規準化することができなかった。

一方、鉱床はそれ自体、地殻の地質構造に規定されており、また一ヶ所に多種類の鉱物を含有する場合が一般的で、しかもそれは「随時膨大、縮小、散乱、若クハ集合シテ其変化極マルコトナク」、岩石と同様に不確実性が高かった(農商務省

鉱山局 1907：82)。当時、先進の大規模な銅山等では、製錬の近代化が果たされるが、しかしそこに供給される鉱石は、いまだ塊状の「精鉱」(精選鉱)であることが条件だった。このため、不確実な鉱床に即時的に対応しつつ、対象鉱物の含有率が高い部位を選択し、しかも母岩に発破をかけた際の衝撃で鉱石を四散させることなく採取していく必要があった(村上 1986)。

つまり、鉱山業においては、複雑な岩石・鉱床の状態に応じて、「掘進作業上の便利を形造つて居る」部位(松永 1922：33)、あるいは対象鉱物の含有率が高い部位をその場で的確に判断し、そこを掘削するうえで最も効果的な発破の順序、火薬の量、それを充填する位置、角度、深さ等を理解し、実際にその通り穿孔して発破をかけ鉱物を採取する能力が、現場の各坑夫に求められることとなったわけである。

そもそも岩石や鉱床それ自体が、到底一定の系統を作りうるものでなかったことから、前述のような能力は、あくまで各個人に身体化された技能、いわゆる経験律に基づいたノウ・ハウとしてあり、したがってこれらは技術として一般化・客観化しうるものではなかった。また新たに坑夫を養成しようと欲しても、その者が作業を十分こなしうるレベルにまで達するには、それ相応の時間と実際的な経験が必要だった。こうした事実により、労働力の再生産が労働力需要の急激な増大に追いつかず、深刻な労働力不足が招来されていたのである。

鉱山業における基幹的労働である掘削・採鉱が、坑夫の技能に対し絶対的に依存していたという事実は、坑夫がまさしく「斯業上重要ナル要素」であり、「其ノ良否ハ鉱業ニ至大ノ影響ヲ及ボス」存在としてあったことを意味する。経営にとっては、いかに多量の「技術アル良鉱夫」を獲得できるかが極めて重大な課題となっていたのである(三菱鉱業 1915：272, 15, 289)。こうしたことから、鉱山の急激な発展、労働力不足に伴い、各経営間では、以下の史料に示されるような激しい坑夫の争奪戦が繰り広げられることとなった。

「鉱夫ニハ予備軍ナシSkilled Labourナル故ニ他ノ労働者ヲ以テ之ヲ補填スルコトヲ得ズ、茲ニ於テカ他山ヘ鉱夫ヲ誘拐奪収始マル鉱夫ノ募集ハ困難ナリ殊ニ技術アル良鉱夫ノ募集ニ至リテハ難中ノ難ナリ、茲ヲ以テ募集員ヨリ手紙ヲ他山ノ坑夫ニ送リ甘言ヲ以テ誘拐シ、又ハ人ヲ派シテ他鉱山ノ附近ニ於テ其ノ山

ノ鉱夫ヲ誘拐ス、又甚シキニ至リテハ募集員自身ガ鉱夫ニ化シテ入山シ仕事ヲ為シツヽ鉱夫ヲ誘拐ス」(三菱鉱業 1915：291, 286)

(3) 「浪々タル労働者ノ集合」

　1890年代以降、鉱山の再開発とそれによる急激な鉱山の大規模化によって、極めて特異な状況が生まれることとなっていた。それはすなわち、供給側優位の労働市場であり、他鉱山からの引き抜きを典型とする経営による坑夫の争奪によって、事実上、坑夫の移動が経営によって促進されるという状況だった。

　そして、鉱山の大規模化による労働者数の増大、そして供給側に優位な労働市場の成立の必然的結果として、この時期、新たに現われることとなったのが、かつてない規模の「浪々タル労働者ノ集合」だった(三菱鉱業 1915：266)。当時、「百人ノ鉱夫ヲ必要トセバ予メ二百人ヲ募集スルコトヲ要ス」と言われ、こうした様子を、三菱鉱業の調査課資料『労働者取扱方ニ関スル調査報告』では、「今日各鉱山ハ唯募集ニノミ急ニシテ之レニ全力ヲ尽ス」も「恰モ底ナキ桶ニ水ヲ汲ミ入ルガ如シ」と表現している(三菱鉱業 1915：21, 30)。

　しかもこの「浪々タル労働者ノ集合」が、基幹的労働を担う技能者たちの集合であったことを見落としてはならない。

　当時、掘削・採鉱過程は、各坑夫が身体化した技能に依存しており、それゆえに経営は、その具体的過程を掌握するに足るイニシアティヴを獲得できずにいた。まして「切羽」(採掘現場)が分散しており、「カンテラ」の灯りがなければ漆黒の闇につつまれる坑内で、経営が絶えず作業を管理・監督することはできなかった。この結果、坑夫の労働は、労働者が実際に仕遂げたものを測定または計算して作業行為の評価をするという方法、つまり出来高給に基づく作業請負が採用されることとなっていた。

　一般的に請負の単価は、切羽の掘削・採鉱条件、すなわち「張力」や「硬度」、岩層・鉱床の可変性、そして坑夫の技量等をふまえ、期限内に可能な掘削距離・採鉱量が算定されたうえで決定されていた。つまり、これら査定が適切である限り、原則的には「其従事する者の技量の如何により夫の相当する賃金」を獲得することができたのである(松永 1922：15, 7)。しかも彼らの技能は、鉱山を選ばない普遍性を持ちえていた。先に述べたように、彼らの職務能力は経験律に基づいており、

それゆえにむしろ様々な鉱山で幾多の岩石・鉱床を経験することによって、より確実になり、つまりは技能の向上となったのである。

こうした点から、坑夫らが単に労働力を商品とする肉体労働者と言うよりは、むしろ自己完結的な職務能力を有する職人的な労働者(「手に職をつけた」労働者)であったことがわかる。

ゆえに彼らは「何レノ山ニ至ルモ腕相応ノ賃金ハ得ラ」れ、比較的自由に「稼ぎ場」を選択することができた(三菱鉱業 1915：25)。例えば、「賃金十分ナラズ其他長屋、物品供給、積立金、取立金等ニ関シ他ノ鉱山ヨリ不利ナルモノアル時ハ自然其ノ山ヲ見捨テ」、「山から山へと自己の技能の認めらるる安住の場所を探すべく転々流浪を重ね」た(三菱鉱業 1915：286；松永 1922：19)。「腕」ある坑夫となるには、幾多の岩石や鉱床を経験する必要があったことから、自らの技能の向上を目的に、あえて鉱山を巡り歩く者も多かった。また「地質ノ関係上又資本関係ニヨリ危険多キ鉱山」であった場合、彼らは「之レヲ見捨テヽ」他に移っていった。その他にも、暗い坑内労働に嫌気がさし、「山ヲ出デ町ヲ通リ変リタル地変リタル山ヲ見タサ」に退山する者、「仲間、鉱夫ト喧嘩其ノ他不和」となったことを理由に鉱山を出る者も多々あったと言う(三菱鉱業 1915：287)。

先に示した移動率、例えば、足尾銅山の202％といったような極端な移動率は、鉱山の発展に伴う労働力需要に規定されたものであったとはいえ、前述したような坑夫の職人性を無視してはこれを正確に理解しえない。坑夫らにとっては、遍歴それ自体が、可能であるばかりでなく、「腕」を上げ、より高く自らの「腕」を買ってもらううえで、あるいはより安全に心地よく就業していくうえで合理的な選択・手段としてあった。それゆえに「坑夫が鉱山を渡り歩くのは当り前のこと」だったのである(太田 1992：229)。

宮嶋資夫の小説、『坑夫』の中に次のような坑夫のセリフがある。

「初めの中は彼方の山が好いか、此方へ行きやあ甘いことがあるかと思つて、みんな当なしに歩くんだけど、段々歩きたくつて歩くやうになつちまわ、暗い坑内へ這入つて仕事してるより、銭なしでも呑気に清々と歩いてる方が好くなるからな。」(宮嶋 1915)

近代の坑夫らにとって遍歴とは日々の労働そして生活の一部だった。上述のセ

リフは、まさにこうした彼らのメンタリティーを象徴するものと理解できよう。

(4) 遍歴・無頼・友子

坑夫は「手に職をつけた」労働者であったがゆえに、経営から相対的に自律したスタンスに立つことができた。こうした彼らの多くは、特定の土地に定住することなく、妻帯することもなく、短期間の内に単身で鉱山を転々とする無頼的な生活を送っていた。坑夫はそれぞれが、「唯一ノ頼ミトスルハ自己ノ腕ノミ」にして、「蒼雲を笠にかぶりて世の中を渡る一本立の者」であったわけである（三菱鉱業 1915：243；永岡 1908-1909）。

しかし一方、彼らのこうした生活は、必然的にこれとは全く逆の必要性を生むこととなった。「元来坑夫は危険なる作業に従事するものにして、火薬と岩石とは、その日々の作業の友である。一朝誤る時は如何なる災害を蒙るかもはかり知れず従つて生死の程も予測し得ない」。これに補償を与える保険機構が国や企業によって十分に整備されていなかった当時にあって、傷病に倒れれば自らの力で「之れが生活の道を講じなければならぬ」。しかし、「自己の身体以外に資力を有せざる」労働者でしかなかった彼らが、他者に依存せずして生活の道を講じることは困難だった（古河鉱業 1920/7：8）。

また、度重なる遍歴は、「僅かの収入の内よりそれに要する費用を支弁し仕事に在附かぬ空虚な時日を過し常に精神上の不安と物質上の窮乏とを感ずる」生活を余儀なくした（松永 1922：19）。こうした状況下にあっては、日常での些細なことであったとしても、他者の助けや他者との交誼が貴重なものとなったことは言うまでもない。

つまり、坑夫らはその職業柄、無頼的生活を送ることとなったが、遍歴が常態化し他者との相互関係が希薄になればそれだけ、逆に生活を物質的・精神的に維持・再生産していくうえで、他者、しかも人の出入りの甚だしい鉱山にあっては、ほとんどにおいて、たまたまその鉱山で生活を共にすることとなった見ず知らずの他者に依存せばならなくなるという、根本的なジレンマを抱えていたのである。

そして、1890年代以降、新たに現出したこうした環境・状況下において、彼らの間で著しく発展し確立することとなったのが友子であった。

労働者の遍歴と社会的連帯

　坑夫らは日々の暮しの中での助け合いをはじめとして、同じ坑夫が傷病で一定期間、労働に従事できなくなった場合、「起臥を倶にせる飯場の者は勿論」、友子の仲間たちが食料や金銭をカンパし彼を助けた（蓮沼 1914：61）。また、ある者が山を出ることとなった際には、一同より餞別金が贈られなどもした。こうした坑夫間の相互扶助的な「附合（つきあい）」を、彼らは友子あるいは「友子の交際」と呼んだ。

　「彼等の一人が病痾に臥して幾日も仕事に出ぬと云ふことになる。忽焉にして飛檄が八方に伝へられる。八方にある「同胞（きょうだい）」が翕然と呼応して起つ。米を贈るものがある。味噌を贈るものがある。」（王孫子 1908：171、ルビは筆者）

　「交際」は決して一鉱山内に限られたものではなかった。各鉱山には「交際所」という場が設けられており、「鉱夫はどこの鉱山に行っても、そこの鉱夫から仲間として、また客人として、もてなされ」た（片山 1918）。もし訪れた鉱山で働くことを望めば、当該山の坑夫が「其就職ニ関シテ少ナカラズ助力ヲ」したため（東京鉱山監督署 1991：55）、坑夫たちは「仕事があれば、どこの鉱山でも働くことができる。あるいは仕事にありつくことを当てにして滞在することができる」こととなった。さらに、「もし彼が、よそへ行って運だめしをする方がよいと思えば、彼は仲間の鉱夫から、次の鉱山へ着くまでの草鞋銭をもらう」ことができた（片山 1918）。

　また、「奉願帳」・「寄付帳」持参者に対しては救済金が与えられた。「奉願帳」とは、坑夫の内、「不具癈疾ノ為ニ生涯労役ニ従事スルコト能ハサル者ニ対シ各地鉱山ニ稼業スル友子ノ救助ヲ得シムヘキ目的ヲ以テ山中友子一同ヨリ本人ニ交附スルモノ」であり、「寄付帳」とは「奉願帳」を受けるほどの障害でなく全治の見込みのある坑夫に附与されたものであった（農商務省鉱山局 1920：23）。これらを附与された者は、各地の鉱山を廻り、坑夫たち個々に救済金を供出してもらうことで、働かずして生活の糧を得ることができたのである。

　このように、彼らは、同じ坑夫稼業に生きる者との間で、互いが互いの福利に主体的に寄与し合うという相互贈与の関係を築くことによって、坑夫にとっての根本的なジレンマ、すなわち単身での遍歴が常態化し他者との相互関係が希薄化することで逆に他者への依存が不可欠となるというジレンマを克服していたのである。

こうした「交際」が、鉱山という枠を超えて存在していたため、当時は「銭がなくてもお天道さんと米の飯は付いて廻る」、「友子に入っていりゃ全国どこへ行っても心配はいらない」などと言われていた(永岡 1908-1909；太田 1992：228)。

　それでは、各々が短期間での遍歴を常としており、またそれゆえに本来的に希薄な相互関係を宿命付けられていたはずの坑夫らが、いかにして上述のような一般的な「交際」を安定的に行っていたのであろうか。

2. いかに連帯を可能としたのか――対内的権力資源の獲得――

(1) 流動性と連帯のパラドックス

　周知のように、友子に関してはすでに松島静雄、左合藤三郎、村串仁三郎らによる一定の研究蓄積がある(松島 1978；左合 1973、1984；村串 1989、1998)。しかしこれらの研究が上述のような問いに対し、十分な解答を加えているかと言えば疑問である。

　従来の研究は、友子を当初より確固とした組織体として捉える傾向が強く、このため坑夫の「交際」は、しばしば過度に安定的な制度の存在が想定されたうえで論じられがちだった。

　例えば村串仁三郎は、「友子制度は、日本における伝統的な鉱夫のクラフト・ギルド的な同職組合であった」と、友子をあくまで「友子制度」＝同職組合として捉えている。そして、「鉱山業の発展過程に対応して、友子制度がどのように変化したか、それは何故であったか」という問題関心から、具体的に成立期(徳川末期～明治前期)、確立期(明治後期)、大正・昭和期と時代区分を行ったうえで、各時期における「友子制度」の構造及び機能を分析した(村串 1989)。

　こうした制度史的な友子分析は、長期的なスパンでの友子の変化を知るうえで確かに有効である。しかし、あくまで制度としての友子の動態を分析する村串の研究は、いわばハードを対象とした研究であり、制度すなわち秩序と成員との緊張関係や、成員の特性が制度そのものに及ぼす制約などに対する視点を基本的に欠いていた。それゆえに本稿が注目する坑夫の流動性も以下のような文脈で論じられただけだった。

　「友子制度は、個別鉱山資本が鉱山の開発、拡大に際して新たに必要とする熟

練労働力を獲得するためのチャンネルとして機能した(中略)友子制度の浪客制度は、熟練鉱夫の移動を促進し一鉱山内の労働力需要のバランスをとり鉱夫の熟練を高め、ひいては賃金の引き上げに貢献した。」(村串 1989)

つまり近代における坑夫の頻繁な移動も、あくまで制度内的行為としてのみ捉えられ、制度の存立に関わる問題として、それ以上、考察されることはなかったのである。

しかし、制度は所与のものではなく、それ自体、仮に確立していたとしても、常に成員によって維持されねばならないものである。特に友子を理解するうえで、それが坑夫数及び坑夫の流動性の増大と並行して発展・確立していた事実に注目せねばならない。この時期の鉱山は、まさに「浪々タル労働者」の大規模な集積地となり、「四方より集合せるものなれば、言語も風俗も千差万別」の坑夫たちが激しく出入りする動態的な空間となっていた(栃木県史編纂委員会 1977a:313)。

当然のことながら、社会関係はこうした鉱山の動態性を前提に構築されていなければならない。つまり、そもそも流動的な成員によって実現・維持される社会関係として成立したのが近代の友子であった。

こうした点をふまえるならば、近代の鉱山において制度それ自体が安定性を保持しえていたのはなぜなのか、換言すれば、流動的な成員をして、集団がいかにして制度を安定的に実現・維持していたのかということを問い、明らかにすることが、近代の友子を理解するうえで不可欠な作業となろう。

さて、近代の鉱山において坑夫らが「交際」した相手は必ずしも人格的に結びついた慣れ親しみある相手ではなかった。従来、鉱山には親方－子方関係を基礎とした擬制的な家族集団が形成されており、「交際」もこれを基本単位として行われていたと論じられることが多かった。しかし、これはあくまで坑夫の特定鉱山での定着(土着化)の進んだ1920年代以降に当てはまる実態である。19世紀末から20世紀初頭にあっては、坑夫自身の流動性をふまえる限り、むしろ同じ鉱山でたまたま出会ったような他者相互での「交際」こそが一般的だったと考えられる。つまり坑夫らはたとえ相互関係が希薄な他者であれ、その者を助けその者のために尽力したのである。

ここで、当時の坑夫たちを論じた史料中、しばしば指摘されていた坑夫特有の

「気質」に注目しておきたい。

例えば労働組合「大日本労働至誠会」の組織者として有名な坑夫、永岡鶴蔵は、坑夫たちには「親分子分の間のみでなく、同業者一般に相救い相助くるを不文憲法の如く」考え、相手が同じ坑夫であれば、その者のために骨を折ることを厭わない「美風」があったとして(永岡 1913)、こうした彼らの意識・心性を「義俠心」と表現している。

「坑夫社会には一種云べからざる義俠心があつてイザ友達の為めとか兄弟分の為めとかなれば火の中水の中もなんの之のと云ふ風の義俠心があるのである。」(永岡 1908-1909)

また、足尾銅山で坑夫を観察した王孫子は、彼ら相互の関係が「四海兄弟」と言うにふさわしいと評し、以下のように述べている。

「坑夫仲間には「同胞(きょうだい)！」と云ふ語がある。「同胞(きょうだい)！」と云ふ語があるには何等不思議はない。而も之を真の兄弟間に用ゐずして反つて加賀が越中を呼び越中が越後を呼ぶ日用常套の語なるに至つては頗る異とせざるを得んのである（中略）此素朴簡潔な語の裏に、慈愛、任侠、同情、天真、有ゆる情操上の美が籠つてゐる。」(王孫子 1908:170、ルビは筆者)

人の出入りが頻繁でメンバーが常に入れ替わる鉱山においては、「交際」があくまで縁故といった個別的な関係の有無やその親密さに依存する限り円滑さを欠く結果となる。また坑夫が鉱山を移動する際、行く先々に知人がいるかどうかが重要な問題となることで彼らの自由な遍歴が制約されかねない。坑夫の流動性を前提に友子が安定的かつ有効なものとして成立するためには、誰もがいつ何時、誰からも扶助を受けることができるのが望ましく、そのためには、いつ何時、相手がいかなる人間であろうと、誰もがその者を扶助するということが、坑夫の間で自明のこととされていなければならなかった。

こうした事実に鑑みるならば、上述のような「義俠心」、「四海兄弟」的な坑夫間関係は決して看過できない。むしろこうした意識・心性、相互関係が、いかなる形で「言語も風俗も千差万別」であるはずの坑夫間で存在していたのか理解することは、近代の鉱山でいかにして安定的な関係が成立し維持されていたのかを理解す

ることと同義であると言っても過言ではなかろう。

(2) 「取立」と技能伝承

さて、成員の流動性と社会的連帯との相関関係を理解するうえで、まずその前提的作業として我々は坑夫の「交際」そのものの特性を理解することから始めねばならない。鉱山において友子を安定的に成立させるためには、個々が他者の福利に対し、あくまで非選択的に寄与する必要があったわけであるが、興味深いことに、このことと相反して坑夫の「交際」は当初より極めて排他的なものとしてあった。

農商務省による『友子同盟(旧慣ニヨル坑夫ノ共済団体)ニ関スル調査』では坑夫間の「交際」が次のように説明されている。

「坑夫トナルニハ一定ノ形式ニ従ヒ多数同職者ノ立合ヲ経テ取立テラルルヲ要シ、取立ヲ受ケタル坑夫ハ友子ト称シ、全国ノ友子ハ一団ヲナシ友誼ヲ重ンシ互ニ災害ヲ共済スルモノトス。」(農商務省鉱山局 1920:1)

つまり、ある坑夫が「交際」の対象となるためには、「同職者ノ立合」の下、「坑夫として取立てられる」必要があり、坑夫らはそうでない者をそもそも「交際」対象から除外していたのである。では、坑夫が「坑夫トナル」、「坑夫」として取立てられるとは、どういうことを意味していたのであろうか。

取立を受けるためには、各鉱山で催される「取立式」において、「多数同職者ノ立合承認ト一定事項ノ宣誓ヲ必要」とした(農商務省鉱山局 1920：10)。そしてこの取立式とは、当該鉱山の坑夫らが司り執行した、親方との徒弟契約儀礼であった。

取立式の概要を足尾銅山の事例に即して示せば以下の通りである。まず、取立式に先立ち、その山で稼ぐ親方衆が誰と誰に徒弟契約を結ばせるか話し合い決定した。取立式には当該山の坑夫の代表、隣山の坑夫代表、そして客人、浪人坑夫らが立会人として参列した。彼らは式の執行を厳格に見守り、仮に落ち度があればそれを中断する権限を持っていた。こうした点から、左合藤三郎は立会人が「全国の友子代表という意義を担っていたに違いない」と述べている(左合 1973)。彼ら立会人は式場の正座、両翼に座し、式場の中央には、親方となる坑夫と彼の子方になる坑夫とが「互ひに三尺を隔てゝ座す」。その間に「昨年子分に加はりた

123

る年少者」が左右の手に「鶴亀、松竹梅の銚子」を捧げて座し、「腕を伸ばして、之を襷の形に組み、上盃を親分に献し、下盃を其の者に授く」。これを「結びの盃」と呼び、これをもって親方子方の契約締盟がなったとされた（風俗画法編纂所 1901：44-45）。

　このように、坑夫の徒弟契約が集団的に、しかも坑夫を取立てる儀礼という形で催されたという事実は極めて重要である。徒弟契約とは、ある個人が特定の親方を持つという形をとる限りにおいて、本来、個別的なものである。しかし坑夫らは、これを当初より集団的に執行していた。

　坑夫、永岡鶴蔵は、取立とは「普通の人夫が金掘の資格に取り立て貰ふ」ことであり、「予は親分を戴ひて坑夫の資格は得た」（永岡 1908-1909）と述べている。先に述べたように、坑夫稼業を営んでいくには、掘削・採鉱に関する技能が不可欠であり、これから坑夫として稼業していこうとする未経験の人間は、すでに経験とノウ・ハウを有した同業者に作業のいろはを指導してもらわねばならなかった。一方で、技能さえ獲得できれば、その技能の普遍性から、まさしく「全国何レノ鉱山ニ於テモ坑夫トシテ稼キ得ル権利」（農商務省鉱山局 1920：18）を得ることとなった。つまり、採鉱・掘削が全面的に技能に依存していた当時、技能を伝授してもらうことは、まさしく坑夫としての「資格」を得ることと同じことであったのである。そしてこのことを逆に言えば、すなわち熟達した技能を有した坑夫らは、稼業を望むあらゆる個人に対して、実質的に稼業資格を付与する権限を有していたということである。

　こうした事実と徒弟契約の集団的執行とは決して無関係ではあるまい。坑夫集団は、坑夫稼業に技能が不可欠であり、その獲得に同業者による指導が必要であったという客観的事実を基礎として、技能をあくまで選択的・条件的に伝承するよう形式化していた。つまり技能そのものを対内的な権力資源として独占的に保持することで、稼業資格を付与する権限を集団として獲得していたのである。

　坑夫が「坑夫として取立てられる」と言われたのも、そもそも、「鉱山に於て坑夫を渡世とするには、資本主との雇用契約以外に、古来からの坑夫同僚間に於ての盟約」（古河鉱業 1920/7：5）、すなわち取立式における徒弟契約と「多数同職者ノ立合承認ト一定事項ノ宣誓」をなさねばならず、言わば「全国何レノ鉱山ニ於テモ坑夫トシテ稼キ得ル権利」が、徒弟契約を集団的に制約する同業者一同によって与

えられるものとしてあったためだった。

(3) 坑夫の条件

取立式の執行は、血縁や地縁など特定の結合媒体を有さず、本来的に「浪々タル労働者ノ集合」に過ぎない坑夫らに、明確な社会的境界を与えることとなった。坑夫らは条件的に取立を認めることを通じて、坑夫に取立てられた者、すなわち「同職者ニヨリ坑夫トシテ承認セラルル」者とそうでない者とを隔てる境界を設けたのである。

取立式を受けた坑夫は、その後の3年3ヶ月10日を取立ててくれた親方たちに対する礼奉公の期間とし、その山に留まるよう義務付けられた。その間、親方から技能を伝授されることができた。そしてこの年期が明けた際には、「坑夫トシテ出世シタル事ヲ承認シ其旨ヲ同盟友子一同ニ証明スルモノ」である「出世免状」が下附された（農商務省鉱山局 1920：9-10）。この免状を授けられた坑夫は、山を離れて自由に遍歴することが許され、また「親分の名だに名乗らば、六十余州、到る所、坑夫間には兄弟分としての待遇を受」けられるとされた（風俗画法編纂所 1901：45）。つまり「交際」の対象とされたのである。坑夫がいずれにおいても「兄弟」と呼ばれたのは、その者が他にとっての兄弟分だったためである。

この一方で、「友子ニ非ル鉱夫ハ一段低ク見ラルル」こととなり（農商務省鉱山局 1920:2）、こうした坑夫に対し一般の坑夫たちは、以下の証言が示すように、あからさまに差別的な態度で応じた。

「初めの中は親分を持たないで坑夫をやっていたが坑夫仲間では親分がないと兎に角と酒を買ひの御馳走をせよのと難題の様な事を吹きつけられ自分の立場が苦しくなった。」(塩野 1904:168)

「友子を語るときによく引き合いに出される話がある。坑内で事故が起きると近くの者が助けにとんでゆくのは常識だが、友子組合の者は被害者が友子組合の人間かどうかをまず確かめたそうだ。

『あれは友子ではないそうだ』

『そうか、それならめしを食ってからぼつぼつやるか』

友子には友子以外の一般坑夫にはハナもひっかけないという気風があったと

いわれるのである。」(高橋 1991)

　坑夫らにとって取立を受けていない坑夫は、坑夫であっても「坑夫」(「兄弟」)ではなかった。こうした点から、取立に際し下附された出世免状は、坑夫の免状(稼業資格の免状)であるとともに、「坑夫」の免状(成員資格の免状)でもあったことがわかる。つまり取立式は坑夫の仲間集団への編入式であり、永岡の述べていた坑夫の「資格」とは稼業上の資格であるとともに成員資格をも意味していたわけである。

　さて、このように「交際」があくまで取立てられた坑夫のみを対象とするものであり、いわば正統的な坑夫にのみ選択的に提供される集合財であったことは、必然的に取立以後の「交際」への継続的な参加をもまた条件的なものにすることとなった。

　坑夫は取立てられるうえで、「多数同職者ノ立合承認」のみならず、同職者一同に対する「一定事項ノ宣誓」をなさねばならなかった。この宣誓事項については、取立てられた坑夫に対する訓示が記された、出世免状中の「出世条例」からその概要を知ることができる。

　出世免状については、すでに左合藤三郎が自ら収集した免状に基づき緻密に分析を行っている(左合 1973)。彼の研究によれば、免状・条例の様式や内容は、東日本・中部・西日本で必ずしも一様でない。このため一概に判断することは避けねばならないが、しかしいずれにおいても次の3項が要目として強調されている事実はむしろ注目に値する。すなわち、職務勉励、職親・世話人・立会人(同業者一同)の恩義の尊重、そして「坑夫」としての自覚・自尊である。

　例えば、これら条項が最も典型的に示されている金越鉱山の例を挙げれば以下のようである。

　　「本鉱山ノ坑夫ハ粉身専心勉励他念ナシ随ツテ鉱業旺盛ニシテ鉱主ノミナラス我同盟ノ便益モ亦不少茲ニ前途有望ナル鉱夫中未夕坑夫ニ加入セサルモノ今回協議ノ上世話人ヲ選定シ初メテ職親子及ヒ兄弟分ヲ選定シ新ニ同盟坑夫ニ加入セシム故ニ職子ニ相当スルモノハ宜シク本業ニ熟達シ各立合人ハ勿論世話人及職親ノ報恩ト同盟ノ交誼義務ハ決シテ忘却スル勿レ尚誓テ同職ノ名誉ヲ汚ス勿レ」(農商務省鉱山局 1920:11)

この他、生野鉱山の出世条例では世話人や職親、同業者一同に対する恩義を忘却せず彼らを敬うべしということに加えて、「坑夫タルヤ親分子分懇親信義ヲ重ンシ採鉱ニ専心研究ヲ以テ斯道発達」を図るべきことが、大蔵鉱山の条例には「信義ヲ重シ質素ヲ旨トシ職業ニ勉励シ以テ後進者ヲ導キ友子ノ隆盛ヲ期ス」ことが坑夫の責務とされている（左合 1973）。
　「交際」が「坑夫」としての資格を有する個人にのみ与えられる特権である以上、「交際」は、取立を受けただけで永続的に享受できるものでは決してなかった。さらに坑夫らには、「坑夫」としての資格要件、すなわち「坑夫」としての「職分」を満たし続けることが、規範的に求められたのである。

3. いかに連帯を可能としたのか──非選択的な贈与の自明化──

(1) 「義」と「義理」

　永岡鶴蔵は、1894年、山形県の朝日鉱山で仲間たちと行ったストライキについてふれ、「乱暴と罵られ無智と笑はるゝ坑夫が健気にも斯く一致の行動を全ふせし所以は実に同業者間の『徳議』を重じたる結果である」と記している。そして彼は、坑夫は「親分子分の間のみでなく、同業者一般に相救い相助くるを不文憲法の如く」考え「なかへ厳格に交際する」のであり、「此の交際を怠る者は交際泥棒と云ふて喧しい」とも書いている（永岡 1913, 1908-1909）。
　また蓮沼叢雲著『足尾銅山』では、坑夫が次のように紹介されている。

> 「彼等は克く義を重んじ団結せるを以て、一挙一動皆団体を以て為し、義の為には水火をも避けざるが如きは、人情澆季の今日稀に見る所の現象なりとす。」
> （蓮沼 1914:60）

　一方、三菱鉱業の庶務部調査課による『労働者取扱方ニ関スル調査報告』（第一部第三巻）には、「彼等ノ唯一ノ道義ハ義理ノ二字」であり、「義理以外ノ一切ノ道徳ハ之ヲ顧ミズ、仲間及親分ニ対スル義理ハ鉄石ヨリ重ク身ハ鴻毛ヨリ軽ンジ」、「其ノ間義理ノ堅キコト局外者ノ想像ノ外ニアルモノアリ」と報告されている（三菱鉱業 1915:250, 272）。
　また、同書中の「鉱夫ノ風紀及ビ犯罪論」という章では、坑夫らが「仲間又ハ役員

ノ家ニ窃盗ノ為メニ忍ビ込ムナドハ」ほとんどなかったとして、その理由について報告者は次のように記している(三菱鉱業 1915:277, 281-282)。

　「彼等相互間ハ義理廉恥心ニ富ミ若シ同僚鉱夫ノ物ヲ窃取スルナドノ行為アルニ於テハ他ノ一般坑夫ハ之レヲ排斥シ之レト歯セズ故ニ鉱夫ガ同僚ノ物ヲ窃取スルニ於テハ殆ト鉱夫トシテノ立場ヲ失フヲ以テ之レヲナスモノ少ナシ」

　さらに、「徳義」「道義」に関して次のような興味深い事例も存在する。1907年の2月、足尾銅山において現場員への制裁を目的とした坑夫による「暴動」が勃発した。この際、某飯場に親方衆が集まり2人の坑夫に尋問を行っていた(5)。それは、この2人が「暴動」の発生を経営側に密告したという噂について、その真偽を確かめるというものであった。

　驚くべきことに、ここで彼らは、2人の坑夫に対し、「友子カ乱暴(「暴動」)スルノニ心配ヲスルコトハナイ」と述べ、お前たちは「坑夫ノ交際ト云フ事ヲ知ツテ居ラナイカ」、「坑夫カ見張(現場員の詰め所)ヲ毀シタレハ義務上トシテモ斧位ハ貸スガ当然」であると主張している。そして、次のように述べるのである。

　「実際ハ坑夫ノ分トシテ坑夫カラ暴行ヲ見タレバ夫レヲ擁護スルノガ御義テアルニ直チニ坑場ニ密告スルノハ坑夫ノ義務ニ背ク」

　これら事実は、この「暴動」に、友子が深く関与していたことを示唆している。このこと自体、興味深い問題ではあるが、本稿の主旨に則るならば、むしろここで注目すべきは、親方らが「坑夫ノ交際」上の「御義」を主張し、この「御義」に従って同じ坑夫を助けるのが「坑夫ノ分」でありそれゆえに「坑夫ノ義務」であるとして、「暴動」に積極的に関与しようとしなかった坑夫を非難していたことである。

　これら史料より、当時、坑夫らの間に、「仲間及親分ニ対スル義理」を重んじることを「徳義」「道義」「御義」とする通念が存在し、この「義」に根ざして互いに「相救い相助くる」ことが「坑夫ノ分」として社会的に期待されていたことをうかがうことができるであろう。これら義、分は、一見、取立の際に坑夫が宣誓を求められた事項とは別個のもののように思える。しかしそう結論付けるのは早計である。

(2) 稼業と負目

坑夫にとって「唯一ノ道義」であるという義理は、これまで桜井庄太郎、姫岡勤、ルース・ベネディクトら、多くの研究者によって扱われてきたテーマである。一連の研究は、義理を他者からの「恩」及び他者への「負目」と不可分なものとして捉える点で基本的に一致している。

　例えばベネディクトは、著書『菊と刀』において、日本人を「過去と世間に負目を負う者」と捉えたうえで義理を解釈している。ここでいう負目は、日常での他者への依存と不可分な関係にある。自らの生が他者に依存していると意識することこそが、自らを「過去と世間に負目を負う者」と認識することに他ならない。恩は、自分の生が他者に「与えられている」という自覚を与え、それゆえに恩は、それが大きければそれだけ大きな負目を伴う。負目は、同等あるいはそれ以上の返礼をなさない限り、「年とともに、減るどころか、かえってふえていく。いわば利子が積っていく」。こうしたことから、受けた恩は言わば負債であり、恩を返さない者は負債者であると考えられるようになる（ベネディクト 1972：119）。

　義、義理という観念は、こうした意識・心性から生まれた相互債務の倫理である。再びベネディクトの言葉を引用するなら、義とは「祖先と同時代者とを共に包括する相互債務の巨大な網状組織の中に、自分が位置していることを認めること」であり（ベネディクト 1972：113-114）、つまりは、自らを「過去と世間に負目を負う者」であると自覚した人間が行うべき振舞いを指す。そして一方、義理とは「どうしても果さなければならない（負債の）返済」である（ベネディクト 1972：163）。したがって、自らを「過去と世間に負目を負う者」と自覚し、恩は「負債であって返済しなければならない」（ベネディクト 1972：133）と認める時、義理を果たすこと（負債を返済すること）がすなわち人としての義となる。こうして、日本の伝統的なコミュニティにおいては、ある者の一方的な便益の享受を抑制し、相互債務の関係を安定的に成立させていたと言う。

　さて、ここでもう一度、友子それ自体のあり様について思い出してもらいたい。鉱山で坑夫としての稼業を営んでいくうえでは、まず掘削・採鉱に関する技能を同業者から伝授してもらう必要があった。坑夫らはこうした事実を前提に、技能伝承に集団的な規制を加えることで、稼業資格を集団によって与えるものとしていた。坑夫は親方、世話人、そして立合人によって取立ててもらうことで、はじめて坑夫の「資格」を得ることができたのである。それだけでなく、「資格」を得た

坑夫は友子の成員とされた。

　友子は、坑夫が遍歴を常とするということ、すなわちそれぞれが依存しうる家族や共同体を持たないがために、無頼的な生活を余儀なくされるという、彼らの生活・労働の本来的な性格に強く規定されていた。国や企業による保険機構が十分整備できていなかった当時、坑夫らは、傷病に対する備えとして友子を頼りにせざるをえなかった。また遍歴すればそれだけ「世間」(不特定多数の「兄弟」) からの恩恵を頼みとせざるをえなかった。

　一方、「出世免状」さえ持参していれば、各地の「兄弟」からの恩恵を授かることでまさに「銭がなくてもお天道さんと米の飯は付いて廻る」こととなり、坑夫らは、各地の鉱山を渡り歩き、様々な岩石・鉱床を経験することで自らの「腕」を上げることができたし、その「腕」をより高く買ってもらうため条件のよい鉱山に移動することもできるようになった。また「歩きたくつて歩く」遍歴すら可能となった。

　つまり彼らは、取立ててくれた「各立合人ハ勿論世話人及職親」そして各地の「兄弟」によって、「一人前」の坑夫として自由に生活・労働していくことを保証されたのである。それゆえに親方や不特定多数の「兄弟」に対する負目は、坑夫を稼業とすることそれ自体を可能としてくれた(可能としてくれている)という意味で、「鉱山稼ぎを一家の渡世とする者」(古河鉱業 1920/7:4) である限り、誰もが抱かざるをえないものとしてあった。

(3) 行為選択の社会的規定

　こうした稼業そのもののあり様と、「仲間及親分ニ対スル義理」を重んじることを「唯一ノ道義」とする坑夫の倫理が無関係だったとは考えられまい。坑夫稼業が他者からの恩と不可分な関係にある以上、坑夫らは取立てられた当初から「相互債務の巨大な網状組織の中」に包含されていた。

　取立の際、坑夫は職務勉励、職親・世話人・立会人の恩義の尊重、そして「坑夫」としての自覚・自尊を責務とすることを宣誓した。恩に対する負目、そしてこれに基づく相互債務の倫理をふまえれば、この宣誓の意義をより明確に理解できる。

　坑夫は同業者から「資格」を得るのみならず、彼らの助けを得てはじめて「一人前」の坑夫として自由に生活・労働することが可能となった。ゆえに「資格」を承認された坑夫である以上、坑夫稼業を「生業（なりわい）」としこれに勉励すると同時に、「坑夫」

であること、すなわち親方や同職者一同の恩恵（負債）によって生活・労働している坑夫であることを自覚し、決してこれに対する返礼（負債の返済）を怠らぬこと、これが守らねばならない義となった。そしてそれは友子の「交際」の本質でもあった。

　友子における相互贈与は、自分が恩を受けたこと、あるいは、今後、間違いなく恩を受けるであろうことを、義理を負うことと意識することにより成立・促進されていたのである。坑夫として生活・労働していくうえでは、不特定多数の同業者からの恩恵を必要としたため、坑夫は誰もが「世間」に対し義理を負っていた。そして自分もまた他の者にとって必要な「兄弟」の一人であるがゆえに、「交際」することが「世間」に対して義理を果たすこととなった。

　一方、「交際を怠る者」（「兄弟」の福利に何ら寄与しようとしない者）は、恩を無視し義理を果たさない者、すなわち債務の返済を怠り一方的に便益を享受する *free rider* であるがゆえに「交際泥棒」と言われた。そしてこれが「坑夫」の義に反する行為と判断されたため、こうした坑夫に対して「他ノ一般坑夫ハ之レヲ排斥シ之レト歯セズ」、その者は「殆ト鉱夫トシテノ立場ヲ失」ったのである。

　そして義理を果たすこと（債務の返済）が義であり、義に準ずることが「坑夫ノ分」、つまり「坑夫」として満たすべき資格要件である限りにおいて、義に対する背反は、「坑夫」としての身分そのものの危機に直結した。

　もし坑夫に「徳義に背戻せる行為あれば忽ち絶交され、山内広しと雖五尺の体躯を容るゝの余地なきに至るのみならず」、その旨を「日本国中の各鉱山銀山金山等ヘ山中一同から廻状を出して通知」したと言う（蓮沼1914：59；塩野1904：4）。つまり、「徳義に背戻せる」者に対し、集団は、稼業の免状でありかつ友子の成員としての免状である出世免状を取消したため、その者はどの鉱山においても「坑夫」として扱われなくなり、したがって「交際」の対象からも除外されることとなったのである。

　「交際」を断たれることは、その者が全くの無頼的生活を余儀なくされることを意味した。「世間」との「義理合」なしには、「技術アル良鉱夫」となるために遍歴することもできず、いずれの鉱山においても孤立することとなったため、「絶交」された坑夫は、坑夫として自由に生活・労働していくうえで大きな障害を抱えることとなった。「故に先非を悔ひ謝罪する者多し」とあるように（蓮沼1914：59）、「交

際」からの除外というサンクション可能性は、坑夫が「鉱山稼ぎを一家の渡世とする者」である限り、極めて強い拘束力を与えるものとしてあったのである。

　そしてこのような社会的拘束性を背景にした義が確固として存在していたため、坑夫の間では、相手が坑夫を「生業(なりわい)」とする者であり、それゆえに友子に依存している限り、「坑夫」としての義を知り、義に準じる人間であるということが了解されえた。また実際、そのように諸個人の行為選択を規準化した。こうした点で義は、激しい人的流動性ゆえに成員相互の合意・了解が成立し難い鉱山という場において、唯一、あらゆる坑夫に共有された、単純ながらそれゆえに普遍性の強い「真理」であったと言えよう(「唯一ノ道義ハ義理ノ二字」「義理以外ノ一切ノ道徳ハ之ヲ顧ミズ」)。

おわりに

　さて、先に坑夫特有の「気質」として、同業者に対する「義侠心」や彼らとの「四海兄弟」的な関係について述べた。一連の考察から、なぜ坑夫らがこうした「気質」を一様に有していたのか明らかになったことであろう。

　坑夫らにとって取立を受けた同業者は皆「兄弟」だった。しかも彼らは自らの稼業を保証してくれている「世間」であったために、その誰もが義理を負う相手だった。坑夫の「唯一ノ道義ハ義理」であり、義理を果たすことは「坑夫」としての義、「坑夫ノ分」である。ゆえに義理を負う同業者一般のために尽力することを「世間」は「美徳」とし、それゆえに彼ら自身、そうすべく自らを律したのである。仲間のためならば「火の中水の中もなんの之の」という「義侠」の精神を支えていたのは、当時の坑夫稼業のあり様、そしてその上に築かれた社会関係とそれに伴う意識・心性であった。

　以上、坑夫の著しい流動性と強固な社会的連帯との相関関係について論じてきた。これまでの議論を簡単にまとめるならば、以下のようになろう。

　1890年代以降、坑夫らは、鉱山の急激な発展を背景とした供給側優位の労働市場の形成、そして自身の職人的性格から、短期間の内に単身で各地を遍歴する生活を送っていた。しかし一方で、遍歴の常態化は地縁・血縁等、既存の「縁」を断ち切ることで、逆に他者からの扶助を不可欠なものとすることとなった。こうしたジレンマを克服する社会関係としてこの時期、著しく発展したのが友子であった。

近代の友子は、本来的に直接的な結合媒体を持たず、孤立した坑夫に社会的枠組みを与え、互いを義としての義理によって結びつけることで、相互贈与の関係を構造化させるものだった。したがって友子は、移動の常態化、そして他者への依存の必要性が深刻になればそれだけその意義を増す。そして流動性の増大は、坑夫の「義理合」をより一層密なものとするという意味で、彼らの連帯そのものを強化していく要件として作用した。

　すなわち、遍歴により相互の連帯が強まり、それにより遍歴が容易化し、流動性が増大することでさらに連帯が強化されるという循環的な関係がそこには成立していた。

　友子が坑夫の流動性の最も甚だしき時期において発展し確立することとなったのも、まさにこうした関係によってであった。坑夫らは、自らを取り巻く時代状況、すなわち鉱山の大規模化とそれに伴う坑夫数の増大、供給側優位の労働市場の成立と自身の職人性に基づく遍歴の常態化（大規模な人的流動）という、まさに近代特有の時代状況に適応し、これら条件下で極めて合理的な社会関係を成立・発展させていたのである。

〔注〕
(1) 「友子」という名は、坑夫間の「交際」のみならずその主体を指す場合にも使われる。混同を避けるため本稿では友子を「交際」の名称としてのみ使用することとする。
(2) 友子が「発展」、「確立」したとされる根拠は、各地に友子が普及することで、一鉱山内に限定されることのない範囲・規模での「交際」が可能な体制が整備されたこととされている。明治前期以前の史料が存在しないか偏在的にしか現存していないため、発展・確立の推移を明示することはできないが、1880年代末から90年代以降の史料から、全国各地（沖縄と一部例外はあるものの九州を除く）の鉱山で友子の「交際」が行われていたことを確認できるようになることから、友子は鉱山の再開発・大規模化と並行した坑夫数の増大、そして彼らの移動に伴って全国に伝播し「確立」したと考えられる。
(3) 「張力」とは掘削しようとする部位とその周囲との凝集力・結合力のことであり、岩塊の解放面の広狭や形状、岩石の劈開性、硬度などに規定された。「硬度」とは鑿を打った際の抵抗力のことで、岩石自体の種類に規定された（山口 1913より）。
(4) 1910年代から、福利厚生策など坑夫の定着を促す経営政策が進められたことに加え、1920年のいわゆる大恐慌以降、鉱山業における労働力需要が大幅に収縮したことで、坑夫の移動率は漸次的に減少した。社会局社会部『昭和五年中工場鉱山労働異動調』によれば、1924年時に91％（石炭礦夫も含む）であった年間移動率が1930年には57％にまで落ち込んでいる（武田晴人 1987参照）。

(5) 「被告人松村勇吉調書」、「被告人前田弥太郎調書」、「証人永島常三郎調書」(古河鉱業足尾事業所所蔵文書、『南助松外百七拾九人兇徒聚衆被告事件記録』総第八冊第八ノ一)をはじめ、同様の報告がいくつかなされている。
(6) 足尾銅山「暴動」に関しては、拙稿「足尾銅山「暴動」の構造的特質について」(日本歴史学会 2000/12、『日本歴史』)で詳しく論じている。
(7) 坑夫が浪人として「交際所」に赴いた際、以下のような「仁義を切る」ことが作法とされた。「貴方さんには初て御面会しますと存じますが、間違えたら疎忽御免を蒙ります。先以て余寒の砌、御障りもなく、御機嫌麗しく御繁昌の段、珍重に存じ上げます。私生国は○○の産、親分は○○の○○と申します。従つて私は○○と申す地坑夫で御座います。此度御山盛山と承はり、友子衆を便り坑夫浪人の身の上、一向ひわかいもので御座いますから、何分よろしくお願ひ致します」。もし「語の遣ひやうが拙かつたりしては、それこそ大変、どこの飯場でもはねつけて」相手にしてもらえなかったと言う(古河鉱業株式会社足尾鉱業所 1916/3 より)。こうした回りくどい作法が重んじられたのは、これを体得しているという事実が、その者が「坑夫」、すなわち義を知り義に準ずる坑夫であることの証しとなったからである。「仁義を切る」ことは、既知の人間以外との交際を通例とする遍歴者の社会において、他者を信頼するうえでのリトマス試験紙としてあった。

〔引用文献〕
ベネディクト、ルース 1972、『菊と刀』長谷川松治訳、社会思想社。
古河鉱業株式会社足尾鉱業所 1916/3、『鉱夫之友』第36号、古河鉱業株式会社。
―――――――――――― 1920/7、『鉱夫之友』第77号、古河鉱業株式会社。
―――――――――――― (所蔵)、『南助松外百七拾九人兇徒聚衆被告事件記録』総第八冊第八ノ一 (裁判資料)。
風俗画法編纂所 1901、『足尾銅山図絵』東洋堂。
片山潜 1918、『日本における労働運動―社会主義のために―』(片山潜 1952、『日本の労働運動』岩波文庫所収)。
鉱山懇話会 1932、『日本鉱業発達史』下巻、鉱山懇話会。
蓮沼叢雲 1914、『足尾銅山』公道書院。
松永策郎 1922、『坑内労働能率見分方』日本鉱業新聞社。
松島静雄 1978、『友子の社会学的考察 鉱山労働者の営む共同生活体分析』御茶ノ水書房。
三菱鉱業株式会社庶務部調査課 1915、『労働者取扱方ニ関スル調査報告』第一部第三巻、三菱鉱業株式会社。
宮嶋資夫 1915、『坑夫』(法政大学西田勝研究室 1992、『復刻版社会文学叢書5 宮嶋資夫著『坑夫』復刻版』不二出版)。
村上安正 1986、『鉱業論集Ⅰ』村上安正。
村串仁三郎 1989、『日本の伝統的労資関係 友子制度史の研究』世界書院。
―――――― 1998、『日本の鉱夫 友子制度の歴史』世界書院。
永岡鶴蔵 1908-1909、「坑夫の生涯」(『週刊社会新聞』第38号、中富兵衛 1977、『永岡鶴

蔵伝』御茶の水書房所収）。
―――― 1913、「坑夫の人情風情」（『鉱業及鉱夫』第15号、中富兵衛 1977、『永岡鶴蔵伝』御茶の水書房所収）。
農商務省商工局 1903、『職工事情』（犬丸義一校訂、『職工事情』（中）岩波文庫、1998）。
―――― 1904、『鉱夫年令賃金勤続年限ニ関スル調査』東京国文社。
農商務省鉱山局 1907、『採鉱法調査報文』第2回。
―――― 1908、『鉱夫待遇事例』。
―――― 1913、『鉱夫調査概要』。
―――― 1920、『友子同盟（旧慣ニヨル坑夫ノ共済団体）ニ関スル調査』。
王孫子 1908、『足尾案内銅山大観』萬秀堂。
太田貞祐 1992、『足尾銅山の社会史』ユーコン企画。
左合藤三郎 1973、「取立免状より見た友子の諸問題」日本歴史学会『日本歴史』第298号、吉川弘文館。
―――― 1984、『洞叢1 鉱業資料集第1集 友子団体調査報告』左合藤三郎。
塩野良作 1904、『名山足尾』出版社不明。
高橋揆一郎 1991、『友子』（『文藝』1990年冬季号初出掲載）。
武田晴人 1987、『日本産銅業史』東京大学出版会。
―――― 2003、「非鉄金属鉱業の発展と地域社会　足尾銅山を中心として」（武田晴人編 2003、『地域の社会経済史：産業化と地域社会のダイナミズム』有斐閣所収）。
栃木県史編纂委員会 1977a、『栃木県史』史料編（近現代九）栃木県史編纂委員会。
―――――――― 1977b、『栃木県史』史料編（近現代二）栃木県史編纂委員会。
東條由紀彦 1990、『製糸同盟の女工登録制度 日本近代の変容と女工の「人格」』東京大学出版会。
東京鉱山監督署 1991、『日本鉱業誌』上巻、原書房。
山口義勝 1913、『採鉱学』上巻、丸善。

投稿論文

⟨Abstract⟩

Social Solidarity and Mobility of Laborers:Focusing on Japanese Miners from the Late Nineteenth Century to the Early Twentieth Century

Teppei DOI

(Graduate Student, Kyusyu University)

This paper will study Japanese occupational groups from the late nineteenth century to the early twentieth century.

Most of the previous research regarding to modern Japanese occupational groups has shortcomings related to the fact that those studies were usually a comparison between Japanese occupational groups and European craft unions, and tended to underestimate Japanese occupational groups by labeling their non-European characteristics as evidence of backwardness.

Departing from the weaknesses mentioned above, recent studies have gradually realized the importance of reevaluating the characteristics unique to Japanese occupational groups and describing their historical significance. This paper will aim at giving an account of the unique characteristics of Japanese occupational groups by focusing on miners, and more specifically, the social solidarity that existed among them.

Japanese miners in the past formed communities known as Tomoko, which were characterized by high levels of solidarity and mutual aid, even though these workers were highly mobile.

Tomoko communities expanded the most when the mining industry was undergoing rapid modernization. Rapid development of the mining industry caused a shortage of labor and brought about a great demand for miners. During that time, miners frequently changed their workplaces, moving from one mine to another within short periods of time. Even under these circumstances, strong solidarity was created at the Tomoko communities.

What then, was the bond that united miners who constantly moved from one place to another? In other words, how could these unstable miners brought together into the communities? This paper will aim at discovering the source of the solidarity within occupational groups by examining the correlation between mobility and solidarity, two apparently contradictory phenomena that are attributed to miners.

縫製業における中国人技能実習生・研修生の労働・生活と社会意識

佟　岩
(龍谷大学(非常勤))

浅野　慎一
(神戸大学)

序　はじめに

　本稿の課題は、縫製業における中国人技能実習生・研修生の労働―生活と社会意識の実態を解明し、その意義を考察することにある。

　本稿でいう「研修」とは、「出入国管理及び難民認定法(以下、入管法)」上の在留資格の一つで、「本邦の公私の機関により受け入れられて行う技術、技能又は知識の修得をする活動」を指す。研修による新規入国者は、1982年の入管法改正で独立の入国資格とされて以降、急増し、2002年には5万8,534人に達している。研修生の国籍は中国が60％を占め、業種は研修生の過半数の受入手続きを行う国際研修協力機構の把握によれば、衣服・繊維製品製造業が28.9％で最も多い(**表1**)。

　一方、「技能実習」とは、研修修了後、研修を受けた機関と引き続き雇用関係を結び、技術・技能の習熟度を高める制度で、入管法上の在留資格は「特定活動」になる。これは1993年に新設され、2002年現在、研修期間と合わせて3年以内、62職種で認められている。技能実習生も急増しており、2002年、研修から技能実習への移行申請者は2万2,997人に達する。国籍は中国が78.9％、業種は繊維・衣料製造業が46.4％とそれぞれ最も多い。

　技能実習生は、南米日系人と並び、現代日本における外国人労働者の主要な合法的雇用である。またそれは、就労先企業や就労期間を特定したローテーション型の雇用でもある。いわば、必要な業種・職場に必要な人数を集中的・計画的に導入でき、しかも転職の自由がないなど、入国管理・労務管理が容易な外国人労働力といえる。それだけに、技能実習生は不況下でも一貫して増加し、今後も増加が見込まれている。

投稿論文

表1 研修生・技能実習生の国籍と業種

(%)

研修生	国籍別新規入国者	中国	60.0
		インドネシア	8.4
		タイ	5.5
		その他	26.1
	業種別	衣服・その他の繊維製品製造業	28.9
		食料品製造業	14.7
		輸送機器製造業	7.8
		電気機器製造業	7.0
		その他	41.6
技能実習生	国籍別	中国	78.9
		インドネシア	10.5
		ベトナム	7.0
		その他	3.6
	業種別	繊維衣服製造	46.4
		機械金属製造	15.4
		食料品製造	11.3
		その他	26.9

資料出所)研修生新規入国者は法務大臣官房司法法制調査部編『出入国管理統計年報』2003年版より作成。その他は『国際研修協力機構(JITCO)』資料、2002年度より作成。

　しかし、技能実習に関する先行研究は、殆ど皆無に近い。その理由は明らかではないが、①比較的最近、創設された制度であること、②転職の自由がないため、企業内に囲い込まれがちで、実態把握が難しいこと、③正規の雇用であると同時に技術移転を目的とする実習でもあり、位置づけに曖昧さを含むこと等が考えられる。

　一方、研修に関しては、一定の研究蓄積がある。しかしその大半は、①実地研修(OJT)の時間的比率が圧倒的に高いこと、②研修内容が不熟練労働を含むこと、③実地研修と就労の厳密な区分が困難であること等を主な根拠として、研修が実質的に就労と化し、または就労の隠れ蓑になっているとの指摘にとどまる[1]。これはもちろん重要な指摘ではある。特に研修が実質的な労働であるにもかかわらず、労働関係法規が完全に適用されないことは、大きな問題だ。しかし、こうした研究からしばしば導き出される結論は、研修(技術移転)と労働を明確に区別し、研修のあり方を厳しく規制すべきだとの主張である。こうした主張は、入国管理を厳格化しようとする法務省、及び、研修生の人権を守ろうとする外国人支援ボランティアの双方から、相互補完的になされている。

　ところが、筆者らがこれまで行ってきた実態調査によれば、研修生自身は多く

の場合、必ずしも「研修と労働の明確な区別」を望んでいるわけではない[2]。また、研修と就労の区別が明確な職場ほど、技術移転の成果が高いとも限らない。なぜなら、研修（技術移転）と就労は本来、対立しないからだ。実質的就労を通して技術移転が進むことは十分にあり得る。そもそも研修と労働の峻別を求めるのは、技術移転というより、主に入国管理の観点である。座学とOJTの時間比率等で研修と就労を区別しようとするのも、入国管理上の形式的・便宜的措置にすぎない。しかも、研修生が研修を通して学ぶのは、決して狭義の職業技術だけではない。彼／彼女らは、日本人との交流、母国と日本の社会や文化の意識的・無意識的な比較、そして経済的貯蓄等を通して、様々な人格的・能力的な成長・変化を遂げている。したがって、研修生自身にとって最も重要な関心事は、「研修と就労の峻別」それ自体ではなく、一人の人間としての自らの今後のトータルな「生命－生活(life)」の発展的再生産にとって、よりよい研修・労働条件の実現である[3]。まして技能実習は明確な雇用関係だ。技術移転と労働を区別しさえすれば問題が解決されるかのような視点では、技能実習生の問題は捉えきれない[4]。

したがって問題は、研修（技術移転）と就労の区別が曖昧な点——少なくともその点だけ——にあるのではない。技術移転と就労の双方に深刻な問題があり、しかもそれらは研修生・技能実習生のトータルな「生命－生活」の発展的再生産にとっての問題として、統一的に把握される必要がある。本稿は、こうした観点から、技能実習生・研修生の労働－生活と社会意識の実態を解明し、その意義を明らかにしたい。

素材とする実態調査は、2002年9月に実施した。対象は、大阪府の某縫製業組合を通して34企業が受け入れた中国人研修生・技能実習生、計352名である。調査方法はアンケート配布を基本とし、若干の参与観察と面接聞き取りでこれを補足した。この縫製業組合は、1993年、24名の中国人研修生を初めて受け入れた。その後、受け入れ人数は急増し、本調査対象者にあたる2000〜2002年の総数は494人である。途中帰国者等がいるので厳密な回答率は不明だが、この3年間の受け入れ総数に占める回答者の比率は71.3％である。なおこのうち、研修生（来日1年目。2002年来日者）は37.8％、技能実習生（来日2〜3年目。2000〜2001年来日者）は60.5％を占める。

1. 基本属性と来日前の労働・生活

ではまず対象者の基本属性と来日前の労働・生活実態をみていこう(表2)。

本縫製業組合は、年1回、上海市・遼寧省・江蘇省を訪れ、現地の派遣会社が推薦する膨大な研修希望者の中から研修生を選抜してくる。選抜された対象者の基本属性をみると、女性が94.3%、最終学歴は中学卒が80.4%、来日前の職種はミシン縫製工が91.5%と、それぞれ圧倒的に多い。来日前の職場は中国系企業が56.8%で、日中合弁企業の34.7%を上回る。居住地は上海市が83.8%と最も多く、遼寧省が13.4%でこれに次ぐ。

彼女達の平均年齢は30歳で、25～34歳に76.4%が集中している。既婚で子供がいるケースが83.5%と多い。こうした人々が集中的に選抜されるのは、主に3つの理由による。すなわち、①既に一定の縫製技術を身につけたベテラン労働者が優先されること、②既婚者の方が単身者より真剣に仕事に取り組み、残業にも意欲的とみなされていること、そして、③日本での失踪(超過滞在)の防止である。この3つの理由は相互に関連している。即ち、ベテランの縫製労働者で帰国後もその技術を生かそうとする人材ほど、仕事にも熱心で、失踪の可能性も低い。そして、こ

表2 基本属性と来日前の労働・生活

(%):総計352(100.0)

性別	女性	94.3
	男性	4.0
最終学歴(＊)	中学校	80.4
	高校	15.9
来日前の職種(MA)(＊)	ミシン縫製	91.5
	仕上げアイロン	3.4
	裁断	2.6
来日直前の職場(＊)	中国の企業	56.8
	日中の合弁会社	34.7
	日本の独立資本	4.5
来日前居住地	上海市	83.8
	遼寧省	13.4
	江蘇省	2.8
年齢	20～24歳	11.1
	25～29歳	33.8
	30～34歳	42.6
	35～38歳	9.7
家族構成	既婚・子供あり	83.5
	既婚・子供なし	2.3
	未婚	13.4
来日前の労働(拘束)時間	7時間30分～	1.4
	8時間～	5.7
	8時間30分～	15.3
	9時間～	46.0
	9時間30分～	9.1
	10時間～	10.8
	10時間30分～	8.8
来日前の個人月収	500元未満	0.9
	500元～	11.4
	800元～	16.8
	1,000元～	40.6
	1,200元～	8.0
	1,400元～	11.1
	1,600元～	4.8

補注)無回答は不記載。(＊)の回答については、上位の主要項目のみ掲載。
資料)実態調査より作成。

うした人材が主に子供のいる30歳前後の既婚者とみなされているのである。

研修生の募集地域は、上海市から遼寧省へとシフトしつつある（**表3**）。2000年の来日者はすべて上海市出身者だったが、その後、遼寧省出身者が増加し、2002年来日者では23.3％を占めるに至っている。この背景には、①経済成長が著しい上海での賃金要求水準の上昇、②上海から高い技術をもったベテラン労働者が来なくなったこと、③上海出身者の一部に失踪（超過滞在）

表3　出身地別の基本属性

(％)：総計352(100.0)

		上海市	遼寧省
来日年次	2000年	100.0	―
	2001年	89.4	10.6
	2002年	69.2	23.3
最終学歴(＊)	中学卒	92.9	2.1
	高校卒	6.1	91.5
転職経験	あり	36.3	14.9
	なし	61.7	85.1
来日直前の職場(＊)	中国の企業	56.3	72.3
	日中合弁企業	38.0	21.3
未既婚別	既婚	88.8	72.3
	未婚	10.5	25.5
来日前の個人月収	1,000元未満	24.3	44.4
	1,000元～	42.4	37.8
	1,200元～	25.2	15.5

補注）無回答は不記載。（＊）の回答については、上位の主要項目のみ掲載。
2002年来日者には、上記以外に江蘇省出身者（7.5％）がいる。
資料）実態調査より作成。

を支援するルートができたこと等がある。こうした中で、上海市と並んで縫製業の集積がある遼寧省大連市周辺が、新たな研修生の供給源として浮上してきたのである。調査対象者の中でも、上海市出身者では、必ずしもベテランの縫製労働者ではなく、来日を目的として日中合弁企業に最近、転職してきたケースが一定の比率を占める。これに対し、遼寧省出身者は、中国系企業で一貫して縫製労働者としてキャリアを積んできたベテラン労働者が多い。また、上海市出身者には中学卒の既婚者が約9割と多いが、遼寧省出身者では高校卒が91.5％、未婚者も25.5％を占める。これは、遼寧省出身者が、未婚者であっても仕事に専念し、失踪の可能性が低いという、ある種の信頼を得ていることを示唆している。

対象者の来日前の労働時間は、平均9時間17分（最短7時間半～最長13時間半）である。来日前の個人月収は、300元～2,500元まで幅広く分散しているが、平均1,039元（約1万6,000円）である。ただし、月収は出身地毎に差があり、上海市出身者（平均1,065元）の方が、遼寧省出身者（平均922元）より高い。

彼女達は、来日に際して、中国の派遣会社に3万5,000～6万5,000元の保証金を払っている。これは、彼女達の3～5年分の年収にあたる。帰国後、このうち

表4 来日直前の日本語会話と日本研修希望理由

(%):総計352(100.0)

来日直前の日本語会話 (2つまで)(＊)	いいたいことが何でもスムーズに言える	0.6
	相手のいうことは、だいたい理解できる	4.8
	直接、仕事に関係する日本語なら、理解できる	17.6
	あいさつなど、ごく簡単な会話だけできる	70.5
	ほとんど会話できない	22.7
日本研修希望理由(MA)(＊)	貯金を増やす	75.9
	縫製の技術・技能を向上させる	56.0
	自分自身を自立させる	37.5
	アパレルに関する幅広い知識・技術を身につける	24.4
	今までと全く違う環境で新しい経験をしたい	20.7
	日本語を勉強する	13.6

補注)無回答は不記載。(＊)の回答については上位の主要項目のみ掲載。
資料)実態調査より作成。

4,000～4万5,000元は返還される。[5]また、1～4人の連帯保証人も必要だ。こうした保証金・保証人制度の趣旨は、主に日本での失踪の防止、及び、いうまでもなく派遣企業の直接的利益にある。いいかえれば、こうした派遣企業を介さなければ、日本側企業は良質な縫製労働者を研修生として調達・確保し得ないのである。

このような保証金・保証人制度が、対象者にとって莫大な経済的負担になっていることはいうまでもない。自宅を担保に借金して保証金を払った事例もある。連帯保証人を確保するにも、当然、帰国後、一定の謝礼・見返りを約束しなければならない。そこまでして彼女達が日本への研修を目指す動機は、まず何よりも「貯金を増やす」(75.9％)ことにある(**表4**)。「縫製技術・技能の向上」(56％)はそれに次ぐ。たしかに縫製技術の向上は一つの大きな動機だが、しかし、それ以上に金銭獲得が重要な動機であることはまちがいない。したがって、高額な保証金、来日しなければその間に中国で稼げたはずの賃金、さらに連帯保証人への謝礼の総計を凌駕するだけの収入・貯金が得られなければ、彼女達にとって、来日する意義は薄いのである。こうした傾向は、上海市出身者に特に顕著だが、遼寧省出身者でも基本的には変わらない。

2. 来日後の研修・技能実習・生活

さて次に、来日後の研修・技能実習・生活における諸特徴をみていこう(**表5**)。

来日直後、彼女達は、1カ月間の集合研修の座学で基礎的な日本語・アパレル関係の知識を学ぶ。その後、各職場に配置され、実地研修に入る。配置される職場

表5　来日後の研修・実習・生活

(%)：総計352(100.0)

研修・実習内容 (MA)(＊)	ミシン縫製 中間アイロン 仕上げアイロン 裁断	83.2 4.8 5.7 2.6
研修・実習(拘束)時間 (残業を含む)	8時間～ 8時間30分～ 9時間～ 9時間30分～ 10時間～ 10時間30分～ 11時間～	4.3 24.4 56.0 1.7 2.0 7.4 0.6
研修費・実習費(賃金) (残業代を含む)	7万円未満 7万円～ 8万円～ 9万円～ 10万円～ 11万円～ 12万円～	27.3 23.0 7.4 9.1 13.6 1.4 6.8
研修費・実習費(賃金)の評価	とても満足 まあまあ満足 少し不満 とても不満	5.7 36.1 32.7 17.9
現在の研修・実習での悩み・問題 (MA)(＊)	残業が少ない 言葉・日本語が通じない 研修費・賃金が安い 残業代が安い	44.0 33.5 25.6 23.6
現在の生活の中での悩み・問題 (MA)(＊)	家族と離れて寂しい 物価が高い 言葉・日本語が通じない 中国の家族のことが心配	67.3 63.4 52.8 25.9

補注)無回答は不記載。(＊)の回答については、上位の主要項目のみ掲載。
資料)実態調査より作成。

　は、来日前に既に決まっている。実地研修の職場は大阪府内が58％と多いが、近畿、中国、中部、四国等、各地に分散している。総じて、阪神地域の都市部ではリフォームなど多品種少量生産の零細企業の職場が多く、中国・四国等では大量生産の大規模な職場が多い。そこで、同じ職場に配置される研修生・技能実習生の人数は、阪神地域では10人未満と少なく、その他では10人以上と多い。特に近年、阪神地域の都市部におけるリフォーム等の零細な職場の増加が顕著である。

　実地研修・実習の内容は、ミシン縫製が83.2％と圧倒的に多く、アイロン・裁断がこれに次ぐ。総じて、来日前に従事していた同じ作業に比べ、作業の質が多様・

複雑で変化に富み、スピードも早く、仕上がりの質に対する要求も厳しい。来日直後の研修生には比較的簡単な作業が課されるが、数カ月後には、研修生（1年目）と技能実習生（2・3年目）、そして日本人労働者の作業内容には、——個人差はあるが——顕著な差はみられなくなる(*)。

* 分業・協業形態は、生産内容によって異なる。即ち、大量生産型の職場では、袖付け・ポケット付け等、細分化された分業に基づく流れ作業が多い。そこで作業者には、比較的定型的な作業を一定時間内に遅滞なく、ミスを出さずに遂行することが特に強く求められる。例えばある職場では、男性用ズボンが1日200着以上、流れ作業で生産され、したがって各作業者は自分の担当作業を1着当たり2分以内で、1日200回以上、反復している。これに対し、リフォームの職場では、各作業者の作業内容自体がより多様で変化に富み、また流れ作業ではないので時間強制性もやや緩やかだ。ただしここでも当然、リフォームが必要な部位はある程度、決まっており、また達成すべき作業量は決められ、遅滞やミスが許されないことはいうまでもない。その意味で、大量生産型とリフォームの職場で、作業の質や速度に、それほど顕著な差があるわけではない。

基本的な研修・労働諸条件の面では、不公平感を醸成しないよう、縫製業組合として大枠で統一が図られている。即ち実地研修・実習時間は1日平均9時間6分で、8時間30分～9時間30分に全体の8割以上が集中している。これは、来日前の労働時間よりやや短い。研修費・賃金は残業代を含め、平均8万660円で、これは来日前の月収の約5倍にあたる。ただし、こうした賃金・研修費に対しては、「少し不満／とても不満」との回答（50.6％）が、「とても満足／まあまあ満足」（41.8％）をやや上回る。なお、研修費・賃金は月額6万～12万8,000円まで差が大きいが、これは企業・職場毎の差というより、後述するように、1年目の研修生（研修費）と2年目以降の技能実習生（賃金）の格差に基づく。

実地研修・実習の中で最も大きな悩み・問題は、「残業が少ない」（44％）、「残業代が安い」（23.6％）、「研修費・賃金が安い」（25.6％）等、収入に直結した事柄である。「私が日本に来た目的は金稼ぎ・出稼ぎです。でも実際には残業が少ないから不満です」、「来日前に考えていたほど稼げませんから、全然満足できません」、「残業が多くて苦労するのは構わないから、もっともっとさせてほしい」等の声は頻繁に聞かれる。

生活上でも、「物価が高い」(63.4％)等、経済的な悩みが最も多い。日本の高物価の下、彼女達は生活費を極力切り詰め、貯金に励んでいる。会社が用意した宿舎に入っているので、家賃はかからない。宿舎は、工場の事務所を改造したものや民間住宅の借り上げ等、多様な形態があるが、いずれも数人の相部屋で自炊設備が設置され、彼女達はここで自炊している。食費は、「安い小麦粉をまとめ買い」、「野菜を自家栽培」、「少しでも安く買うため、必ず閉店間際に食材を買いに行く」等の工夫をして、月額１万円以下に抑えている事例が少なくない。「日本の物価は高すぎる。食費だけで結構かかるので、衣料品等は見るだけ。あらゆる工夫をして節約し、苦しみに耐えて質素に暮らしている」、「せっかく日本に金を稼ぎに来たのに、日本は物価が高く、稼いだ金が生活費に消えるので、とても満足できない」等の声も多い。

ただし、彼女達が、長時間の残業や高所得を切望し、徹底した節約に心掛けるのは、必ずしも金銭それ自体が目的になっていることを意味しない。そもそも彼女達が求める金銭は、家族の生活費・子供の教育費だ。いわば、家族の生活水準の向上こそが本来の「目的」であり、来日研修や金銭はそのための手段にすぎない。それだけに、来日に伴う家族との離別、「家族と離れて寂しい」(67.3％)ことは、彼女達にとって極めて深刻な悩み・苦痛である。家族・子供のことをあれこれ考えると辛いので、そうした時間的空白を埋めるためにも、また家族との離別の精神的苦痛の代償としても、より多くの残業をこなし、金を得たいという声は極めて頻繁に聞かれる(*)。

* こうした声の具体例は、下記の通りである。「一人で３年間、異郷で家族を思い、寂しさに耐え忍んでいます。この気持ちは、普通の人には想像もつかないでしょう。だから私達は、できるだけ余った時間を埋めようとして、少しでも長く働きたくてたまりません。でも、残業は少ないです。会社が私達を日本に呼んで来るのは、安い労働力だからです。同じ仕事をしても、私達を使うと、会社の費用をすごく節約できます。それはそれでいいのです。でも、私達に、家族の事をあれこれ思い出させないように、仕事以外の時間をどう送ったらいいのか、考えてほしい。これはお互いにとっていいことでしょう。いつも残業のことをめぐって会社と諍いになります。日本人の同僚は家族がいるし、友人にも会いたいから、仕事を早く済ませて帰りたいかもしれません。日本人は、私達のような寂しさを感じるはずがないから。でも、私達は本当に仕事がしたいの

です」、「私は本当に思い切って家と離れ、家族や友達と別れて、日本に来たのです。一人ぼっちの孤独を覚悟して、それでも来日し、3年間働く決意をしたのは、家族のために少しでも多く貯金したかったからです。日本人が私達を雇用したのは、私達の給料が日本人よりずっと低いからです。だから、互いに利用し合う関係です。このことについては、お互いにわかっているのです。ただ、会社にたった一つの願いがあります。もっと残業を増やしてほしいです。休み時間が多くなると、私達は寂しさに襲われ、憂鬱になり、家族のことを考えてしまいます。それは本当につらい。残業することで何も考えず、安らかな時間を送ることができ、時間も早く過ぎ去ります」、「日本に研修に来て、まだ1年も経っていないのですが、それでも、家族と別れることがどんなにつらいことか、よく分かりました。でも金を稼ぐために、頑張ってやって行こうと思っています。もちろん最も大事なことは、家族のために大いに稼ぐことです。会社には、とにかく残業と残業代を、ぜひお願いします。私達は、空白の時間ができると、家族のことを偲んで、よけいにつらくなってしまうのです」。

3. 来日後の社会関係・日本人との交流

さて次に、日本での社会諸関係についてみていこう(表6・7)。

彼女達は、職場で日本人労働者と一緒に働いている[6]。しかし、職場での日本人との社会関係は希薄である。作業中、会話する時間的ゆとりはない。仕事終了後も日本人(中高年・女性が多い)は直ちに帰宅するので、交流の機会は少ない。近隣の日本人住人との交流も殆どない。悩みを相談する日本人が「いない」人は69.6％、気楽に話をする日本人が「いない」人は81.5％を占める。60.2％は、「日本人ともっと交流したい」と感じている。

日本人との社会関係が希薄になる理由の1つに、言葉・日本語の壁がある。彼女達の調査時点の日本語会話能力は、「挨拶など、ごく簡単な会話だけできる」、または「直接、仕事に関係する日本語なら理解できる」といった低い水準にある。悩みを相談する日本人がいない理由として36.4％、気楽に話す日本人がいない理由として59.1％の人が、「言葉が通じない」ことをあげている。実地研修・実習先の職場や地域には、日本語教室は殆どない。また一部では、「私達の話し声が高すぎるといって、笑われたり、嫌われたりする」等、文化習慣の差異に基づく壁・偏見もある。

表6 来日後の社会関係・日本人との交流 (1)

(%):総計352(100.0)

	有	無	無い場合、その理由等(MA)(*)
悩みを相談する日本人	24.1	69.6	言葉が通じない(36.4) 日本人と深く知り合うチャンスがない(12.8) 日本人は水臭くて冷たい(8.0)、 だれにも相談せず、自分で解決する(15.3) だれに相談しても、解決しないから(12.2)
気楽に話をする日本人	8.8	81.5	言葉が通じない(59.1) 日本人と深く知り合うチャンスがない(16.5) 日本人は水臭くて冷たい(9.1)
悩みを相談する中国人	46.3	45.2	深く知り合うチャンスがない(5.1) だれにも相談せず、自分で解決する(20.7) だれに相談しても、解決しないから(16.2)
気楽に話をする中国人	56.5	29.8	深く知り合うチャンスがない(11.4) 信頼できる中国人がいない(8.5)
研修・実習先職場での日本語教室	7.1	83.8	ほしい(41.8) ほしくない(0.9) どちらともいえない(31.8)
日本人との交流への満足度			日本人ともっと交流したい(60.2) 今のままで満足(11.9) 日本人との交流は減らしたい(6.5)
現在の日本語会話能力(2つまで)(*)			いいたいことが何でもスムーズに言える(2.3) 相手のいうことは、だいたい理解できる(14.2) 直接、仕事に関係する日本語なら、理解できる(46.9) あいさつなど、ごく簡単な会話だけできる(59.7) ほとんど会話できない(4.8)

補注)無回答は不記載。(*)の回答については、上位の主要項目のみ掲載。
資料)実態調査より作成。

表7 来日後の社会関係・日本人との交流 (2)

(%):総計352(100.0)

			悩みを相談する日本人		気楽に話し合う日本人	
			いる	いない	いる	いない
日本語会話能力	いいたいことが何でもスムーズに言える		37.5	50.0	62.5	25.0
	相手のいうことは、だいたい理解できる		30.0	56.0	22.0	66.0
	直接、仕事に関係する日本語なら、理解できる		34.5	60.0	13.9	78.2
	あいさつなど、ごく簡単な会話だけできる		21.0	73.3	6.2	83.3
	ほとんど会話できない		11.8	88.2	−	94.1
悩みを相談する/気楽に話し合う中国人		いる	67.1	41.2	64.5	58.5
		いない	21.2	56.3	9.7	34.8

補注)無回答は不記載。
資料)実態調査より作成。

しかし、日本人との関係が希薄になる理由は、言葉や文化習慣の壁だけではない。

　即ちまず、「いいたいことが何でもスムーズに言える」、「相手のいうことはだいたい理解できる」等、日本語能力が高い対象者の中でも、悩みを相談できる日本人が「いる」人は31.0%、気楽に話せる日本人が「いる」人も27.6%にとどまる。また、日本人との関係が希薄になる理由として、「深く知り合うチャンスがない」、「日本人は水臭くて冷たい」、「だれに相談しても解決しない」、「だれにも相談せず、自分で解決する」等、言葉の壁以外の理由も大きな位置を占めている。「日本人は仕事中、しゃべらずに黙々と仕事に専念する」し、「忙しいから話し相手になら」ない。また彼女達の側も、「一日中働いていて、日本人と殆ど付き合う時間がない」、「普段、仕事をしているととても疲れるので、日本人とコミュニケーションをとろうと思ったことはない」のが実情だ。「同じ職場で働いていても日本人を知る機会・時間は全然ない」、「私達の生活範囲は狭く、個人的に日本人と付き合う時間は全くない。それは私達の日本語のレベル向上にも少なからず影響している」と語る事例もある。

　しかも、彼女達自身、別に日本人との交流や日本語の習得を主な目的として来日したわけではない。職場や地域に日本語教室がない場合、それが「ほしい」と感じている者は41.8%にとどまる。「ほしいかどうか、どちらともいえない」と感じている者は31.8%である。彼女達にとって、日本語能力の向上は確かに望ましい。しかし、より重要な目的は、金銭と技能の獲得だ。しかも、日本語・言語は、多少の教育を受けたからといって、短期間に飛躍的に習得できるわけでもない。彼女達にとっては、日本語教室の設置や日本人との社会関係の拡充より、残業時間の延長・収入向上の方が、より切実な要求である。

　さらに、彼女達が実際に直面する問題の多くは、たとえ流暢な日本語で交渉しても、容易に解決するものではない。研修費・賃金の引き上げ、残業の確保等が容易でないのは自明である。ある職場では、残業分の作業単価が半額以下に切り下げられ、通訳を介して交渉がなされたが、結局、彼女達の要求は殆ど実現しなかった。「失敗作の製品を捨てるくらいなら、もらいたい」という彼女達の希望も、意図的な失敗の増加を警戒する会社側には受け入れられない。日本人労働者によって仕事上のミスの責任を押し付けられるのも、単に言葉の壁で反論できない

ことが問題なのではなく、それ以前に、不可避のミスに対する厳しい個人責任の追求があることの方が問題だ。総じてこれらは、「言葉の壁」というより、労使の、あるいはそれに基づく労働者相互の明確な利害対立に基づく壁といえよう。彼女達は、こうした壁に対するある種の諦観を、「できるだけ何でも自分の中で解決します。自分の心の話は他人に訴えたくない」、「沈黙は金。それですべての悩みは解決できる」等と語っている。

職場以外の日本人との関係は、一層希薄である。ここでも、言葉や文化習慣の壁はあるが、しかし、それだけではない。何よりも、失踪（超過滞在）や事故の発生を警戒する会社側が、職場以外の人々——日本人・中国人を問わず——との交流を厳しく制約しているのである。宿舎には門限があり、夜間外出が禁止され、中には社長が夜間、抜き打ち的に宿舎訪問して所在確認をする会社もある。休日の外出先や交際相手を報告させている会社もみられる。こうした会社側が決めた規則への違反を理由に、研修・実習期間途中で帰国させられる事例もごく希にはある。さらに一部には、地域住民の日本人から不法滞在と誤解され、強制捜査を受けた事例もある。確かに彼女達の中から、ほぼ毎年、数人の失踪者・超過滞在者は発生する。しかし彼女達の大多数は、失踪を意図していない。失踪すれば、来日前に払った莫大な保障金は返還されず、より稼げる職場が日本で確保できる保障もない。家族のために少しでも多額の貯金をし、併せて縫製技術を高めようと来日した彼女達にとって、失踪で得られるメリットは少ない。そこで、会社側の厳しい警戒は、彼女達には、社会関係や行動の自由の制約と受け止められ、強い不満・不信感を生み出している(*)。

* こうした不満・不信感の具体例は、下記の通りである。「日曜日には、ちょっとリラックスしたいから、どこかへ遊びに出かけたいです。でも、経営者は、私達が逃走するのではないかと心配していて、規則を厳しく決めて、しつこく見張っています。実は全然、そんな必要はないのに。自分の家を担保にして日本に来たのだから、それを無視して逃げる馬鹿がいるものですか。私達は自由を切望します」、「私達の生活について、会社が規定を作っています。でも、それは現実と合わないので直してほしいです。例えば、スーパーは10時閉店なのに、私達は9時に宿舎に戻らなければなりません。私達が日本に来るのは主に金儲けなので、節約できることならあらゆる工夫をしています。スーパーは閉店前に安くするので、会社の規定に従うと、安い物が買えません。この門

151

限を何とかしてほしいです」、「生活が束縛されすぎているような感じがします。自由がありません。例えば、日本では自動車が蟻のように多いのに、私達は自転車さえ乗せてもらえません。自転車に乗る者は罰金1万円也。ほかにも規則が多すぎて、牢屋にぶち込まれたような感じになります。もちろん、その規則は悪巧み（失踪等）をする人のために作られたと思いますが、しかし実際、そういう人達には全然効果がないのです。私達は、もっと日本でいろんな人と自由に付き合って楽しく生活したいです」、「私は、日本人と接触したり交流したりする機会が殆どありません。仕事の時に必要最低限の交流をするだけで、仕事を離れた交流は全くありません。会社の社長は、私達が日本人、特に社員以外の日本人と付き合うのを許してくれません。来日して自分が変わったと思います。よく言えば平凡で静かな生活だが、悪く言えば、つまらない日々です」、「差別されたことはあります。深い印象を残しました。ある日の早朝、私達、全員女性は、まだ寝ている最中でしたが、警察が数人でグループになって、3つの部屋にノックもせずいきなり入り込んで来ました。夏で暑かったので、私達はパジャマしか着ていませんでした。警察は乱暴に大声で『起きろ、電気をつけろ』と叫んでいました。私達は皆、自分の登録証を出して見せました。どうも私達は不法滞在ではないかと疑われたらしい。さらにひどいことに警察は、私達の同意も得ずに荷物をいじくり回したのです。私達はどんな気持ちでいられるのでしょう。はたして日本人に対しても、こんな取り調べをするのでしょうか。それとも私達を、まるで犯人と決めつけて扱ったのですか。これはまさに中国人に対する差別でしょう」。

こうして彼女達は、同じ職場の中国人技能実習生・研修生の内部という、非常に狭い社会関係を余儀なくされる。しかも、この狭い関係の内部もまた多くの場合、決して親密とはいえない。悩みを相談する中国人が「いる」人は46.3％、「いない」人は45.2％と、ほぼ拮抗している。気楽に話す中国人が「いる」人も56.5％にとどまり、「いない」人も29.8％を占める。むしろ常に身近にいるからこそ、葛藤や諍いも多い。前述のように宿舎は数人の相部屋で、外出・外部との交際も制限されているので、彼女達はほぼ24時間一緒にすごすことになる。そこでは、些細な事柄——洗濯物の干し方、食べた米の量、共用食器の洗い方等——から様々な摩擦・いざこざが生じ、いじめ・ケンカ・暴力ざたに発展することもある。どんなに気が合わず、人間関係がこじれても、彼女達は3年間、同じ部屋で暮らさねばならな

い。しかも彼女達は、「だれが多くの残業をさせてもらえるか」をめぐり、互いに競争関係にある。残業で稼ぐ人と、部屋で無為にすごさざるを得ない人が同じ部屋に暮らす場合、妬みや相互不信はしばしば深刻化する。こうした中で彼女達から、「出稼ぎに来た中国人は、金儲けばかりだから信用できない」、「中国人とも深く知り合うチャンスがない」、「信頼できる中国人の友人はできない」、「同じ中国人に相談しても、何も解決しない」等の声がしばしば聞かれる[*]。

 * 中国人相互の葛藤・不信感を示す典型事例として、下記がある。「外に出た人は皆同じで、なかなか助けてくれる人は見つかりません。たとえ友達はいても、本当に心が通じているかどうかは分からないのです。日本にきて一番疲れているのは心です。すべての苦しみと悩みは自分一人で耐えていかなければならないと感じます。同じ中国人でも、他人が何か助けてくれるのですか。いわゆる人も知り、顔も知るが、心は知らないということです。人間と人間は所詮、一時的に庇いあうことはできても、一生は続きません。たとえ今回は助けてくれたとしても、3年間ずっと助けてくれることはないでしょう。皆、同じ研修生・実習生ですから、同じ苦しみを味わい、同じ悩みを抱えていると思います。でも、お互いに助けることはできないし、たとえ話しあっても解決はできません。友達はいくらいても、所詮友達でしかなく、己を知る人ではありません。日本で誰を信頼すればいいのか、教えてください。上海では白色の心が彩色に染められました。日本では明るい心が内気に染められます」、「来日してから非常に疲れています。この疲れは仕事からではなく、人間関係のストレスです。私は元々、人づきあいが悪い人間ではありません。でも日本では、なぜか皆、私を困らせます。私がリーダーに選ばれたせいでしょうか。私が皆のことをいろいろ考えて、どんなことをやったとしても、それは当然だと思われます。彼女達(他の研修生・実習生)に文句、悪口をさんざん言われますが、私は全然反論せず、ずっと耐えています。こんな状態がいつまで続くでしょう？」、「私は他人を信じません。信じられるのは自分だけです。今の世の中の人は皆、どっちにせよ、冷たい偽りの関係です。表面はにこにこしていても、裏では何を言っているか分かりません。悪口の言い合いです。出稼ぎに来た中国人は皆、自分のこと、金のことしか見ていないから、どんなに仲良くみせていても、偽りの関係でしかないのです。私は、とても悩んでいます。日本に来れば、金を懐に入れることができますが、失ってしまうものも多いです。それは金で手に入ることはできないもの、友情・愛情等です」。

そして彼女達の中で、日本人との関係が比較的密接な人は中国人とも密接な関係をもち、逆に日本人との関係が希薄な人は中国人との関係も希薄な傾向がある。即ち、悩みを相談したり、気楽に話し合ったりしている日本人の相手が「いる」人の6割以上は、中国人にもそうした相手をもっている。逆に、日本人に悩みの相談相手や気楽な話し相手が「いない」人には、中国人にもそうした相手を確保しえていない場合が多いのである。ここからもまた、単に言葉や文化習慣の壁だけが、社会関係の希薄さの原因ではないことがうかがえる。

4. 社会意識と将来指向

さて、以上のような生活過程と社会関係の中で、社会意識が変化し、将来への展望が模索される（**表8・9**）。

彼女達は、日本人の労働観について、「上司の指示に従順で、規則をよく守る」、「まじめに勤勉に仕事をする」、「仕事に対する責任感が強い」等、多くの面で肯定的に評価している。「日本人の仕事の仕方に何も悪い点はない」との回答も32.4％を占める。

日本人の生活については、一方で、「礼儀正しい」、「治安がいい」、「経済的に豊か」、「規則をよく守る」、「生活が便利」等の肯定的評価がある。しかし他方で、「人間関係が冷たく疎遠」、「本音と建前があって率直ではない」等、主に人間関係の面で否定的評価も少なくない。「悪い点はない」との意見は4％と少ない。

今回の研修・実習で得た成果としては、まず、「縫製の技術・技能が高まった」、「貯金が増えた」等、当初の来日動機に沿った成果が強く実感されている。ただしそれだけでなく、「苦しくてもがんばる忍耐力がついた」、「仕事に対する責任感が強くなった」、「上司の指示に従順で、規則をよく守るようになった」、「まじめに勤勉に仕事をするようになった」等、より広義の労働観・労働態度が変化したこともあげられている。そして、こうした要素も含め、多くのケースが実際に縫製作業の技術・スピード等にかなり進歩があったと実感している。

ただし今後、こうした成果をどのように生かしていくかという展望は多様である。

まず、帰国後は、「元の職場に戻りたい」との回答が最も多いが、しかしそれで

表8 社会意識と将来指向 (1)

(％):総計352(100.0)

日本人の労働観の長所(MA)(＊)	上司の指示に従順で、規則をよく守る(65.6) まじめに勤勉に仕事をする(63.6) 仕事に対する責任感が強い(58.2) 能率的に、むだなく仕事をする(30.7) 他の人達と協力しあいながら仕事をする(22.4)
日本人の労働観の短所(MA)(＊)	悪い点はない(32.4) 上司が一方的指示して、部下は自己主張できない(20.7)
日本人の生活の長所(MA)(＊)	礼儀正しい(59.4) 治安がいい(54.5) 経済的に豊か(38.1) 規則をよく守る(37.8) 生活が便利(27.3)
日本人の生活の短所(MA)(＊)	住宅が狭い(33.0) 人間関係が冷たく疎遠(28.7) 本音と建前があって率直ではない(28.4) 貧富の差が大きい(25.6) 悪い点はない(4.0)
今回の研修・実習で得た成果(3つまで)(＊)	縫製の技術・技能が高まった(44.0) 苦しくてもがんばる忍耐力がついた(43.5) 貯金が増えた(36.4) 日本の社会を見学できた(23.6) 日本語がうまくなった(23.3)
仕事への態度・取り組み方の変化(MA)(＊)	仕事の知識が豊富で、技術水準が高くなった(42.0) 仕事に対する責任感が強くなった(33.2) 上司の指示に従順、規則をよく守るようになった(27.0) まじめに勤勉に仕事をするようになった(23.6)
帰国後の職業展望(MA)(＊)	元の職場・職種に戻りたい(31.8) 自分で縫製・アパレルの事業を起こしたい(17.3) いったん帰国した後、いつか外国で仕事・生活したい(13.6) 日本と関係する縫製・アパレル以外の職場に転職したい(13.4) 日本と関係する縫製・アパレルの職場に転職したい(13.1)
今回の研修・実習は帰国後に生かせるか	生かせる(51.7) あまり生かせない(40.9) 全く生かせない(4.0)
またチャンスがあれば、日本に研修に来たいか	来たい(50.6) 来たくない(43.5)

補注)無回答は不記載。(＊)の回答については、上位の主要項目のみ掲載。
資料)実態調査より作成。

も31.8％にとどまる。元の職場に戻っても、昇進・昇給の保証はない。また一部には「帰国後、他の会社に移りたいが、元の会社で3年間働くという契約をしているので、戻らないと罰金をとられる」との声もある。

　他方で、元の職場に戻らず、「自分で縫製・アパレルの事業を起こしたい」、「日

表9　社会意識と将来指向（2）

(%):総計352(100.0)

		今回の研修・実習は帰国後に生かせるか			またチャンスがあれば日本に研修に来たいか		
		生かせる	あまり生かせない	全く生かせない	来たい	来たくない	その他
悩みを相談する日本人	いる	58.8	37.6	—	71.8	23.5	3.5
	いない	48.2	43.3	5.7	43.7	52.2	3.3
気楽に話し合う日本人	いる	77.4	22.6	—	77.4	16.1	6.5
	いない	48.8	43.6	4.9	48.8	47.7	2.8
日本語会話能力	いいたいことが何でもスムーズに言える	75.0	25.0	—	87.5	12.5	—
	相手のいうことは、だいたい理解できる	70.0	24.0	4.0	64.0	28.0	4.0
	直接、仕事に関係する日本語なら、理解できる	58.2	38.2	3.0	56.4	37.6	5.5
	あいさつなど、ごく簡単な会話だけできる	48.6	43.8	3.8	49.5	43.8	2.9
	ほとんど会話できない	29.4	58.8	—	35.3	63.7	—

補注）無回答は不記載。（＊）の回答については、上位の主要項目のみ掲載。
資料）実態調査より作成。

本と関係する縫製・アパレルの職場に転職したい」、「日本と関係する縫製・アパレル以外の職場に転職したい」、「いったん帰国した後、いつか外国で仕事・生活したい」等、多様な希望もみられる。特に縫製業以外への転職を希望する人は、「縫製業は仕事がきつくて低賃金。せっかく日本でお金を貯めたのだから、それを生かして転職したい」と語る。

　総じて、今回の研修・実習が将来に「生かせる」という回答は51.7％、「あまり／全く生かせない」は44.9％と、大きく分かれる。「生かせる」と感じている人の多くは「またチャンスがあれば日本に研修に来たい」、逆に「生かせない」という人は「もう来たくない」と考えている。将来も引き続き縫製業に就こうと考えている人が、「生かせる／また来たい」と答えているとは必ずしも限らない。その意味でも、今回の研修・技能実習の成果は、狭義の縫製技術の習得にはとどまらないのである。

　むしろ、このような全体的な評価には、日本人との社会関係・日本語能力が大きく影響している。即ち、悩みを相談したり、気楽に話し合う日本人が「いる」人ほど、また日本語能力が高い人ほど、「生かせる」、「また日本に研修に来たい」と感じているのである。

5．来日年次・滞日年数による諸変化

　さて、研修生・技能実習生の生活と意識は、滞日年数によって、大きく変化する（**表10**）。前述のように彼女達のうち来日1年目は研修生、2～3年目は技能実習生である。両者の間には、断絶性と連続性がある。

　まず、断絶性が最も明確なのは、客観的な労働条件だ。これは、技能実習が研修とは異なり、正規の雇用関係に基づく以上、当然である。即ち、1年目の研修費は月平均6万8,000円と低く、「少し／とても不満」が58.6％を占める。研修生には残業が禁止されているので、これを厳格に守っている職場では、「研修生だからといって残業を全然やらせてくれない。だから収入には全然、満足できない」等、不満が特に顕在化している。これに対し、技能実習生には残業が認められ、その賃金は、2年目で平均8万6,319円、3年目で9万845円とやや高くなる。そこで、「まあまあ満足／とても満足」との評価が増える。総じて労働条件面では、1年目の研修生に最も不満・問題が顕著で、2年目以降の技能実習生では一定程度、改善されるようである。

　一方、生活面では、滞日年数によって、連続的・継時的な変化がみられる。即ち1年目では、「物価が高い」、「日本語・言葉が通じない」等が主な問題である。これに対し、滞日年数を経るに伴い、主な問題は、「中国の家族のことが心配」、「集団生活で疲れる」等に、徐々にシフトしている。さらに3年目には、「家族と離れて寂しい」、「自分の健康に不安がある」等が付け加わる。いわば、日本の生活に慣れれば問題がなくなるのではなく、別の質の問題が顕在化・付加してくるのである。

　社会関係・日本語能力の面では、滞日年数が長くなっても、あまり変化がなく、一貫して希薄・不十分だ。悩みを相談できる日本人・中国人、及び、気楽に話をする中国人が「いる」人は、滞日年数が長くなっても、あまり増えない。悩みを相談する中国人は、むしろ減少傾向にすらある。気楽に話をする日本人が「いる」人は多少増えるが、しかし来日3年目でも16％にとどまる。日本語会話能力は、来日3年目でも「挨拶など、ごく簡単な会話だけできる」が過半数を占める。「いいたいことが何でもスムーズに言える」は、3年目でも6.2％にすぎない。

　ただし、日本人との社会関係が希薄である理由は、滞日年数に応じて着実に変化している。即ち、悩みを相談する日本人が「いない」場合、その理由は、来日1

表10 来日年次別の特徴

(%):総計:1年目183(100.0)、2年目182(100.0)、3年目81(100.0)

		1年目	2年目	3年目
研修・実習費(賃金) (残業代を含む)	7万円未満	65.4	1.5	6.2
	7万円〜	18.8	57.6	46.9
	10万円〜	6.8	25.8	40.7
研修・実習費(賃金) の評価	とても満足・ままあ満足	33.9	48.5	46.9
	少し不満・とても不満	58.6	47.0	43.3
現在の生活の中で の悩み・問題点 (MA)(*)	物価が高い	73.7	59.1	55.6
	言葉・日本語が通じない	62.4	47.7	45.7
	中国の家族のことが心配	19.5	28.0	33.3
	集団生活で疲れる	6.8	13.6	22.2
	家族と離れて寂しい	65.4	64.4	76.5
	自分の健康に不安がある	12.8	12.1	24.7
悩みを相談する日 本人 (MA)(*)	いる	22.6	25.0	23.5
	いない	67.7	70.5	74.1
	(MA)← 言葉が通じない	42.1	33.3	34.6
	(*)　　 日本人は水臭くて冷たい	6.8	7.6	11.1
	だれにも相談せず、自分で解決する	9.8	18.9	18.5
	だれに相談しても、解決しないから	8.3	11.4	21.0
気楽に話し合う日 本人	いる	3.0	10.6	16.0
	いない	85.0	81.8	76.5
	(MA)← 言葉が通じない	63.2	59.8	50.6
	(*)　　 日本人と深く知り合うチャンスがない	20.3	14.4	14.8
	日本人は水臭くて冷たい	8.3	9.1	11.1
現在の日本語会話 (2つまで)(*)	いいたいことが何でもスムーズに言える。	—	2.3	6.2
	相手のいうことは、だいたい理解できる。	7.5	21.2	14.8
	直接、仕事に関係する日本語なら、理解できる	32.3	56.8	55.6
	あいさつなど、ごく簡単な会話だけできる。	68.4	55.3	51.9
	ほとんど会話できない。	9.0	2.3	2.5
悩みを相談する中 国人	いる	48.9	47.0	40.7
	いない	42.1	47.0	48.1
	(MA)← だれにも相談せず、自分で解決する	15.0	22.0	28.4
	(*)　　 だれに相談しても、解決しないから	15.0	14.4	21.0
気楽に話し合う中 国人	いる	52.6	62.9	51.9
	いない	35.3	25.8	27.2
日本人の労働観長 所 (MA)(*)	能率的に、むだなく仕事をする	36.8	31.1	22.2
	仕事の知識が豊富で、技術水準が高い	22.6	7.6	16.0
	まじめに勤勉に仕事をする	65.4	70.5	54.3
	上司の指示に従順で、規則をよく守る	52.6	75.0	74.1
	仕事に対する責任感が強い	49.6	72.7	50.6
日本人の労働観短 所(MA)(*)	上司が一方的指示。部下は自己主張できない	12.0	25.0	29.6
	自分の意見を自由に主張できない	7.5	16.7	18.5
日本人の生活短所 (MA)(*)	住宅が狭い	28.6	34.8	38.3
	人間関係が冷たく疎遠	27.8	35.6	19.8
	本音と建前があって率直ではない	24.8	25.8	40.7
	貧富の差が大きい	24.1	24.2	30.9
今回の研修・実習で 得た成果 (3つまで)(*)	縫製の技術・技能が高まった	47.4	47.0	35.8
	日本語がうまくなった	29.3	22.7	13.6
	日本の社会を見学できた	17.3	25.0	33.3
仕事への態度・取り 組み方の変化 (MA)(*)	仕事の知識が豊富で、技術水準が高くなった	45.9	43.9	33.3
	まじめに勤勉に仕事をするようになった	18.8	28.0	25.9
	上司の指示に従順、規則をよく守るようになった	24.8	32.6	23.5
	仕事に対する責任感が強くなった	30.1	40.9	27.2
今回の研修・実習は 帰国後生かせるか	生かせる	55.6	54.5	42.0
	あまり生かせない・全く生かせない	37.6	44.0	56.7

補注)無回答は不記載。(*)の回答については、主要項目のみ掲載。
資料)実態調査より作成。

年目では「言葉が通じない」が多いが、滞日年数を経るに伴い、「だれに相談しても解決しない」、「だれにも相談せず、自分で解決する」、「日本人は水臭くて冷たい」が増加する。いわば、来日直後は言葉の壁と感じられた関係の希薄さが、徐々に、言葉の問題だけではないと了解されてくるのである。「何を言ってもむだ。あきらめるしかない」、「我慢するしかない」、「たとえ話し合っても解決しない」等の言葉は、特に滞日年数が長い人の中でしばしば聞かれる。

　こうした中で、社会意識の内実も、滞日年数に応じて変化する。来日1年目では、縫製技術・日本語等、狭義の技術的要素が重視され、それらの習得が進んだことへの肯定的評価が多い。即ち、日本人の労働観の長所としては「知識が豊富で、技術水準が高い」等の評価が多く、研修成果や自らの仕事態度の変化も「縫製の技術・技能が高まった」、「日本語がうまくなった」等が多い。これに対し、来日2年目になると、一方で、より広義の労働観に関する肯定的評価が増える。即ち、日本人の労働観については、「まじめに勤勉に仕事をする」、「上司の指示に従順で、規則をよく守る」、「仕事に対する責任感が強い」が増え、実習の成果や自らの仕事態度の変化としても「仕事に対する責任感が強くなった」、「まじめに勤勉に仕事をするようになった」、「上司の指示に従順で、規則をよく守るようになった」等が増加する。しかし他方で、日本人の社会関係に対しては、「人間関係が冷たく、疎遠」、「上司が一方的に指示して、部下は自己主張ができない」等、否定的評価も顕在化する。そして来日3年目には、「本音と建前があって率直でない」、「上司が一方的に指示して、部下は自己主張ができない」等、日本人の社会関係への否定的評価が一層増える。

　こうした中で、滞日年数が長くなるほど、将来、成果が「あまり／全く生かせない」という否定的評価が膨らんでくる。前述のごとく、客観的な労働条件、特に賃金水準は、滞日年数が伸びるほど改善される。2年目では、日本人の広義の労働観に関する肯定的評価も増えている。しかしそれにもかかわらず、滞日年数が長くなるほど、研修・実習全体に対しては否定的評価が増大するのである。その理由の1つは、家族との別離の長期化に伴うストレスの増大だ。特に3年目の技能実習生からは、「3年間故郷を離れ、家族と離れ離れになるのは本当にとても辛いことです。特に最愛の夫と会えなかった苦痛は一生、忘れられません。もう日本に来たくはありません」、「もう日本に来たくないです。3年間の研修・実習生活は

投稿論文

とても長いです。家族と離れ離れの生活をするのは非常に苦痛なことです。日本人の皆さんは体験できないことでしょうが、偲ぶって本当につらいことですよ」等の声が聞かれる。そしてもう1つの理由は、労使関係を含む社会関係の問題だ。来日当初は「日本語の壁」と感じていた問題が、上司からの一方的指示、日本人労働者どうしも含めた社会関係の疎遠さ、いくら相談しても問題解決につながらない現実等を体験する中で、単に言葉の壁ばかりではない労使関係やそれに基づく社会関係の問題だと了解される中で、研修・実習に対する否定的評価が膨らんでいるのである。

6. 出身地域による差異と変化

最後に、本調査の対象者は、前述のように、2000年の来日者はすべて上海市出身者だが、2001年以降は遼寧省出身者が増加している。またそれは、単に出身地の違いにとどまらず、学歴・職歴等でも一定の差を伴っていた。そこで以下、遼寧省出身者を含む2001年以降の来日者に限って、両地域の出身者を比較してみよう（**表11**）。

来日後の客観的な研修・労働条件やその受けとめ方については、出身地による明確な差はみられない。

しかし、社会関係面では明らかな違いがある。上海市出身者は社会関係が特に希薄で、日本人・中国人の相談相手や気楽な話し相手がいずれも「いない」場合が多い。これに対し、遼寧省出身者は、社会関係が相対的に豊かで、日本人・中国人の相談相手や気楽な話し相手が「いる」場合が多い。

また、日本人の労働観や生活について、遼寧省出身者の方が明らかに肯定的に評価している。即ち遼寧省出身者は、日本人の労働観について、「まじめで勤勉に仕事をする」、「仕事に対する責任感が強い」、「仕事の知識が豊富で、技術水準が高い」、「上司と部下が平等に話し合う」、「だれに対しても公平で差別しない」、「能率的にむだなく仕事をする」、「他の人達と協力しあいながら仕事をする」、「悪い点は何もない」等、多くの面で肯定的に評価している。日本人の生活に対しても、「経済的に豊か」、「生活が便利」、「礼儀正しい」等、肯定的評価が目立つ。これに対し、上海市出身者は、日本人のことを、「人間関係が冷たく疎遠」、「本音と建前があって率直でない」、「上司が一方的に指示して、部下は自己主張ができない」、

表11 出身地別の特徴

(%):総計:上海市210(100.0)、遼寧省45(100.0)

		上海市	遼寧省
悩みを相談する日本人	いる	21.4	40.0
	いない	71.0	53.3
交流の満足(*)	日本人ともっと交流したい	57.1	68.9
悩みを相談する中国人	いる	44.8	57.8
	いない	46.7	37.8
気楽に話し合う中国人	いる	51.4	82.2
	いない	34.8	13.3
日本人の労働観の長所(MA)(*)	まじめに勤勉に仕事をする	62.9	93.3
	他の人達と協力しあいながら仕事をする	22.4	35.6
	仕事に対する責任感が強い	57.1	88.9
	だれに対しても公平で差別しない	10.5	22.2
	仕事の知識が豊富で、技術水準が高い	11.9	33.3
	上司と部下が平等に話し合う	11.9	35.6
	能率的に、むだなく仕事をする	27.6	68.9
日本人の労働観の短所(MA)(*)	上司が一方的指示。部下は自己主張できない	19.0	6.7
	悪い点はない。	31.9	51.1
日本人の生活の長所(MA)(*)	経済的に豊か	34.3	55.6
	生活が便利	26.7	44.4
	礼儀正しい	57.1	68.9
日本人の生活の短所(MA)(*)	住宅が狭い	35.2	17.8
	人間関係が冷たく疎遠	31.9	22.2
	本音と建前があって率直ではない	28.1	13.3
今回の研修・実習で得た成果(3つまで)(*)	縫製の技術・技能が高まった	44.8	66.7
	貯金が増えた	34.3	44.4
	苦しくてもがんばる忍耐力がついた	40.5	60.0
仕事への態度・取り組み方の変化(MA)(*)	まじめに勤勉に仕事をするようになった	21.4	35.6
	仕事に対する責任感が強くなった	32.9	53.3
	仕事の知識が豊富で、技術水準が高くなった	41.4	62.2
	自分で工夫して「どうにかする」能力が身についた	8.1	20.0
	能率的に、むだなく仕事をするようになった	7.1	37.8
今回の研修・実習の経験は帰国後の仕事・生活に生かせるか	生かせる	51.4	75.6
	あまり／全く生かせない	46.2	13.3
またチャンスがあれば、日本に研修に来たいか	来たい	49.5	73.3
	来たくない	43.8	20.0

補注)無回答は記載せず。(*)の回答については、主要項目のみ記載。
　　遼寧省出身者がいる2001〜2002年来日者についてのみ集計。
資料)実態調査より作成。

「住宅が狭い」等、特に社会関係・生活面で否定的に評価している。

　今回の研修・実習についても、遼寧省出身者の方が肯定的に評価している。「縫製の技術・技能が高まった」、「苦しくてもがんばる忍耐力がついた」、「仕事に対す

る責任感が強くなった」、「自分で工夫して『どうにかする』能力が身についた」、「能率的にむだなく仕事をするようになった」、「まじめに勤勉に仕事をするようになった」、そして「貯金が増えた」等、いずれも遼寧省出身者の方が選択率が高い。さらに遼寧省出身者は75.6％が将来、研修・実習の成果が「生かせる」と答え、73.3％が「チャンスがあれば、また日本に研修に来たい」と感じている。これに対し、上海市出身者では、将来、「あまり／全く生かせない」が46.2％、「もう日本に研修に来たくない」が43.8％と総じて否定的な評価が目立つ。

　以上のように、全体として遼寧省出身者の方が、上海市出身者に比べて肯定的な評価が多い。このことは、今後、研修生の調達地域が、上海市から遼寧省へと一層シフトする可能性を示唆している。ただし、こうした出身地による評価の違いの原因は、必ずしも明らかではない。もちろん、いくつかの断片的な要因は考えられる。即ち、①来日前の両地域の賃金水準格差を反映して、遼寧省出身者の方が日本での貯金額を肯定的に評価し得た、②来日前に中国系企業で働いていた者が多い遼寧省出身者の方が、日系企業出身者が多い上海市出身者に比べ、日本での研修・実習経験を、より新鮮・刺激的に受けとめられた、③高卒のベテラン縫製労働者が多い遼寧省出身者の方が、中卒のベテラン縫製労働者ではない上海市出身者に比べ、日本での体験を自らの将来の職業展望と重ね合わせて成果や教訓を見出しやすかった、④上海市では日本への研修経験者は既に膨大な数にのぼり、研修歴があるだけではキャリア・アップに結びつきにくく、しかも将来の職業選択のチャンスも多様である。これに対し、遼寧省では日本への研修経験者はまだ希少で、日本研修の履歴は、日系企業への転職を含め、今後のキャリア・アップの大きな武器になり、しかもそれ以外の職業の選択肢は限られている。以上のような様々な要因の中で、遼寧省出身者の方が、今回の日本での研修・技能実習体験を肯定的に評価しているのではないかと考えられる。ただし、こうした断片的な諸要因は、今回の調査だけで十分に検証しえたわけではない。帰国後の彼女達の実態、及び、日本の職場での社会関係や労働条件をよりインテンシブに把握する中で、さらに深く検証されるべきであろう。現に、来日後の研修費・賃金水準の受けとめ方、将来の職業展望等について、今回の調査結果をみる限りでは、両地域の出身者の間で、必ずしも明確な差は読み取れなかった。こうした中国国内の地域的差異・格差のもつ意味のより精緻な解明は、今後の課題として残さざるを得ない。

7. まとめと残された課題

 以上、縫製業における中国人技能実習生・研修生の労働－生活と社会意識の実態を分析し、その意義を考察してきた。簡単に総括し、本稿のまとめとしよう。

 まず第1に、彼女達は、今回の研修・技能実習を通して、当初の目的であった「貯金の確保」と「縫製技術の向上」をある程度達成している。また、広義の労働観・労働態度の変化、日本人の労使関係を含む社会関係に対する批判的な眼差しを身につける等、確実な成果・変化を自ら感じている。特に、来日直後は言葉や文化の壁と捉えられていた諸問題が、労使関係に関わる問題だと了解されていくプロセスは、ある意味で国籍や民族を超えた階級的視点の萌芽でもある。これらは、研修・技能実習における意図せざる大きな意義・成果といえよう。そしてこれらはいずれも、「研修(技術移転)と就労の峻別」によって得られる成果ではない。むしろトータルな「生命－生活」の発展的再生産を基底に据えた人格的・能力的な成長・変化といえよう。少なくとも彼女達の中で、「研修(技術移転)と就労の峻別」が切実な要求になっていないことは、明らかである。

 しかし第2に、こうした成果は、様々な犠牲や矛盾と表裏一体である。まず彼女達は、残業を含む長時間の研修・労働にできるだけ専念しようとしている。家族との離別に伴う精神的苦痛、及び、来日前に支払った多額の保証金は、こうした態度に一層拍車をかけている。その結果、彼女達の日本での社会関係は極めて希薄になっている。会社側は失踪等を警戒して厳しい生活管理を行っているが、それは彼女達には全く的外れで、自由の制約でしかないだけでなく、彼女達の社会関係を一層閉鎖的にしている。そして、こうした会社の対応を含め、労使関係・日本での社会関係の質に対する批判は、彼女達の孤立・社会関係の希薄さゆえに、共有・展開されることは少なく、むしろ個々人の内なる不満にとどまったり、彼女達内部での相互不信へと転化している場合が多い。

 そこで第3に、研修・技能実習の成果やそれに伴う諸個人の変化が、将来に生かせるかといえば、評価は大きく2つに分かれる。しかもその分岐は、研修費・賃金等の労働条件の客観的な差というより、むしろ労使関係を含む社会関係の質によって、大きく左右されている。希薄な社会関係の中でも、日本人や中国人仲間と比較的良好な関係を形成し得た人ほど、研修・技能実習の成果を実感し、将来に

生かせると感じている。また、こうした日本人との社会関係の形成に、日本語能力は確かに一定の影響をもつ。しかし、狭義の語学能力以上に、労働・生活上の諸問題の相談や解決が実際にいかになされているかが、より大きな意味をもっている。

　第4に、研修生・技能実習生の生活と意識は、滞日年数によって、大きく変化する。ただしその変化の仕方は、①労働条件、②生活、③社会関係という3つの局面でそれぞれ異なり、重層的に進んでいる。労働条件上の問題は、来日1年目（研修生）が最も深刻で、2年目（技能実習生）になれば一定は改善される。しかし生活面では、滞日期間が長くなれば、日本での生活に慣れて問題が少なくなるわけではない。むしろ家族との離別、管理された閉鎖的な集団生活のストレス等、ますます深刻化する問題も多い。そして社会関係の面では、滞日年数を経ても変化が少なく、一貫して希薄・疎遠・不十分である。しかも、滞日年数を経る中で、こうした社会関係の希薄さが、単に言葉や文化の壁というより、むしろ労使関係を含む現実的な問題解決の困難さによるものと認識されるに伴い、日本人の労働・生活、及び、研修・実習全体に対して否定的・批判的な評価が増加してくる。

　そして第5に、今日、上海市から遼寧省へと、研修生の出身地がシフトしつつある。様々な矛盾・問題は、上海市出身者に特に顕著であり、遼寧省出身者ではまだ比較的矛盾は顕在化していないようである。これは一方で、今後、研修生の調達地域が、上海市から遼寧省へとますますシフトするであろうことを予想させる。しかし他方で、上海市出身者が直面しているような問題が解決されない限り、近い将来、結局は、来日する遼寧省出身者の基本属性も変化し、同様の矛盾が発生せざるを得ないと考えられる。この点については、研修生・技能実習生の帰国後の生活・就労に関する実態把握をふまえ、今後、さらに解明していく必要がある。

　以上の諸点をふまえると、今後、研修・技能実習をさらに意義深いものにしようとするならば、滞日年数や出身地の違いにまで留意して研修・技能実習制度を整備すること、特に狭義の技術移転や労働条件に視野を限定せず、家族や中国人どうしの関係をも含めた社会関係の再構築が大きな課題になるといえよう。また、家族との関係の希薄化、管理された人間関係のストレス、日本の職場における「冷たく疎遠な人間関係」や「上司による一方的指示」等、特に2年目以降に顕在化する中国人技能実習生の問題・悩みは、彼女達のみならず、実は日本人労働者にも通

底する問題であるように思われる。その意味で、見直し・改善が必要なのは、単に研修生・技能実習生の処遇だけではないといえよう。中国人研修生・技能実習生と日本人の労働者が、こうした共通の課題の解決に向けていかに協働しうるのか。その解明もまた、今後の課題とせざるを得ない。

〔注〕

(1) 関東弁護士会連合会編 1990、『外国人労働者の就労と人権』明石書店；駒井洋 1991、「外国人研修生は労働者か」『社会学ジャーナル』No.16；同 1993、『外国人労働者定住への道』明石書店；蜂谷隆 2001、「外国人研修制度、技能実習制度の問題点と課題」『労働法律旬報』1517；旗手明 2002、「外国人研修生・技能実習生の実態と制度上の問題点」『労働法律旬報』1520；浅見靖仁 2002、「NGOと労働団体の冷たい関係と外国人研修生・技能実習生問題」同上誌。

(2) 浅野慎一 1997、『日本で学ぶアジア系外国人』大学教育出版；佟岩・浅野慎一 2001、「縫製業の中国人技能実習生・研修生における日本語修得と社会諸関係に関する実証研究(1)」『神戸大学発達科学部研究紀要』8-2；同 2002、「同(2)」『神戸大学発達科学部研究紀要』9-1；佟岩 2001、「縫製業における中国人技能実習生・研修生の日本語修得に関する実証的研究」『中国学論集』翠書房。

(3) 「生命－生活（life）」の発展的再生産過程論については、浅野慎一 1997、前掲書、31～34頁；同 1996、「『生活と社会変革の理論』と地域社会研究の課題」『地域社会学会年報』第8集、35～38頁。

(4) 蜂谷隆 2001、前掲論文；旗手明 2002、前掲論文；浅見靖仁 2002、前掲論文は、技能実習の問題にも言及している。ただし、技能実習についても研修と同様、労働と混同されている点に主な問題を見出している。

(5) 上海出身者の保証金は6万5,000元で、うち2万5,000元は本人が失踪した場合、4人の連帯保証人が派遣企業に支払う。残額4万元は本人が払うが、うち2万元は帰国後、返還される。遼寧省出身者の保証金は3万5,000元で、地域・企業によって差があるが、帰国後、4,000～1万5,000元が返還される。遼寧省出身者の保証人は1人である。

(6) 同じ職場で働く日本人と中国人の比率は、職場毎に多様である。規定によれば、従業員50人未満の職場で受け入れられる研修生は3人以下だ。しかし、技能実習生を含めると中国人の比率は増す。また、職場（工場）を分割――例えば、45人の職場を15人ずつ3職場に分割――することで、実際にはより多数の研修生を受け入れられる。

〈Abstract〉

对服装行业的在日中国进修生・技能实习生的劳动、生活和社会意识的探讨

佟　岩（龙谷大学（契约教员））・浅野慎一（神户大学）

该论文旨在通过考察服装行业的在日中国进修生・技能实习生的劳动、生活和社会意识的实况，来阐明其中的意义。

迄今为止，有关技能实习方面的研究成果寥寥无几。现有的关于进修问题的研究资料，大多都集中在指出进修的实质已转化为纯粹劳动这一观点上。然而，问题的关键并不在于"如何严格区分进修和劳动"，而在于实际的进修・技能实习对于每个进修生・技能实习生来说，在她们作为一个人的整个「生命—生活」的发展性再生产上，究竟有何意义、以及存在哪些问题。该论文以此为关注点，于２００２年以问卷的方式调查了３５２个人。然后根据调查的结果，进行了深入地分析。

被调查者们通过来日进修・技能实习几乎都达到了她们当初来日的目的："确保存款"和"提高裁缝技术"。此外，她们还都意识到自己在其它方面也有收获。比如有了广义的劳动观念；劳动态度发生了变化；能用批判的眼光去看日本的劳资关系等各种社会关系了，等等。尤其是，她们逐渐认识到原本以为是语言和文化带来的各种问题，其实主要是劳资关系问题。她们这一认识可以说是超越了国界和民族性、阶级性观点的萌芽。

然而，在她们得到这些收获的同时，当然也付出了很多代价。由于她们一味拼命地进修・劳动（包括加班），从而导致了与日本人关系的淡漠，无形中日益增大了自己的精神压力。特别是离开家人的精神痛苦、以及来日前支付的大笔担保金所带来的负担，更促使她们极尽所能地埋头于劳动之中。

因此，从进修・技能实习中所得到的收获和由此而带来的个人变化，使她们在评价自己此次来日是否能活用于将来的时候，出现了两大分歧。之所以产生这一分歧，与其说是由进修费・工资等劳动条件之类的客观差别而造成的，不如说是受包括劳资关系在内的各种社会关系的质量所左右的。

另外，进修生・技能实习生的生活和意识根据其在日年头的长短也迥然不同。在日年头越多，对日本人的劳动、生活以及进修、实习整体的评价持否定、批评态度的人越多。而且，现在进修生的招聘地区正逐渐由上海市转向辽宁省。目前是：上海市来的进修生・技能实习生问题和矛盾特别显著，而辽宁省来的进修生・技能实习生还没有表现出明显的问题和矛盾。

タイ国における工業開発とインフォーマル化
―― アユタヤ周辺における労働者コミュニティの事例――

青木　章之介
(明治学院大学（非常勤）)

1. 課　題

　日本がタイ国の産業化過程に直接に関わるものとして、公的資金援助と民間企業による直接投資という、2つの側面に従って検討することができよう。ADB（アジア開発銀行）、JBIC（国際協力銀行）、JICA（国際協力機構）などの公的資金やフィージビリティ調査は、ダム開発によって漁民を中心とする地域住民に甚大な被害を与え、建設爆破作業による音による精神的苦痛、粉塵がもたらす化学物質による病苦、観光資源の破壊、漁業という生活基盤の破壊等をもたらした。この中から、環境住民運動のネットワークである「貧民連合（サマッチャー・コンチョン）」が創出されたのである[1]。

　タイ国に対する海外からの直接投資は、産業構造に変化をもたらすと同時に、製造業の工業団地造成によって、地域住民生活に大きな影響を及ぼしてきた。日本の一村一品運動のアイデアを取り入れ、チェンマイの伝統産業では中小企業の活性化政策、調査研究がなされている（Luechai Chulasai et al. 2003）。近代産業部門では、「圧縮された産業化」（服部・船津・鳥居編 2002）という外資による急激な変化のために、日本の優れた中小製造業の進出は、日系アッセンブリ大企業への部品供給として存在するが、タイ人自前の優良なSME（Small & Medium sized Enterprises）はまだ少ない[2]。

　本稿では、工業団地形成による産業化が周辺コミュニティにいかなる社会・生活構造を創り出しているのか、その構造の一端をアユタヤ近郊の工業団地コミュニティを事例のキーとして、居住労働者への聞き取りを中心に明らかにし、環境住民運動との関連において、労働運動の方向性につき若干のコメントを試みる。

投稿論文

　日本の産業化過程においては、環境問題を健康破壊の視点からみれば、産業化初期の労災職業病問題、大規模工業開発による公害へと歴史的にその問題の重点は推移してきた(飯島 1976)。タイのような後発工業化においては、圧縮された産業化によって、工場内外、ダム等の大規模開発の環境問題が、同時的に解決すべき問題として立ち現れているという認識が、本稿で環境住民運動と労働運動を同時的に取り上げるべきであるという問題意識の前提をなす。

　工業団地開発によって地域住民に大きな被害を与えた例としては、東部臨海工業団地(チョンブリ、ラヨーン)が知られている。とくに漁民に影響が出た。詳細かつ包括的な実態調査として、北原・赤木編 1995 があげられる。環境問題の側面からは、タイ人環境NGO・CAINによるBurt 2001のレポートがある。バンプー工業団地は工業団地公社(IEAT)が1980年代から操業しているタイで最初の工業団地である。ここも環境の側面からみれば、様々な産業の企業が入居しており、それ故にあらゆる種類の重金属、化学物質が使用されている(Brigden et al. 2003)。

　こうした環境状況に対し、地域住民の何らかの対応や運動があってしかるべきであろう。ウンパゴン氏(チュラロンコン大学)も、タイの社会経済的発展を、全体主義や、クーデタという運命主義的な観点からだけではなく、民衆の民主化闘争の側面からみるべき必要性を指摘している(Ji Ungpakorn 1997)。

　アユタヤ近郊のハイテック工業団地、バンパイン工業団地の調査は、1995年に出版されている(小川編著 1995)。しかし、これまでの日本人の手によるタイ現地調査は、農村調査に関するものが中心で、工業団地造成によって、従来のコミュニティがいかなる影響と変動を被ったのかという視点が多い。形成された労働者コミュニティがいかなる構造を形成し変化しつつあるのかという観点はひどく希薄であった。これは当時の実態の反映でもあるが、状況は工場労働者サイドをも観察するべき時期に至っている。

2. インフォーマル化の構造

　CAW(Committee for Asian Women)やILO(ILO 2003)は、資本と労働のグローバリゼイションが引き起こしている、「非正規・臨時雇用の就業比率の増加による雇用の質の劣化」というインフォーマライゼイションの負の側面に対して警鐘を鳴らし、小規模零細企業がいかにしてまともな質の労働(Decent Work)を生

み出すことができるのかという課題に対し、レポートを提出している。タイ国に関しては、Kannikar Angsuthanasombat et al., 2001（タイNGOであるCAWとHomeNetが主催、筆者はオブザーバ参加）やAmin 2002がある。

工場労働者のコミュニティでの社会的位置づけは、基本的にウェーバリアン的意味での労働市場状況によって規定されるがゆえに、具体的な調査地域として、アユタヤ近郊のロジャナ工業団地周辺の労働者コミュニティを対象とし、電子部品、縫製などの請負加工現場がいかなる労働生活実態を形成しているのか、事例により提示する。調査方法は質問紙を媒介とする構造化インタビュー法（基本項目を設定し聞き取りチェックしたうえで、時間の許す範囲で項目に関する事情を聞き取る方法）により、第1次調査2003年9月、第2次調査2003年12月～2004年1月（5泊ばかりのタイ人労働NGO宅へのホームステイを含む）、第3次調査2004年3月、個票レベルでは16事例を収集した。事例はタイ人労働NGO（TLR：Thai Center for Labour Rights）の協力を得て選定し、立地個別企業や周辺のコミュニティに関して地図を作成した。簡易図は図1とした。

「家内労働に関する調査」（NSO 2002）では、地方・地域別レベルのクロス表をみることが可能であり、非熟練職で、かつ電子部品製造に関わるものが、タイ中央部（首都バンコクを除く周辺県）において合計1,000人ほど観察される。電子部品関連の工業団地外にある下請け工場に働く労働者に面接することができたが、家内労働として電子部品を扱うものは発見できなかった。電子部品の技術的中核をなす部分は、当然ながら非熟練労働者に委託するわけにはいかない。したがって委託工程は、簡単な検査や研磨に関わる部分で、タイ人下請け中小企業であった。また大工場でも構内派遣労働者を使用しているところもあるようだ。この探索のなかで、ラバー製造を扱う日系企業も、かつては家内労働に出していた仕事を、よりコストの安い刑務所に委託していることが判明した。

一口に家内労働者（homeworkers, タイ語 Phuu rap ngaan maa tham thii baan）というが、タイの国家統計局は以下のような形態で仕事をする個人を家内労働者としている。

①雇い主の事業所以外のいかなる場所でもよいが、事業所以外で就労している。
②雇い主と合意した数量につき、雇い主に対して納入する義務のあること。他の者に売却する機会がある場合があってもかまわないが、1ヵ所に対する仕事では

投稿論文

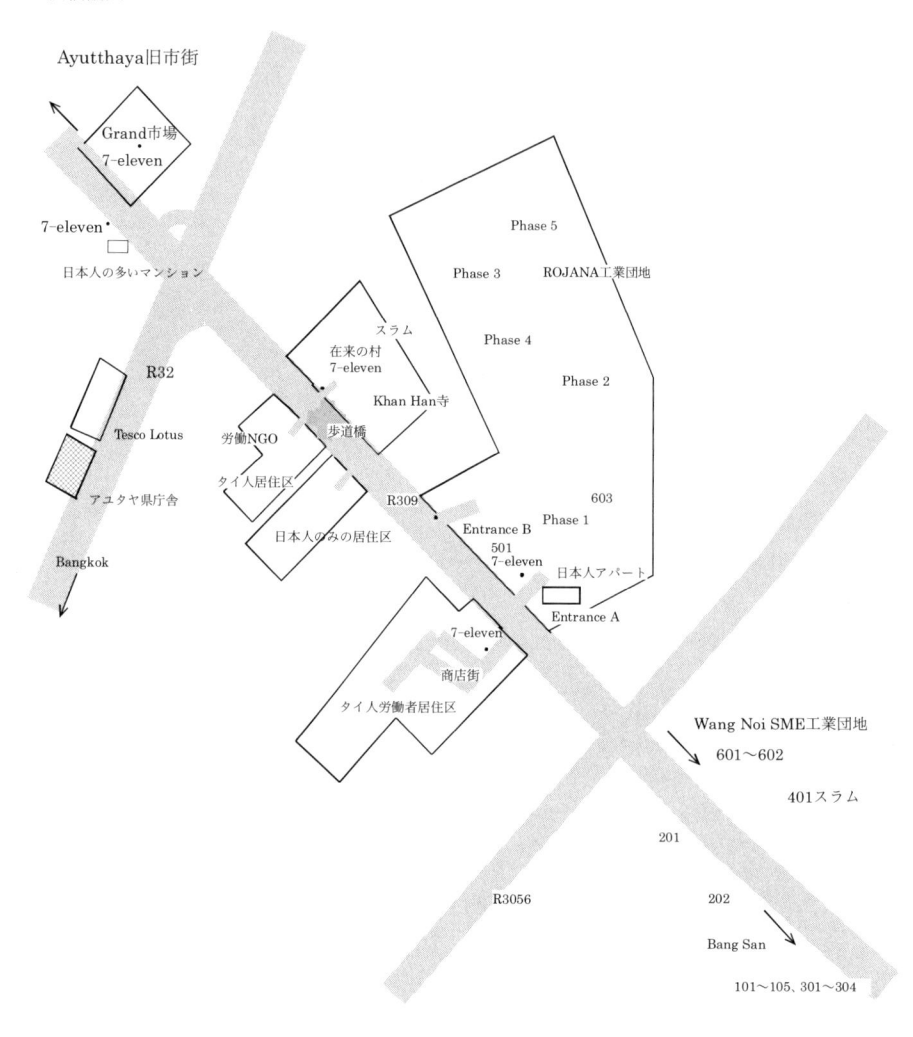

図1 ロジャナ工業団地周辺簡易図

ない場合、雇い主はいないとみなす。③雇い主との間で報酬に対する合意がある。雇い主が決定する場合、家内労働者が決定する場合、両者が合意した場合のそれぞれを含む。④雇い主の決定に従って業務遂行する必要のあること。

さらに統計は家内労働者として以下の3形態を分別している。①請負労働者（contract workers）：請負の仕事を1人で行う、または補助作業者と行う労働者。

ときには他者に労務提供を行う。仕事を請け負う場合は、雇い主と合意した請負報酬を受け取る。②無給家内従業者(unpaid homeworkers)：個人で家内労働を行う者の補助的作業をする者で、家内において、あるいは家内労働を行う者と同一場所で働く無給の者。③下請け業者(subcontractors)：雇い主から報酬を受け取り、家内労働者に仕事を提供する。下請け事業者は1人で作業をする者ではない。しかし、家内労働者に仕事を供与した数量によって雇い主から報酬を受けている者。

1999年と2002年の家内労働調査を「全産業」で比較すると、下請け業者、家内労働者、無給家内労働者(具体的には商業や縫製業における家族労働)の構成比にはあまり変化がないが、実数でみると家内労働者数は187％の増加、無給家内労働者数は207％の増加となっている。産業別で「卸小売業」と「製造業」を取り出してみると、全産業に占める比率は「卸小売業」は3.3％から20.2％へと増加、「製造業」は95.4％から77.3％へと減少し、サービス経済化の傾向が窺える。「製造業」における家内労働者数は153％の増加、無給家内労働者数は162％の増加となっており、産業のサービス経済化が進行しているとともに、無給家内労働者数の増加という形で、雇用構造のインフォーマライゼイションが生じている傾向がみてとれよう。

表1　産業別家内労働分類と比率（タイ全国）1999年、2002年

2002年が対象	15歳以上	下請け業者(Subcontractor)	家内労働者(Contract Worker)	無給家内労働者(Unpaid Homeworkers)	計(縦%)
全産業		2,971 0.5%	473,565 80.0%	115,699 19.5%	592,235 100.0%
卸小売業		400 0.3%	95,472 79.8%	23,761 19.9%	119,633 20.2%
製造業		2,389 0.5%	369,059 80.6%	86,570 18.9%	458,018 77.3%
1999年が対象	13歳以上	下請け業者(Subcontractor)	家内労働者(Contract Worker)	無給家内労働者(Unpaid Homeworkers)	計(縦%)
全産業		2,725 0.9%	253,137 81.2%	55,928 17.9%	311,790 100.0%
卸小売業		53 0.5%	8,927 86.4%	1,354 13.1%	10,334 3.3%
製造業		2,571 0.9%	241,401 81.1%	53,595 18.0%	297,567 95.4%

出所）National Statistical Office (NSO) 2002, *The 2002 Home Work Survey* およびNSO 1999, *The 1999 Home Work Survey* より筆者が作成。

表2　アユタヤ近郊労働者調査ケース一覧

ケース番号	性別	年齢	婚姻上の地位	夫婦共働きか	子供数	出産時の母親年齢	子供との同居の有無	出身地	出身地域	現住地での同居家族数	教育歴	登録家族数	働き手人数	個人年収	登録家族年収	海外渡航の経験の有無	国内出稼ぎ者数	海外出稼ぎ者数	仕事の安定性
101	男	25	同棲	共働き	1	NA	×	スパンブリー	農村	2	中卒	9	3	84,000	20万～30万	×	3	0	まあ安定
102	男	26	同棲	共働き				ウドンタニ	農村	2	中卒	3	2	84,000	216,800	×	2	0	まあ安定
103	女	25	既婚同居	共働き	1	18	×	サコンナコン	農村	2	中卒	9	3	84,000	20万～30万		5	0	まあ安定
104	女	19	既婚同居	共働き				ナコンサワン	農村	2	中卒	5	3	84,000	276,800	×	1	0	まあ安定
105	女	32	同棲	共働き	1	26	×	ウドンタニ	NA	2	小卒	6	2	84,000	216,800	×	2	0	まあ安定
201	女	36	既婚同居	共働き	1	26	○	アユタヤ	都市	3	MBA	3	2	300,000	50万～100万	仕事	0	1	NA
501	女	40	既婚別居	妻のみ				コンケーン	都市	1	小卒	5	1	36,000	2万～5万	×	0	1	まあ安定
202	女	47	既婚同居	共働き				アユタヤ	農村	2	小卒	2	2	60,000	10万～20万	観光	0	0	安定
301	男	18	独身					サゲーオ	農村	1	中卒	6	NA	54,000	NA	×	0	0	まあ安定
302	女	31	既婚同居	共働き	1	23	×	アントン	農村	2	高卒	5	4	30,000	20万～30万	×	0	0	まあ安定
303	女	19	既婚同居せず	妻のみ				サゲーオ	NA	1	未就学	5	NA	48,000	10万～20万	×	0	0	まあ安定
304	女	32	既婚同居	妻のみ	1	NA	×	カンチャナブリ	NA	2	高卒	5	1	40,000	2万～5万	×	0	1	まあ安定
401	女	35	既婚同居	共働き	2	17 20	○	アユタヤ	農村	4	小卒	4	2	48,000	96,000	×	0	1	不安定
601	女	29	独身					アユタヤ	農村	7	ポーウォーソー	10	5	120,000	10万～20万	×	0	1	安定
602	女	30	既婚同居	共働き	1	26	×	チャイヤプーム	都市	2	短大	5	2	120,000	30万～50万	仕事	0	1	まあ安定
603	男	33	独身					アユタヤ	農村	4	ポーウォーチョー	4	1	180,000	20万～30万	×	0	0	不安定

3. 地域工業開発過程における労働者類型の形成

　工業団地造成は、在来コミュニティにさまざまな新規居住者を呼び込み、新たな労働者コミュニティが形成される。これらの諸集団は、経済的発展という側面

タイ国における工業開発とインフォーマル化

2003年9月

就業方法	就業による月収	就業期間(年)	労働時間OT含一日	労働組合加入の有無	疾病による通院月回数	転職回数	失業経験回数	解雇手当受給の有無	家族親戚への送金	送金額	同居配偶者の年齢	配偶者の職業	配偶者の教育歴	配偶者の月収	父親の年齢	農地面積ライ	農地所有形態
友人の紹介	7,000	3	12	×	1	2	2	×	○	1,500	23	被雇用者	中卒	7,000	45	15	所有
求人広告	7,000	1	12	×	0	3	1	×	○	3,000	32	NA	小卒	7,400	54	50	所有
友人の紹介	7,000	3	12	×	0	2	NA	×	○	2,000	26	NA	中卒	7,000	故人		所有
友人の紹介	7,000	3	12	×	0	0	0		○	2,000	22	NA	高卒	7,000	47	20	所有
友人の紹介	7,000	1	12	×	1	2	0		○	2,000	33	NA	中卒	7,000	故人		
委託元で働いた経験	4,000	5		×		2	0		○	5,000	34	被雇用者、技術部門、電子部品	ポーウォーソー	5,000	故人		
友人の紹介	4,000	6	12	×	1	1	1	×			45	農作物運送トラックの運転手	わからない	6,000	故人		
父母の職業を受け継ぐ	5,000	27		×	0	1	0		×		44	米作、自営、30ライ、所有地	小卒	5,000	故人	30	所有
友人の紹介	4,500	4、5ヵ月	12	×		3	3		○	2,000					40	8	所有
自分で	4,500	5ヵ月	10	×	1	10	0		○	4,000	26	被雇用者	中卒	4,500	53	25	所有
友人の紹介	4,000	1ヵ月	10	×	1	3	5	×	○		28	料理助手	小卒	5,000	45		
自分で	4,500	5ヵ月	10	×	1	3	1	×	○	3,000	28	美容師、正規従業員	中卒	6,000	故人		
縫製労働者の経験	4,000	10		×		NA	NA		×		36	夫はカッティング作業	小卒	4,000	72	7	所有
自分で	10,000	1年未満	12	○		1	0		×						70	35	所有
友人の紹介	10,000	4	12	○		3	1	○	○	4,000	30	会社職員	ポーウォーソー	10,000	77	75	所有
友人の紹介	15,000	12	16	○		0	0		○	2,000					57		

からだけみても必ずしも利害関心が一致するとは限らず、工業団地運営をめぐる利害関係者(ステイクホルダー)を生み出し、場合によっては構造的緊張を生じせしめる。労働運動の形成と方向性をみる前提として、いくつかの類型を検討しておこう。調査項目については紙幅の許す範囲で、**表2**に一覧としてまとめた。宗

表2 アユタヤ近郊労働者調査ケース一覧 2003年9月（続き）

ケース番号	父親の職業（回答者一二三歳時）	父親の教育歴	母親の年齢	母親の職業（回答者一二三歳時）	母親の教育歴	月当たり平均休日日数	老親との同居	老親の世話・介護	自身の老後の世話
101	農業	小卒	40	農業	不明	2日	状況による	老親の面倒をみるのは当然	配偶者
102	売店、農業	小卒	53	売店、農業	小卒	2日	子供	時間があれば	配偶者
103	不明	小卒	63		不明	2日	状況による	時間があれば	娘
104	農業	小卒	36	農業	小卒	2日	状況による	老親の面倒をみるのは当然	配偶者
105	不明	小卒	故人	農業	小卒	2日	状況による	老親の面倒をみるのは当然	娘
201	請負、建設	中卒	55	主婦	小卒	4日	状況による	老親の面倒をみるのは当然	息子
501	夫婦で商店経営	小卒	故人	夫婦で商店経	小卒	4日	子供	老親の面倒をみるのは当然	甥姪
202	農業	小卒	70	主婦	中卒	機会に応じて	子供が同居	老親の面倒をみるのは当然	甥姪
301	農業	小卒	39	農業	小卒	4日	息子	老親の面倒をみるのは当然	施設を利用
302	陸軍	高卒	46	農業	小卒	1日	子供が同居	老親の面倒をみるのは当然	娘
303	建設労働者	小卒	44	ユウカリの伐採	小卒	1日	娘	老親の面倒をみるのは当然	わからない
304	建設労働者	小卒	59	主婦	未就学	1日	子供	老親の面倒をみるのは当然	娘
401	鉄工所	小卒	71	ガラス工場	小卒	3日	娘	老親の面倒をみるのは当然	娘
601	農業	小卒	68	農業	小卒	4日	子供	老親の面倒をみるのは当然	わからない
602	農業	小卒	70	農業	小卒	8日	状況による	老親の面倒をみるのは当然	配偶者
603	労働者	小卒	58	売店	小卒	4日	状況による	時間があれば	わからない

教はすべて仏教で、血統は201のみ華人系タイ人で、他は純タイ人と回答した。

(1) ロジャナ工業団地内

　アユタヤ県には、ハイテック工業団地、バンパイン工業団地、サハラタナナコ

ン工業団地、ロジャナ工業団地がある。ロジャナ工業団地と同名の工業団地がラヨン県にもあるが、これはアユタヤ県ウタイ郡に位置する。開発に当たったロジャナ社は、1988年設立、資本金6億バーツ、主要株主はMr.Direk Vinichbutt（社長）および一族、住金物産、SARASIN GROUP。日系企業は、日立製作所、TDK、三洋電機、沖電機、ニコン、日本ハム、住友倉庫、ミネベア、大同特殊鋼、サンデン、タイガースポリマー、松下電工、ホンダ、日本電産、ヒラタ、昭和アルミニウム、パイオニア、興国インテック、カツヤマファインテック、中埜酢店（なかの：ミツカン）、住友金属鉱山、アート金属工業、日本梱包運輸倉庫、帝人、古河精密金属があり、62社を占める。資本国籍は11ヵ国に及び、92社が入居。

タイ・ホンダでは、連結子会社、関連会社で23社を運営。Asian Honda Motor Co. Ltd.（連結子会社）がアジア地域の統括機能を持ち、バンコクにオフィスを構える。タイにおける四輪車の製造・販売は Honda Automobile (Thailand) Co. Ltd.（連結子会社）が受け持ち、ロジャナ（アユタヤ）に工場がある。アセアン地域における金型・生産設備の研究開発機能を担う Honda Engineering Asian Co. Ltd.（連結子会社）もロジャナ（アユタヤ）に立地する。中卒で5年から6年の課程だという職業訓練校も設立している。ロジャナには、関連会社の Keihin Auto Parts、Thai Nippon Seiki が立地。ホンダは周辺に比較して賃金レベルが高く、タイ人マネージャークラスで、月3万バーツに加え、年6ヵ月のボーナス（勤続15年以上、勤続年によって月掛け率が異なり、短い場合は低くなる）が付くから、年収54万バーツになる。日系流通運輸会社のタイ人マネージャーは月2万バーツくらいだそうだ。

化学繊維を製造するインド系企業の青年労働者の事例を紹介する。
□603（第2次調査2003年12月）
　33歳男性。独身。地元の出身、父母、義兄と同居。月収15,000バーツで、労働時間は16時間と長く、ポー・ウォー・チョー（職業高校）を卒業してからずっと同じ会社で働いている。父母の職業は農業ではないらしい。

資本国籍によって異なる勤務時間：通常、オフィスを典型とする勤務時間は、8：

00〜17：00である。ラインリーダー層で月収10,000バーツ以上、事務職、技術職、管理職等、オフィス型就労は10,000〜20,000バーツである。日系企業の工場労働では、7：00〜19：00、19：00〜翌朝7:00までの2交替制が通常である。つなぎの4時間余りがOT（時間外で1.5倍の時給）となる。インド系ポリエステル工場では、7：00〜15：00、15：00〜23：00、23：00〜翌朝7：00であり、8時間拘束でOTがない。しかし、欠員状況によっては労働者が7：00〜23：00までの8時間のOTで働く場合もある。ライン労働で月7,000〜8,000バーツになる。日系企業の賃金はよいが、2交替制であるときついようだ。このインド系企業の労働者数人（すべて組合員、従業員数700人の内、組合員約400人）が年末の仕事明けでウィスキーを飲んでいるところに臨席して話を聞いていたが、組合執行部で運動方針を巡って会社寄りの右派とそうでない左派との対立が生じていた。

タイ労働法の枠組みでは、労働組合は登録制であり、同一職種の組合の分裂は好ましくないとされるから、執行部のヘゲモニーが変化することによって、組合の運動方向が変化するという構造を持っていることが窺われる。

(2) 工業団地外における周辺の労働者状況

第1次調査時（2003年9月）にアユタヤ市郊外のロジャナ工業団地周辺の居住地集落において面接聞き取りを実施した経営者、労働者13ケースの個別の特徴について検討する。

□101〜105

ロジャナ工業団地外に立地する電子部品基盤製造会社に勤務する若年労働者層5名。ロジャナ工業団地にあるミネベア（日系）の電子部品基板の下請け会社の従業員。タイ人経営の中規模企業で、従業員約600人。ミネベア1社の下請けで、IC部品の製造をしている。労働者の居住地区はルンサラミー（地名）。労働時間は、7:00〜15:00、15:00〜23:00、23:00〜7:00の3交替制。日系企業は2交替が多く、インド系やタイ人経営は3交替制が多い。面接したのはQC部門の労働者。全員が1日平均労働時間はOTを含め12時間。月収7,000バーツ。

検査業務で目が疲れやすいが、とくに化学物質の問題はない部門。他の部品基板製造部門では、金属粉塵などの問題がある。1階が自社工場や労働者向け

タイ国における工業開発とインフォーマル化

の日用品の売店、その階上にある労働者用アパートに居住している。勤務時間はきつく、周辺にこれといった商店もないので、この1階の商店で日用品を買うことになる。しかも有料クーポン券が配布される。このクーポンには、割引や、会社補助はない。

工場の上階にある賃貸アパートは、20平方mくらいの広さ、月1,500バーツ。電気水道代を含むと月約2,000バーツの住居費。

出産休暇は労働法規上3ヵ月あるはずで、そのように回答している。福利保健関係では、勤労者用のプラガンサンコム（社会保険）が適用されるほかには特にない。労働組合はなく、労働NGOに対する期待として「支援」を希望する者が数人いた。海外渡航の経験のある者はいない。

□101　男性、25歳、同棲共働き、子供1人同居せず、副業なし。中卒。18～21歳：電子部品製造の民間企業従業員。現住地とはバスで4時間以上離れた国内で、従業員数300～499人、月収4,000バーツ。

□102　男性、26歳、同棲共働き、子供あり同居せず、副業なし。中卒。19～26歳：商店の売り子。バスで1時間以内。26歳：家族親戚の手伝いの売り子、月収5,000バーツ。

□103　女性、25歳、既婚同居共働き、子供1人同居せず、18歳で出産。副業なし。中卒。16～25歳：漁業関係の会社の従業員。バスで1時間以内。月収5,000バーツ。18～20歳：結婚して子供ができたので就業中断、主婦。25歳～現在：現職。

□104　女性、19歳、既婚同居共働き、子供なし、副業なし。中卒。16歳～現在：現職。

□105　女性、32歳、同棲共働き、子供1人同居せず、26歳で出産。副業なし。小学卒。29歳～現在：現職。基本は主婦であったようだが、初期の職業キャリアは不明。両親は借地による農業。

次に下請け業者の例を検討しよう。従業員規模45人、性別内訳は、男8人、女37人、男性は班リーダーとなるのがふつうである。24人は地元のアユタヤ出身、他はコンケーンなどの東北地方出身。工業団地付近のバンサン（地名）に立地。下

請け事業主ではあるが、従業員の他に家内労働者がいないので、家内下請け業者ではない。なお統計では、従業員の人数の規定はなく、全産業で家内労働者（contract worker）の36.9％は自分1人だが、家内下請け業者（subcontractor）の48.5％は従業員規模が10人以上である（NSO 2002）。

□201　女性、36歳、既婚同居共働き、子供1人同居、副業あり。学歴MBA取得。宗教は仏教であるが、華人系。ミネベア（バンパイン工業団地に立地）から請負の電子部品検査（VCDレコーダーの中心軸受け部品の検査）の小規模企業を夫婦で経営している。妻が経営者で、夫は技術関連の管理職役割である。電子部品製造業における下請け事業者ということになる。夕方からは副業として夫の経営する中規模の野外レストラン（ステージがあり、生演奏もある）を家族従業員として手伝っている。22〜28歳まで、ハイテック工業団地にあるキャノン（日系電子部品）で生産管理のスーパーバイザーとして働く。29〜35歳までバンパイン工業団地にあるミネベアで生産管理のアシスタント・マネージャーとして働く。そこでつながりがあり、現在の下請け事業の経営を始めた。

　検査の単価は、0.10バーツで、投資もかなりしている。検査用マイクロスコープ10万バーツ、コンピュータ5万バーツであり、自動車は仕事用と自家用の2台を所有している。2台で90万バーツ、月3万バーツのローンだそうだ。

　従業員の労働条件は、作業場敷地内にある労働者アパート分の補助が月3,500バーツ、就業による月収4,000バーツ。請負業者としての問題は、「請負単価が安い」「仕事量の不足」を指摘した。受注単価は親企業が決めるとのこと。作業上の問題点としては「視力の酷使」、必要とする助成として「委託作業の紹介」をあげた。

　30バーツ医療制度については、民間クリニックへ行けば足りるので、使ったことがない。日本へ仕事で行ったことがあり、家族親戚の海外出稼ぎ者1人というのは、妹が日本で結婚しているということ。

□501　201とリンク、ケース番号201の下請け業者（Subcontractor）に就業する女性、工場労働者、40歳（ロジャナ工業団地に隣接する商店街にある貸間に居住）、既婚別居、子供なし。副業あり。小学卒。13〜18歳：両親の商店の手伝い。19〜33歳：500人以上のテキスタイル企業の工場労働者。会社都合による失業、

現住地よりバスで1時間以内の場所。34歳～現在:ケース番号201の電子部品下請け業者で働く。バスを使って通勤しているが、クリーニング店の上階に間借りして、副業として衣料のクリーニングをしている。従業員として1日当たり3時間、全体収入の5%未満だそうだ。契約期間はなし、すでに勤続6年。月1回、胃病で通院。家族親戚で海外出稼ぎ者1人というのはイラクで就労している。

地域で工業団地とは関連のない在来型事業を営む例を示す。家内労働の下請け業者に分類される。

□202　子供はなく、夫婦で縫製関係のエージェントをしている。女性、経営者、47歳、ガムナンと呼ばれるタンボン（行政村）の代表である。工業団地開発はあまり好ましくないとみている。意識や行動も伝統型（仏教行事を欠かさない等）そのものである。観光でマレーシア、ラオスの近隣諸国へ行ったことがある。

労働安全面では、着色染料やゴムの臭気が気になり、頭痛や皮膚のかゆみを生じるという。しかし健康状態に夫婦揃って問題はなく、病気になった場合は民間のクリニックへ行き、30バーツ医療制度は必要ないそうだ。

設備投資としては、裁断機（布）1台当たり9,500バーツ、4台で38,000バーツ。ミシン2台で20,000バーツ。自家用車2台で95万バーツ、購入はキャッシュによる。長い職業歴のなかでコツコツ貯金すれば買えるそうだ。

受注先は複数で、バンコクのボーベー市場（衣料関係の卸業者が集積していることで有名）でオーダーを取る。契約期間はとくに決めていないが、27年の経験がある。受注単価は自分で決めるとのこと。副業として、米作、マンゴー園を30ライ自営している。夫婦だけでなく30ライ3万バーツ分の手伝いを雇う。副業は収入の10～20%で年約3万バーツ。

ガムナンは集落（ムーバーン、村と訳す場合もある）長の互選であり、報酬は月2,000～3,000バーツで活動する。基本は、政府政策の住民への徹底周知、実施が目的である。[6]

タイの家内労働では、縫製関係への従事者が多いが、その典型を示す家内労働

者(homeworker内のcontract worker)の例である。

□401　女性、家内縫製労働者、35歳。典型的な衣料関係の家内労働者。ロジャナ工業団地周辺のコミュニティ。初婚で2人の子供をもうけ、離婚し再婚したが、再婚での子供はない。自宅は母親の所有で、敷地800平方m（但しスラムで沼地に建っている）。家内労働の問題点として「支払いがクレジット制で、2週間遅れる」「仕事場所が狭い」「仕事量が不足」「投資資金がない」「長時間労働」「安全衛生面」をあげ、労働安全上の問題の内容は、「化学物質の使用」「作業姿勢」「カッティング機による足の指のけが」「布・ゴムによる粉塵」である。仕事上の必要な助成事項として、「仕事量の確保」「投資資金の助成」「必要な機械への助成」をあげた。受注単価は自分で決めるとのこと。投資設備としては、裁断機カッティング12,000バーツ、ミシン2台21,400バーツ、ハサミ2コ300バーツ。製品搬送用のモーターバイクが2台で約8万バーツ、月2,400バーツ×30ヵ月＋頭金8,000バーツのローンだそうだ。家族親戚の海外出稼ぎ者1人は、兄がヨルダンで就労している。

労働状況としては、NSO家内労働調査における問題点の指摘と重なっている[7]。

縫製家内労働関係の成り立ち：衣料縫製産業関係の流通生産構造は、一般的にいって非常に複雑である。筆者はかつて丹後ちりめん織物業について調べたことがあるが（青木 1987）、京都問屋→産地問屋→代行店→親機→賃機といった複数の段階を経る流通生産構造を持っているのが特徴である。また、タイでは出身国籍を喪失してタイ国籍となっているインド人などが活躍している。化学繊維系の企業は、インドのビルラ財閥関連会社が活躍している。日系とされるエラワン・テキスタイル（丸紅、東洋紡績、ギアンシン・アマルナートの合弁）、ドゥシット・テキスタイル（エラワン・テキスタイルと丸紅、東洋紡績との合弁）もインドの財閥系企業である（佐藤 1995）。タイの縫製工場は大規模なものも多く、輸出用製品や、生地や品質のグレードが高いものは従来型の家内労働を利用するものは少ない。縫製工場の見学は2社実施したことがある（青木 2001）。

NSOの家内労働調査によって、業種別の職業構成をアパレル衣料、電子機器製造に注目してみると、アパレルでは職人・販売関係の職業構成が大きく膨らんで

表3　家内労働者（下請け業者、無給を含む）の職業構成

アパレル衣料	人	%	電子機器製造	人	%
管理職	276	0.2%	管理職	21	1.5%
テクニシャン	164	0.1%			
事務職	232	0.2%			
職人販売関係	147,214	95.9%			
機械操作組み立て	1,703	1.1%	機械操作組み立て	337	23.4%
非熟練職	3,923	2.6%	非熟練職	1,080	75.1%
計	153,512	100.0%	計	1,438	100.0%

出所）NSO 2002より筆者が作成。

おり、複数の段階のある流通生産構造の存在をみてとれる（**表3**）。

□301～304

　この事例もケース番号101～105と同様に、工場の上階にあるアパートに居住している労働者例である。アパートは会社側供与、そのためもあり月収は4,500バーツ程度と非常に低い。ロジャナ工業団地外の周辺に立地している。従業員規模10～49人のタイ人経営の小規模企業で、1社（ナワナコン工業団地にあるアメリカ系企業）のみの下請け業者。開業してまだ5ヵ月余り。CDROMホルダー部品の研磨、ケバ取りを請け負っており、未完成部品が、工場にその都度搬入される。化学物質の使用はないが、研磨時の粉塵は気がかりなようで、全員がマスクを着用している。勤務時間は、8：00～17：00、残業が普通18：00～20：00。交替制はなく、残業で処理する。勤労者用社会保険プラガンサンコムがなく、労働基準に達していないと推定される。

□301　男性、工場労働者、18歳、独身。出身はサゲーオ県（カンボジアと国境を接する東部）農村部で、両親は小規模の農業。中卒で15歳から就労を始めて、転職3回、失業3回。アパート会社側供与で月収が4,500バーツであるのに、2,000バーツも両親へ送金している。現金収入獲得のための出稼ぎ的な性格が非常に強い。

□302　女性、工場労働者、31歳、既婚同居で共働き。子供は1人いるが、母方祖父母に預けている。アントン県（アユタヤの隣接県）の農村部出身。夫の同額給与と併せて月収9,000バーツであり、生活できるが、子供は預けて、4,000

バーツ送金している。子持ち出稼ぎ労働者の典型的なタイプと言えよう。

□303　女性、工場労働者、19歳、既婚であるが同居していない。子供はなく、教育歴も1年通っただけの未就学状態であり、これも301と同じサゲーオ県出身である。

□304　女性、工場労働者、32歳、既婚同居。子供は1人で、母方祖父母に預けている。送金も子供に向けて月3,000バーツ。美容師の経験があるようで、副業は美容師の助手で、夫が美容師として働いている職場の手伝いであるようだ。現在の仕事も不満足と回答しているから、次のステップを考えているかもしれない。

　工場団地内の企業の条件と比べ劣り、出身階層も辺境地域であったり、あまり豊かではない。就労志向も一時的な出稼ぎで、自営業志向も強いかもしれない。また労働NGOに対する期待も薄い。余暇の過ごし方も、周りに店舗等何もなく、「自宅で過ごす」に○がついているだけだ。

(3) ワンノイSME工業団地

サポーティング・インダストリーとしてのタイ・ローカルの中小企業はなかなか育っていないと指摘されてきた（八幡・水野1988）。タクシン政権はSME工業団地の育成や、地場産業の活性化（1タンボン1特産物運動）に熱心だ。しかし、チェンマイの地場産業活性化という視点でのSME政策とアユタヤ近郊のSME工業団地造成とは、業種も担い手も大きく異なる。デパートでの展示即売をみれば、チェンマイの場合は、いわゆる外国人観光客が買う「おみやげ」品である。アユタヤ近郊のワンノイSME工業団地は民間造成で、不動産は日系デヴェロッパーが扱っている。入居企業は、ほとんどが自動車部品や電子電機部品を製造する日系中小企業である。日本人幹部は、バンコクから車で通勤している。

□601　ワンノイの中小企業工業団地の日系企業に勤務する29歳女性。独身。出稼ぎタイプではなく、地元の農家出身。典型的な屋敷地共有世帯（複数の親族が同じ屋敷地内に家屋を別にして同居するタイプ）。労働組合員。

□602　ワンノイの中小企業団地の日系企業に勤務する30歳女性。労働組合員。既婚で子供1人あり。出身は東北部チャイヤプーム県。日本の長野県で1年働

いた経験がある。そのときの貯金は乗用車を買って使ってしまった。平屋長屋型のアパートは月1,000バーツ。年収入が30万バーツとなっているが、昨年は特別で日本での収入を合計したものである。家族親戚の海外出稼ぎ者1人はイラクで就労。

詳細は描きにくいが、類型を「社会的地位と収入」および「直接投資関連度」という2次元の軸でまとめてみれば、図2のようになるだろう。工業団地に関連が深ければ、収入も高く、在来のコミュニティで工業団地に関連が弱い住民ほど不利益を被る。202の例はガムナンの事例であるから、収入は高くなくても、在来のコミュニティのなかでの社会的地位は高いと推測される。労働組合が形成されているのは、工業団地労働者および日系SMEという、相対的に労働条件の良好な職場に限られる。

筆者自身による確認をすることはできなかったが、不法就労外国人や児童労働も潜んでいる可能性がある。児童労働は、タイ人の問題というよりもカンボジア、

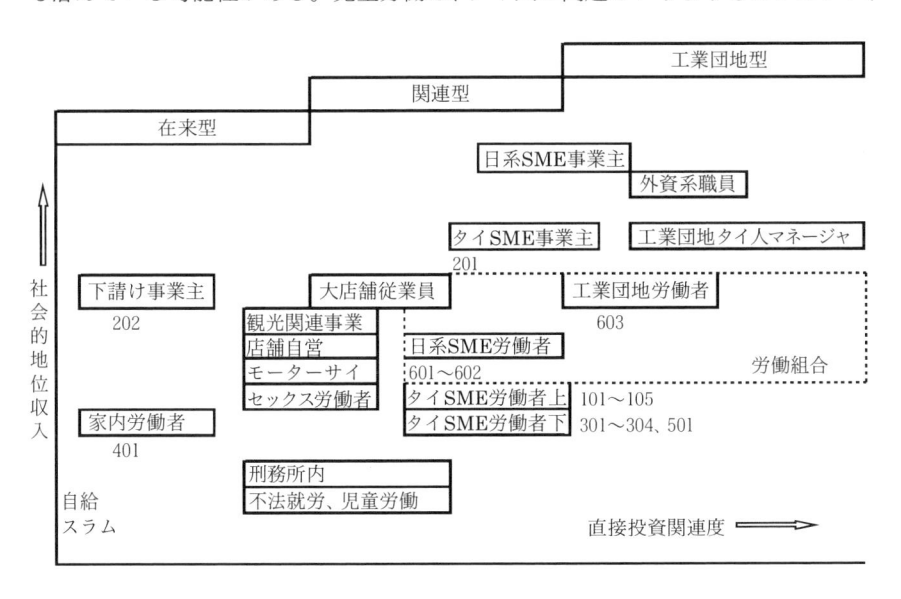

図2　労働者類型のコミュニティにおける位置づけ

注）カテゴリーに付随する番号は、ケース番号に対応。

ミャンマー、ラオスからの不法就労者の問題に転換している（例えば最近のBangkok Post 2003, 27th Dec.）。セックス労働者は合法化とともに社会保障の対象者とする政策方向がある(Bangkok Post 2004, 7th, Jan.）。

4. 地域の消費生活と地域労働運動

(1) コミュニティの生活状況

地域の消費生活の側面では、大型の店舗やコンビニエンス・ストアーが形成され、コミュニティ生活に影響を与えている。近隣にTesco Lotusの大店舗がある（図1地図参照）。在来のグランド市場(いちば)も健在だが、休日のTesco Lotus内は、車で乗り付けた家族連れでいっぱいだ。内部にはMKスキ、KFC、マクドナルドなど大型スーパーではお馴染みの店舗が並ぶ。またクレジットカードとしてAeonがある。セブンイレブンもそこここに立地している。セブンイレブンは、従業員の休日がないことが大きな問題であるという(8)。

工業団地周辺2〜3kmには3つの在来のチュムチョン（コミュニティ）があり、世帯数で約200世帯、人数では1,000に届かないくらいである（労働者用アパートに居住する工場勤務の出稼ぎ者を除く）。男性が60％、女性が40％くらいだそうだが、女性の比率が低いのは、工場へ出稼ぎに行くからであり、男性はモーターサイ（バイクタクシー）や店舗経営（商店、飲食店）の自営業である。またアユタヤ旧市街は観光資源となる遺跡群が豊富で開発は規制されている。

しかし工業団地に隣接する在来のチュムチョン（コミュニティ）であるカンハム村の生活は良い方向にはない。カンハム寺を中心とするコミュニティであるが、水路にはプラスチックのゴミがたまり、工場排水によって汚染されているという。裏手には、スラム化した集落があり、出稼ぎやアユタヤ周辺での路上商店などで生活している。水路では、在来の網かごによる自家用漁業が行われており、魚への汚染が心配だ。

地域労働グループの事務所が道路R309を隔てた向かい側にあるが、出稼ぎ工場労働者のアパートは少なく、一時店舗が形成されたが、現在ではほとんど閉店している。ロケーションが悪いということもあるだろう。

日本人勤務者の居住地域は、工業団地周辺に3ヵ所あり、工業団地内のマンション、団地外のそばに日本人専用の住宅地、グランド市場の向かい側にマン

ションがある。

(2) 地域労働運動の状況

□労働NGOコーディネータ(トックさん40歳台)[9]

　家賃は月3,500バーツ、2階建ての連結長屋形式住居。1階は仕事用の事務所と奥に台所、ホンナム(トイレと水浴び設備のある部屋のこと)がある。一家は、娘さん2人(小学1年と3年)と奥さん(40歳台)とが同居しており、トックさん自身はサウジアラビアへ2年間出稼ぎに行ったことがある中卒のコーディネータだ。奥さんは専業主婦で、半年間、日本の長野県の電子関連企業で働いたことがある。組合の会合があるときなど、自宅前の路上で肉団子などを揚げて販売する。各企業組合が地域で連合を組んでいる事務所を管理運営することで収入を得ている。収入のもとは、労働組合の地域連合による拠出金の一部であるが、事務所自体はACILS（American Center for International Labor Solidarity：バンコクにあるアメリカの支援組織、大元はアメリカのナショナルセンター

表4　地域労働グループ一覧

	名　　称	組織地域
1	Labour Group Ayutthaya and Near By	ロジャナ工業団地を中心とする
2	The Rangsit Area and Vicinity Group of Unions	パトムタニ県ランシット
3	The Nawanakorn Group of Unions	パトムタニ県ナワナコン　ナワナコン工業団地
4	Saraburi Area Group of Unions	サラブリ県
5	Samut Sakorn	サムットサコン県
6	Rayong	ラヨン県
7	Eatern Region Group of Unions	チョンブリ県
8	The Phrapradaeng-Suksawas and Rasuraba Area Group of Unions	サムットプラカン県
9	Phuket Province Group of Unions	プーケット県　プーケットの場合は、著名な観光地ということからホテル労働者の連合体である。
10	Eatern Region Group of Unions	ビルラ・グループ。地域連合とは性格が異なり、インド系財閥資本ビルラの下で働く労働者の各地区の連合である。
11	The Omnoi-Omyai Area Group of Unions	ナコンパトム県のテキスタイルを中心とする地域連合
12	Central and Bangna-Trad Group of Unions	バンコク都

出所）Labour Diary 2002に筆者聞き取りを加えて作成。

投稿論文

AFL-CIOによる支援)の援助を受けている。

　地域労働NGOグループは、県レベルにおける地域連合組織であるが、法的な根拠は持たない。タイ全国で12の組織があるが(2004年3月現在)、工業団地や製造業の立地が多い県で活動している。アユタヤ県の場合、Labour Group Ayutthaya and Near Byとして、2002年8月設立された。[10]

　アユタヤ地域労働グループの場合、定期会合が月1回、年1回8月に大会を行う。加盟組織は、21組合1万人以上である。組合費の徴収方法はさまざまであるが、月20バーツの定額もあれば、給与の1％掛けで、月給1万バーツならば100バーツの組合費というところもある。地域労働者向けの労働相談を受け付けているが、2003年は、6、7、8月に工場閉鎖、賃金無払いなどのトラブルが多かったという。日系企業に関するものではなく、台湾資本などの企業だ。[11]

(3) 地域労働グループの課題（月例会）

　第3次調査(2004年3月3日)として月例会議に訪問し、観察、聞き取りを行った。アユタヤ県の労働省地方事務所に登録している労働組合、加盟組織、月例会議に参加した労働組合は**表5**の通り（アユタヤ周辺なのでバンパイン工業団地立地企業も含む）。日系企業が目立つのは確かだ。

　当日の月例会議での議題。まず次年度に向けた最低賃金の要求額。2003年地域最低賃金は、日額139バーツ、2004年地域最低賃金は、日額142バーツ、そこで現時点での要求額は、日額150バーツとされた。

　次に各出席労働組合の代表者から、個別労組の問題点につき発言があり、運営事務局代表から回答した。①昼休みの時間が短い、休日が少ないという労働条件上の問題点。タイでは最低賃金をはじめ、法規定が最高条件となる構造を持っているから、工業団地内の法遵守が可能な企業の労働組合では、重要なチェック事項となる。②労働者委員会登録問題：タイの労働法では、労働組合の登記が必要なのと同様、同時に企業内に設置しなければならない労働者（被雇用者）委員会についても同時に官庁へ届け出なければならない。[12]いくつかの労組で、この手続きが遅れていたが、単に役所の仕事が遅延しているからだろうということであった。

　③EGATの民営化問題：訪問時期に問題となっていたEGAT（タイ電源公社）の民

表5　アユタヤ県の登録労働組合と地域労働グループ加盟一覧

アユタヤ県の労働組合	アユタヤ地域労働グループ加盟	月例会出席組合(2004年3月)	製　品	資本国籍
1 インド・タイ	●	●	テキスタイル	インド
2 ウッド・ワーカー・ユニオン			木材加工、家具製造	華人系タイ人
3 C.I.A.			鞄、財布、スーツケースの製造	台湾
4 SUN FLAG	●	●	テキスタイル（ポリエステル）	インド
5 HITACHI	●	●	コンピュータ部品	日本
6 SRI THAI			自動車部品	タイ
7 NIDEC			電子部品	日本
8 Electronic Union			電子部品	日本
9 FASHION EXPRESS			縫製	タイ
10 Nakashima	●	●	自動車部品	日本
11 Aircon Parts Union			エアコン部品	日本
12 HITACHI COMPRESSOR	●		コンプレッサー	日本
13 Bang-Pa-In Paper			製紙	タイ
14 Jakkol Union			ギア製造	タイ
15 東レ ファイバー	●		化学製糸（エアバッグ用）	日本
16 THAI NISCA Union	●	●	コピー機器製造	日本
17 T.D.A. Rubber Union	●	●	ゴム	日本
18 Apico Hi Tech Union	未加盟	●	自動車部品	台湾
19 Drug & Medicine			医療器具製造	不明
20 V.P.B. Thai Yipsum	●		建材ボード	タイ
21 Samun Prai Thai Union	●		ハーブ	タイ
22 Honda	●		自動車製造	日本
23 ATECH	●	●	コンピュータ製造	タイ
24 A.A.L.	●	●	自動車部品、主にホンダの下請け	日本
25 Techno Daiwa	●	●	自動車部品、主にトヨタの下請け	日本
26 Century Textile			テキスタイル	インド
27 Nam Mali			日用品	タイ
28 Song Serm Sanden	●	●	冷蔵庫製造	日本
29 Nitto Denko	●	●	自動車部品、Nakashimaへゴム部品を供給	日本
30 I.P.E.	●		電子部品	シンガポール
31 Chin Suan Electronic			コンピュータ部品	日本
32 P.I.M.	●		電子部品	香港
33 Tesco Lotus Union (The Distributing Terminal and Transportation Workers' Union of Thailand)	●	●	配送部門	イギリス、シンガポール
34 ORIX Union	●		医薬品	スイス
35 Billion Union	●		コンピュータ部品	シンガポール

出所）筆者聞き取り。

営化について、筆者が意見を聞いてみた。揃って反対で、その理由は、電源公社労組のリーダーが発言している報道内容に沿ったものであった。つまり、電源公社が民営化されれば、外国資本が参入するとともに、電力料金が値上げされるという懸念である。アユタヤ地域労働グループは、ノンタブリ県の電源公社事務所前で行われた民営化反対のデモンストレーション（モッブ）には参加しなかったが、それは動員するのに遠いためである。[13]

「貧民連合（サマッチャー・コンチョン）」について「労働組合の会議では話題にしない」という共通理解があるようだ。パクムン・ダムの村住民会議（貧民連合の最小組織単位）では、電源公社の民営化に同じく反対と意思決定がなされたが、その理由は労働運動とは異なっている。つまり電源公社が運営する発電施設としてのダム問題の責任主体、交渉主体が有耶無耶になることについて抗議している。

5. 結びにかえて：タイで市民社会NGOは可能か

今回、貧民連合と労働組合とは、タイ電源公社の民営化反対というイシューを媒介とする接点を持ちうるが、全く別の問題意識から戦略を立てている溝は埋められていない。

ウンパゴン氏（チュラロンコン大学）は、民主的国家形成の一翼としての「新しい」「階級に基礎を置かない」社会運動と市民社会の構築という信念に基づくNGOの増殖に疑問を呈している（Ji Ungpakorn 2003）。NGOは運動路線において、しばしば国家管理の増大という意図せぬ影響を及ぼしており、組織内部においては、説明責任と民主化がおざなりにされているとする。

岡本英雄氏は、1994年のタイ人に対する環境意識調査（3,130サンプル）の分析で（岡本1997）、環境意識においても「先進国で歴史的に前後があったものが、後進国ではいっぺんに見られる」として後発効果の一種と考えることができるとしている。先進国の経験や考え方がいっぺんに伝えられるからと推測しているが、一方で「自国の経験からでてきたことでない場合に、その思想が行動と結びつかないおそれがある」と危惧をも表明している。

労働者コミュニティの状況をみてきたように、労働運動の実態はまだまだ草創期にある。解決すべき課題（労災職業病と公害問題）はいっぺんに生じており、NGOを典型として援助や運動の理念はバラバラに移入されるという難しい状況

をもたらしていると言える。

　労働運動と環境運動との具体的媒介を考察するとき、この矛盾点はより明確になる。それゆえに環境問題と労働問題との接点を考え、活動しているタイ人NGOはごくわずかである。タイ人環境NGOであるCAIN（Campaign for Alternative Industry Network）は、工業団地造成による環境への負荷を課題としており、ラヨーン県のマプタプット重化学工業団地についてレポートしている（Greenpeace Southeast Asia & CAIN 2003）。

　「工業団地等の労働者層の関心を、賃金、労働時間、労災、居住環境の4つの領域に分けて考えるとすれば、最も関心が強いのは賃金であり、それ故に環境問題への関心はそがれて、NGOとしても環境問題と労働問題とをリンクさせた活動を展開することは困難である。活動内容としては、環境調査レポート作成、労働災害事例のレポート作成がある。環境問題に対する教育・啓蒙活動が中心である。」（2004年1月筆者聞き取り）

　こうした利害関心の違いによる分裂の構図は、パクムン・ダムを巡る反対運動のなかでの「モッブ」用語の使用法や、住民間の摩擦、あるいはラムタコン揚水発電所建設での被害地域住民のなかで、賛否をめぐって3グループ（反対派住民、賛成派住民、EGATによる建設労働に就いている中間派）に分裂している状況とも重なりあう。

　労災職業病問題が1つの重要な契機となりうるという論点については、すでに触れた（青木 2004）。北タイのタイ人NGO Friends for friends（プアン・プア・プアン）の代表者発言（2003年7月：労災被害者の権利アジアネットワーク（ANROAV：Asian Network for the Rights of Occupational Accident Victims）、バンコクでの会議）を確認しておこう。

　「労働者は劣悪な労働環境と技能に関する問題に直面している。一つは、身体的な健康問題、もう一つは精神的なストレスの問題である。直接的な身体の健康問題としては、目に入る粉塵や騒音による難聴の問題がある。また直接的ではないが、1日中さらされ、体内に蓄積される化学物質による健康被害があ

り、蓄積が進むことによって病気になる。精神的なストレスの問題は、長時間労働、月に1日、2日しかない休日といった労働条件に起因している。多くの労働者が常に頭痛を訴えている。」[14]

「工場内での健康問題は、会社側で労災防具が装着されていないことにある。1997年のバーツ経済危機以後の低迷期には、労働安全器具を装着する費用を削減した。このとき、会社側は、自分自身で防塵マスクや手を保護する手袋を買って用意しなければならないのだ、と言った。また、会社側から支給される防具の品質は良くないし、十分ではない。マスクのフィルターなどもお粗末なものだ。北部工業団地の電子産業の例では、雇用主は器具をつけさせると工場の安全衛生条件がよくないのではないかと外部に思わせるから、つけさせないのだというおかしな考え方をしている。」

さらなる分析の役割は、それぞれの運動が活性化するよう、さらにお互いの接点を提示していくことにあろう。本稿では、工業団地およびその周辺の労働者の労働生活状況から、労働運動の実態を中心として、環境運動との関連を考えてみた。企業や行政サイドの対応問題については、機を改めて論ずることとする。

〔注〕
(1) ダム開発による環境破壊、住民被害の状況は、NPO法人メコン・ウォッチ（代表：松本悟氏）主催のスタディ・ツアー（2004年2月26日～3月2日）に参加した折りの知見、現地確認による。東北方言通訳および指導をしていただいたメコン・ウォッチのスタッフ、木口由香氏、東智美氏に謝意を表したい。なお本稿における誤り、誤解等は筆者の責に属する。主な訪問先は以下の通り。パクムン・ダムによる被害状況（非自発的移住、生活手段としての漁業への被害）、貧民連合被害住民の話し（抵抗運動の具体的状況、被害住民会議訪問）、ラーシーサライ・ダムの被害状況（塩害）、ラムタコン揚水発電所による被害状況（貯水池建造時の爆破被害）、TERRA（水資源に関するタイ人環境NGO）。なお地元有力者の土地転がし汚職に絡んだJBIC融資のクロンダン汚水処理場（主にバンプー工業団地などの工場排水の処理）プロジェクトは、すでに施設の大半が建設されてしまってからのプロジェクト中止であり、住民運動の代表は「世界の関心のある大学などとネットワークをもつ海洋環境研究所などにしたらどうか」と提案している（2004年5月19日現地筆者聞き取り）。貧民連合（The Assembly of the Poor）とその歴史については、Missingham 2003 に詳しい。
(2) タイにおける中小企業の定義は法律規定の形では存在しないが、2000年1月に成立した中小企業振興法（SME Promotion Act）では別途政令によって定めることとなって

いる。通常、固定資産額2億バーツ以下（あるいは未満）という定義が用いられる。タイ工業省工業振興局（MOI/DIP: Ministry of Industry / Department of Industrial Promotion）とタイ産業連盟（FTI: Federation of Thai Industries）は、固定資産額に加え、従業員数200人以下という基準を採用している。とくに製造業はタイ経済の中核であり、1999年でGDPの32％、総輸出の80％以上を占める。全製造業のうち中小企業は企業数の97.9％、従業員数の50.4％を占める（国際協力銀行・開発金融研究所（編）2001）。

(3) Kannikar Angsuthanasombat 2001.14のケーススタディによりインフォーマルセクターの類別をしている。①農村部の自営業、②小規模下請け企業：従業員5～10人、③家内就労下請け労働者。

(4) 本稿ではhomeは家内、homeworkerは家内労働者と記す。日本には家内労働法があり、法律の定義する範囲は製造業のそれであり、ITによる情報作成作業を対象としていない。就労場所に注目して在宅労働者とすることがあるが、この統計では下請け業者を含む。

(5) 労働関係法第95条　雇用、賃金引き下げ、解雇、報奨金支給、罰則適用の権限を有する監督者である被雇用者は、その他の被雇用者が設立した、または組合員になっている労働組合の組合員になれない。およびその他の被雇用者は監督者である被雇用者の設立した、または組合員になっている労働組合の組合員になれない。（タイ経済パブリッシング（株）1998）／労働省アユタヤ地方事務所行政官の回答：1つの事業所内に複数の組合が存在することは可能であるが、それは職位によるものである限り認められる。例えば、ホワイトカラーとブルーカラーの労働組合があってもよいが、同じ職位で、分裂することは認められない。／労働NGO・TLR活動家のコメント：同じ企業内の組合でも10人以上の組合員数ならば、いくつでも労働組合は登録できる。もちろん二重加盟はできない。実際、行政官は何もコメントせずに申請を受理するだろう。そうしなければ違法だ。左右の組合分裂は可能だが、私も好ましくないと思うし、タイではこうした事例はわずかだ（2004年9月談）。

(6) 実際の集落の固まりが村落（ムーバーン）、村落が数個集まって行政村（タンボン）が形成される。行政単位としてはタンボンが村。タイの行政村は約5,500、数行政村が集まって郡（アンプー）、数郡が集まって県（チャンワット）となる。タンボンの長がガムナンである。

(7) NSO 2002. ◆問題点：家内就業者における最も多い問題点は、請負工賃（40.9％）であり、工賃が見合うものではない、工賃支払いの遅延、受取額が契約に沿っていない等。次が、請負仕事の不足（37.4％）、労働安全衛生上の問題（33.2％）、残りの問題点は、資金不足の問題、作業場が狭苦しい、労働時間が長すぎる、である。◆労働全衛生において、現在最も関心のある事項は、健康問題である。労働安全衛生上の問題で最も多いのが、目（10.7％）、次に作業中の姿勢（9.1％）、痛みやだるさなどの身体症状で、長時間にわたる座り作業や立ち作業によって引き起こされる。粉塵や埃を吸い込まざるをえない（6.0％）、工具を使用する際の問題、健康に有害な化学物質を使用する問題、作業中の騒音の問題等。◆家内就業者が求めている援助は、家内就業者

の41.7％がコンスタントな仕事の発注を求めている。次に受注単価の率を保護する38.0％、資金繰り27.3％、続いて家内就業者の組織化の支援、技術・技能向上のための研修、作業工具の必要、アドバイスや健康相談。その他は、市場の開拓、仕事の斡旋、作業を援助する器具。

⑻ 「Tesco Lotus」はイギリス、シンガポール資本、安さが売り物の大型スーパー「BIG C」はタイ資本「Central Group」とフランス資本「CASINO Group」とのジョイント経営。クレジットカード会社「Aeon」は日本資本、7イレブンはもともとアメリカ資本であるが、日本のイトーヨーカドー・グループ出資の関連会社。タイ事業展開はCPグループ（タイ華人系アグロビジネス財閥）。店舗数は、1位日本(1971年開店9,447店舗)、2位台湾（1980年開店3,187店舗）、3位タイ（1989年開店2,042店舗）。

⑼ 本名ワニット・キインティ氏。2004年6月27日自動車事故で逝去。享年45歳。地域の環境問題に携わっているNGOを見つけたと知らせてくれて、次回一緒に話しを聞きに行こうと相談したばかりであった。

⑽ Friedrich-Ebert-Stiftung 2002による"Labour Diary"では、ナショナル・センター（サパー・レンガーン）9（2004年9月で10に増加）、産業別連合（サハパン・レンガーン）12、地域労働グループ（グルム・プーチャイ・レンガーン）10（聞き取り時には増加して12）。

⑾ 労働関係法第10条：労働協約の制定：被雇用者が20人以上いる事業所はこの章の規定に従い労働協約を制定する。／第12条 効力期限：3年を越えてはならない。期間規定がないときは1年間。効力期限は1度につき1年延長が可能。（タイ経済パブリッシング（株）1998）筆者観察：最初の協約締結は、タイ労働省の当該地域地方事務所で行われ、労使の代表に加え、労働省側2名が立ち会う。協約期間は2年が多いようだ。近年の問題は、福利厚生の問題で、本人だけでなく、家族の範囲までどの程度の福利を及ぼすのか、労働者側はそれが不十分であると感じている。

⑿ 労働関係法第45条：50人以上の被雇用者がいる事業所において、被雇用者はその事業所内において被雇用者委員会を設置することができる。／第89条 登記申請：労働組合の登記申請に当たっては、労働組合を設立する権利のある被雇用者少なくとも10人以上が発起人となり、3部以上の規約案とともに登記官に書類をもって申請する。（タイ経済パブリッシング（株）1998）／なお「登記権利のある被雇用者」はタイ国籍で20歳以上。

⒀ タイ語モブは、英語モッブから来ており、「非合理的な情動に突き動かされている暴徒」という意味だが、貧民連合の運動形態（座り込みや関係官庁へ押し掛ける）を指して「モッブに参加する」と言う。貧民連合に参加している住民の子弟に対し、先生や同級生が学校でモッブと呼んで差別する。今回のEGATの民営化反対闘争や労働デモも理性的合理的な行動（労組委員長は飲酒行為などを咎めている）であるが、「モッブ」と軽く使われる場合もある。

⒁ 頭痛について：精神的な内面を表現する代わりに、タイ人は身体表現を用いる傾向がある（北原1996：114）。

〔参考文献〕

Amin, Nurul 2002, 'The Informal Sector in Asia from the Decent Work Perspective,' ILO Geneva, *Decent Work and the Informal Economy: Abstracts of working papers.*
青木章之介 1987、「丹後機業の現状と地場産業のゆくえ」『社会学専攻紀要』10号、明治学院大学大学院社会学研究科。
──── 2001、「東南アジアの産業化とジェンダー的差異—タイを中心とする就業構造の比較」『日本労働研究機構研究紀要』24号。
──── 2004、「『かいほつ』の開発社会学的意味 北タイにおける工業団地地域の事例」『労働社会学研究』5号。
Bangkok Post 2003, 'Illegal Labour: Police raid sweat shop, rescue 18 Cambodian teens,' 27th(Thu), Dec.
Bangkok Post(Penchan Charoensutthipan) 2004, 'Social Security: Bid to extend coverage for informal jobs: Minister hears plea from sex workers,' 7th (Wed), Jan.
Brigden, K., I. Labunska, and R. Stringer, 2003, *Bangpoo Industrial Estate, Samut Prakarn, Thailand; An investigation of environmental pollutants*, Greenpeace Research Laboratories, Department of Biological Sciences, University of Exeter, Exeter, UK. (www.greenpeacesoutheastasia.org)
Burt, Peter 2001, *Mucky Business: Industrial Waste Management in Thailand's Eastern Seaboard*, Campaign for Alternative Industry Network (CAIN), Nonthaburi, Thailand.
Friedrich-Ebert-Stiftung 2002, *Labour Diary 2003.*
Greenpeace Southeast Asia & Campaign for Alternative Industry Network (CAIN) 2003, *Toxic Releases from Multinationals in Thailand: Does Thai Public have a Right-To-Know?: Preliminary Survey on Toxic Release Inventory and the Community Right-to-Know in Thailand.* (www.greenpeacesoutheastasia.org)
服部民夫・船津鶴代・鳥居高編 2002、『アジア中間層の生成と特質』アジア経済研究所。
飯島伸子 1976、「わが国における健康破壊の実態—国民・患者サイドから—」『社会学評論』26巻3号。
International Labour Organization (ILO) 2003, *Decent Employment Through Small Enterprises: A progress report on SEED activities.*
Ji Giles Ungpakorn 1997, *The Struggle for Democracy and Social Justice in Thailand,* Arom Pongpangan Foundation.
──── 2003, 'Challenges to the Thai N.G.O. movement from the dawn of a new opposition to global capital,' Ji Giles Ungpakorn(ed.), *Radicalising Thailand: New Political Perspectives*, Institute of Asian Studies, Chulalongkorn University.
Kannikar Angsuthanasombat, Bharat Na Nakhorn, Phan Wanabriboon 2001, 'The Situation and Case Study of Informal Labour in Bangkok: The aftermath of the economic crisis,' http://caw.jinbo.net (Country research reports: presented at the Asian Workshop on "Informal Women Labour: Collaboration and Support",

> organized by the Committee for Asian Women (CAW) and Homenet Thailand, 6-8 November 2001, Bangkok）

北原淳・赤木攻編 1995、『タイ 工業化と地域社会の変動』法律文化社。
北原淳 1996、『共同体の思想 村落開発理論の比較社会学』世界思想社。
国際協力銀行・開発金融研究所編 2001、『東アジアの持続的発展への課題 タイ・マレーシアの中小企業支援策』(JBIC: Japan Bank for International Cooperation Research Paper No.8）。
Luechai Chulasai and Frederick F. Wherry 2003, *SMEs Competitive Strategy—Lessons Learned in Northern Thailand,* SMEs Institute of Chiang Mai University, published by the Chulalongkorn University Printing House.
Missinggham, Bruce D. 2003, *The Assembly of the Poor in Thailand: From local struggles to national protest movement,* Silkworm Books, Chiang Mai.
National Statistical Office (NSO) 1999, *The 1999 Home Work Survey.*
―――――――――――― 2002, *The 2002 Home Work Survey.*
小川雄平編著 1995、『タイの工業化と社会の変容 日系企業はタイをどう変えたか』九州大学出版会。
岡本英雄 1997、「タイにおける環境意識の構造」西平重喜・小島麗逸・岡本英雄・藤崎成昭『発展途上国の環境意識 中国、タイの事例』アジア経済研究所。
佐藤宏 1995、『タイのインド人社会 東南アジアとインドの出会い』アジア経済研究所。
タイ経済パブリッシング（株） 1998、『タイ国労働法』。
八幡成美・水野順子 1988、『日系進出企業と現地企業との企業間分業構造と技術移転 タイ自動車産業を事例として』アジア経済研究所。

⟨Abstract⟩

The Industrial Development and Informalization in Thailand : A Case Study on the Workers' Community nearby Ayutthaya City

Shonosuke AOKI

(Part-time Lecturer, Meijigakuin University)

The relationship between Japan and Thailand within the industrialization has two aspects, that is, ODA and FDI. The funding of ADB, JBIC and JICA has propelled the projects such as constructing the dams, but the rural village people lost their farm land, industry and health. Some research reports by Japanese, which studied the ordinary community around the industrial estates, have the unsuitable standpoint for the current industrialized situation. Because these reports grasped only the ordinary village people without the industrial workers.

This paper aims to analyse the type of workers related to the Rojana industrial park in the informalization, and to understand the stakeholders with the economic development. There are two aspects for dividing into classes, i. e. their birthplace and industry.

Organized workers into the regional union consist of the large scale enterprises and Japanese SME workers, excluding Thai SME workers and homeworkers. Organized ones have the better work conditions than the informalized labour, but they also face the difficult situation, for example the very long working hours, shift work and the family welfare. The labour movement in the community progresses steadily, but the labour doesn't recognize well the environmental movement such as the Assembly of the Poor. It could be pointed that within the social movement the important point for mutual understanding especially between the labour and the poor is the presentation of their common issues, e. g. related to the safe and health.

第1回日本労働社会学会奨励賞の
選考経過と選考結果について

第1回日本労働社会学会奨励賞の選考経過と選考結果について

　2003年11月1日、日本労働社会学会第15回大会において、「日本労働社会学会奨励賞規定」が制定された。これにもとづいて、幹事会は選考委員について審議し、次の3名(任期2年)を選出した。
　　橋本健二(委員長　武蔵大学)
　　加藤喜久子(北海道情報大学)
　　京谷栄二(長野大学)
　選考委員会は幹事会の決定にもとづいて、第1回となる今回の奨励賞については、2002年4月1日〜2004年3月31日までの2年間に公刊されたものを審査対象に2人を選出することとし、2月12日付で会員から奨励賞候補作品の推薦を募った。その結果、候補作品となったのは次の5点である。なおこの中には、「日本労働社会学会奨励賞規定」第2条に従い、著者が満40歳を超えているものの、研究歴を考慮して候補作品となったものが含まれている。

(1)村尾祐美子『労働市場とジェンダー——雇用労働における男女不公平の解消に向けて』東洋館出版社、2003年2月。
(2)大野正和『過労死・過労自殺の心理と職場』青弓社、2003年3月。
(3)大黒聰『雇用構造の転換と新しい労働の形成』こうち書房、2003年3月。
(4)大野威『リーン生産方式の労働——自動車工場の参与観察にもとづいて』御茶の水書房、2003年4月。
(5)伊原亮司『トヨタの労働現場——ダイナミズムとコンテクスト』桜井書店、2003年5月。
　　　　　　　　　　　　　　　　　　　　　　　　　　　　　　(刊行順)

　審査は2004年6月から9月にかけて行われ、全員一致で、村尾祐美子会員、大野威会員の2人に第1回日本労働社会学会奨励賞を授与することを決定した。
　村尾会員の作品は、労働市場における男女間の不平等を、社会的資源配分の不

公平性に着目し、計量的な方法によって解明することを目指したものである。周知のようにこのテーマをめぐってはこれまで、経済学的な方法による研究が数多く蓄積されてきた。これに対して本書は、従来の研究を理論・実証の両面から幅広く検討したうえで、労働市場で配分される社会的資源である労働報酬の指標として、賃金ではなく役職獲得機会と「仕事に対する事柄決定力」に、そして報酬格差を生み出す要因として「関係としてのジェンダー」に注目する。そして高度な統計手法を駆使した精緻な分析を通じて、役職獲得機会と「仕事に対する事柄決定力」に対して、「関係としてのジェンダー」が男女間で非対称的な効果をもつことを明らかにした。このことは、労働におけるジェンダー研究を新たな段階に発展させる大きな貢献であると考えられる。また、経済学的な方法では視野に入ることのない優れて社会学的な要因を計量モデルに組み込むことによって新しい知見を得るというその研究方法は、「計量労働社会学」とも呼ぶべき研究領域が可能であることを示したものとして、高く評価できる。複数の選考委員からは、本書に単純なミスに起因すると思われる記述の細部の非一貫性や数値の矛盾が見られるのではないかとの指摘があった。しかし、仮にこの指摘が正しいとしても、本書の基本的な知見・結論が脅かされるものではなく、その価値が減じられることはない。

　大野会員の作品は、二つの自動車会社の工場でそれぞれ一ヶ月間と三ヶ月間、期間工として働きながら行った参与観察の結果を基に、日本的生産システムの下での労働の実態をすみずみまで明らかにするとともに、日本的生産システムを高生産性と労働の人間化を同時に実現するものとして礼賛する論者たちの議論の根拠を、数多くの事実の発見を通じて覆した画期的な研究である。これによると、①ジョブローテーションは不定期、不規則に実施されており、多能工化も交代要員削減の必要のために行われているものであり、どちらも専門的知識の習得や熟練形成の機会となってはいない。②改善活動について活発に取り組んでいるのは、職制と専門工であり、一般労働者は不活発である。③小集団活動も同様である。④「ふだんと違った作業」については、一般労働者は頻繁に生じる問題についてルーティーン化された対応をしているだけであり、複雑な問題は専門の保全工が対応している。⑤作業集団は作業量に対する規制力を欠いている。これらの発見はいずれも、国際論争にもなった日本的生産システムに関する議論を新たな段階

に発展させる重要な意味をもつものである。また、これまで日本の社会学ではあまり採用されてこなかった参与観察法にもとづいてこのような成果を上げたという独創性も高く評価され、参与観察についての方法論的検討を行った補論も、独自の意義を有している。全体として、その説得力ある事実の提示と論理の明快さにおいてまさに一級品の作品であり、奨励賞受賞作にふさわしいものといえる。

 2004年10月9日

日本労働社会学会奨励賞選考委員会

橋本健二

加藤喜久子

京谷栄二

日本労働社会学会会則

(1988年10月10日　制定)
(1989年10月23日　改訂)
(1991年11月5日　改正)
(1997年10月26日　改正)
(1998年11月2日　改正)

［名　　称］

第1条　本会は、日本労働社会学会と称する。

　　2　本会の英語名は、The Japanese Association of Labor Sociology とする。

［目　　的］

第2条　本会は、産業・労働問題の社会学的研究を行なうとともに、これらの分野の研究に携わる研究者による研究成果の発表と相互交流を行なうことを通じて、産業・労働問題に関する社会学的研究の発達・普及を図ることを目的とする。

［事　　業］

第3条　本会は次の事業を行う。

　(1)　毎年1回、大会を開催し、研究の発表および討議を行なう。

　(2)　研究会および見学会の開催。

　(3)　会員の研究成果の報告および刊行(年報、その他の刊行物の発行)。

　(4)　内外の学会、研究会への参加。

　(5)　その他、本会の目的を達成するために適当と認められる事業。

［会　　員］

第4条　本会は、産業・労働問題の調査・研究を行なう研究者であって、本会の趣旨に賛同するものをもって組織する。

第5条　本会に入会しようとするものは、会員1名の紹介を付して幹事会に申し出て、その承認を受けなければならない。

第6条　会員は毎年(新入会員は入会の時)所定の会費を納めなければならない。

　　2　会費の金額は総会に諮り、別途定める。

　　3　継続して3年以上会費を滞納した会員は、原則として会員の資格を失うものとする。

第7条 会員は、本会が実施する事業に参加し、機関誌、その他の刊行物の実費配布を受けることができる。
第8条 本会を退会しようとする会員は書面をもって、その旨を幹事会に申し出なければならない。

　　[役　　員]

第9条 本会に、つぎの役員をおく。
　　(1)　代表幹事　1名
　　(2)　幹　　事　若干名
　　(3)　監　　事　2名
　　　役員の任期は2年とする。ただし連続して2期4年を超えることはできない。
第10条 代表幹事は、幹事会において幹事の中から選任され、本会を代表し会務を処理する。
第11条 幹事は、会員の中から選任され、幹事会を構成して会務を処理する。
第12条 監事は、会員の中ら選任され、本会の会計を監査し、総会に報告する。
第13条 役員の選任手続きは別に定める。

　　[総　　会]

第14条 本会は、毎年1回、会員総会を開くものとする。
　　2　幹事会が必要と認めるとき、又は会員の3分の1以上の請求があるときは臨時総会を開くことができる。
第15条 総会は本会の最高意思決定機関として、役員の選出、事業および会務についての意見の提出、予算および決算の審議にあたる。
　　2　総会における議長は、その都度、会員の中から選任する。
　　3　総会の議決は、第20条に定める場合を除き、出席会員の過半数による。
第16条 幹事会は、総会の議事、会場および日時を定めて、予めこれを会員に通知する。
　　2　幹事会は、総会において会務について報告する。

　　[会　　計]

第17条 本会の運営費用は、会員からの会費、寄付金およびその他の収入による。
第18条 本会の会計期間は、毎年10月1日より翌年9月30日までとする。

[地方部会ならびに分科会]

第19条　本会の活動の一環として、地方部会ならびに分科会を設けることができる。

[会則の変更]

第20条　この会則の変更には、幹事の2分の1以上、または会員の3分の1以上の提案により、総会の出席会員の3分の2以上の賛成を得なければならない。

[付　　則]

第21条　本会の事務執行に必要な細則は幹事会がこれを定める。

　　2　本会の事務局は、当分の間、代表幹事の所属する機関に置く。

第22条　この会則は1988年10月10日から施行する。

編集委員会規定

(1988年10月10日　制定)
(1992年11月3日　改訂)

1. 日本労働社会学会は、機関誌『日本労働社会学会年報』を発行するために、編集委員会を置く。
2. 編集委員会は、編集委員長1名および編集委員若干名で構成する。
3. 編集委員長は、幹事会において互選する。編集委員は、幹事会の推薦にもとづき、代表幹事が委嘱する。
4. 編集委員長および編集委員の任期は、幹事の任期と同じく2年とし、重任を妨げない。
5. 編集委員長は、編集委員会を主宰し、機関誌編集を統括する。編集委員は、機関誌編集を担当する。
6. 編集委員会は、会員の投稿原稿の審査のため、専門委員若干名を置く。
7. 専門委員は、編集委員会の推薦にもとづき、代表幹事が委嘱する。
8. 専門委員の任期は、2年とし、重任を妨げない。なお、代表幹事は、編集委員会の推薦にもとづき、特定の原稿のみを審査する専門委員を臨時に委嘱することができる。
9. 専門委員は、編集委員会の依頼により、投稿原稿を審査し、その結果を編集委員会に文書で報告する。
10. 編集委員会は、専門委員の審査報告にもとづいて、投稿原稿の採否、修正指示等の措置を決定する。

付則1. この規定は、1992年11月3日より施行する。
　　2. この規定の改廃は、編集委員会および幹事会の議を経て、日本労働社会学会総会の承認を得るものとする。
　　3. この規定の施行細則(編集規定)および投稿規定は、編集委員会が別に定め、幹事会の承認を得るものとする。

編集規定

(1988年10月10日　制定)
(1992年10月17日　改訂)
(幹事会承認)

1. 『日本労働社会学会年報』(以下本誌)は、日本労働社会学会の機関誌であって、年1回発行する。
2. 本誌は、原則として、本会会員の労働社会学関係の研究成果の発表に充てる。
3. 本誌は、論文、研究ノート、書評、海外動向等で構成し、会員の文献集録欄を随時設ける。
4. 本誌の掲載原稿は、会員の投稿原稿と編集委員会の依頼原稿とから成る。

年報投稿規定

(1988年10月10日　制定)
(1992年10月17日　改訂)
(2002年9月28日　改訂)
(幹事会承認)

1. 本誌に発表する論文等は、他に未発表のものに限る。他誌への重複投稿は認めない。既発表の有無、重複投稿の判断等は、編集委員会に帰属する。
2. 投稿された論文等の採否は編集委員会で審査の上、決定する。なお、掲載を決定した論文等について、より一層の内容の充実を図るため、補正、修正を求めることがある。
3. 原稿枚数は、原則として400字詰原稿用紙60枚以内とする。
4. 書評、その他の原稿枚数は、原則として400字詰原稿用紙20枚以内とする。
5. 投稿する会員は、編集委員会事務局に、審査用原稿コピーを2部送付する。
6. 原稿は所定の執筆要項に従うこととする。

日本労働社会学会役員名簿

幹　　事（任期　2004年10月10日～2006年10月）

京谷　栄二	（長野大学）	代表幹事
大槻　奈巳	（国立女性教育会館）	研究活動担当
大野　　威	（岡山大学）＊	研究活動担当
小川　慎一	（横浜国立大学）	研究活動担当
髙橋　伸一	（佛教大学）	研究活動担当・委員長
中川　　功	（拓殖大学）＊	研究活動担当
赤堀　正成	（労働科学研究所）＊	『年報』担当
木下　武男	（昭和女子大学）＊	『年報』担当
柴田　弘捷	（専修大学）＊	『年報』担当
白井　邦彦	（青山学院大学）	『年報』編集委員長
大梶　俊夫	（創価大学）	『労働社会学研究』担当
大重光太郎	（独協大学）＊	『労働社会学研究』担当
武居　秀樹	（都留文科大学）＊	『労働社会学研究』担当
山下　　充	（明治大学）	『労働社会学研究』編集委員長
河西　宏祐	（早稲田大学）＊	プロジェクト担当
秋元　　樹	（日本女子大学）＊	プロジェクト担当
村尾裕美子	（日本学術振興会）	会計担当
笹原　　恵	（静岡大学）	事務局
田中　夏子	（都留文科大学）	事務局長

＊（選任幹事）

（所属は 2004 年 10 月現在）

監　　事

　　大黒　　聰（東京自治問題研究所）

年報編集委員会

　　赤堀　正成
　　木下　武男
　　柴田　弘捷
　　白井　邦彦（委員長）

事　務　局

　　笹原　　恵
　　田中　夏子（事務局長）

編集後記

◆年報15号の発行が大幅に遅れました。発行時期が遅れ、論文投稿者・執筆者の皆さんにご迷惑をおかけしたことをお詫びします。今号の編集は前編集委員会（藤田栄史、市原博、柴田弘捷、白井邦彦）が担当しました。

◆学会大会時発行に間に合わなかったため、研究大会の際に発表された第一回の日本労働社会学会奨励賞の選考経過・結果を掲載することができました。

◆本年報は、学会大会シンポジウム報告を論文化して掲載する特集、学会会員からの投稿論文、書評を軸にして編集されて来ています。また時には、編集委員会が企画を立てた特集も組まれてきました。今号は、投稿論文が5本ありますが、編集委員会の力不足で、書評や企画特集が組めておらず、ややコンパクトなものになっています。今後の年報の充実に向け、すでに動き出している現編集委員会の活躍に期待したいと思います。

◆今号の刊行にも東信堂の二宮義隆氏にご協力頂きました。お礼申し上げます。

(藤田　栄史)

ISSN　0919-7990

日本労働社会学会年報 第15号
若年労働者―変貌する雇用と職場―

2005年7月10日　発行

□編　集　日本労働社会学会編集委員会
□発行者　日本労働社会学会
□発売元　株式会社 東信堂

日本労働社会学会　事務局
〒402-8555　山梨県都留市田原3-8-1
都留文科大学社会学科　田中夏子研究室
TEL　(0554) 43-4341
FAX　(0554) 43-4347
学会ホームページ　http://www.jals.jp

株式会社 東信堂
〒113-0023　文京区向丘1-20-6
TEL　03-3818-5521
FAX　03-3818-5514
E-mail　tk203444@fsinet.or.jp
東信堂　http://www.toshindo-pub.com

ISBN4-88713-624-2　C3036

「日本労働社会学会年報」

日本労働社会学会年報 4
日本労働社会学会編

〔執筆者〕大梶俊夫・吉田誠・浅生卯一・鎌田とし子・鎌田哲宏・R.マオア・神谷拓平・萬成博ほか

A5／198頁／2913円　　4-88713-180-1　C3036〔1993〕

日本労働社会学会年報 5
日本労働社会学会編

〔執筆者〕伊賀光屋・三井逸友・藤井史朗・R.マオア・辻勝次ほか

A5／190頁／2913円　　4-88713-211-5　C3036〔1994〕

「企業社会」の中の女性労働者
——日本労働社会学会年報6——
日本労働社会学会編

〔執筆者〕能沢誠・木本喜美子・橋本健二・湯本誠・野村正實・山下充・蔡林海ほか

A5／210頁／2913円　　4-88713-227-1　C3036〔1995〕

「企業社会」と教育
——日本労働社会学会年報7——
日本労働社会学会編

〔執筆者〕岩内亮一・猿田正機・竹内洋・苅谷剛彦・乾彰夫・山田信行・中囿桐代・京谷栄二ほか

A5／194頁／2913円　　4-88713-257-3　C3036〔1996〕

転換期の「企業社会」
——日本労働社会学会年報8——
日本労働社会学会編

〔執筆者〕藤田栄史・長井偉訓・京谷栄二・北島滋・山田信行・仲野(菊地)組子・樋口博美・鎌田とし子・鎌田哲宏ほか

A5／248頁／3300円　　4-88713-282-4　C3036〔1997〕

労働組合に未来はあるか
——日本労働社会学会年報9——
日本労働社会学会編

〔執筆者〕高橋祐吉・設楽清嗣・伊藤みどり・嵯峨一郎・河西宏祐・浅野慎一・合場敬子・駒川智子・池田綾子・土田俊幸・八木正ほか

A5／296頁／3300円　　4-88713-316-2　C3036〔1998〕

国境を越える労働社会
——日本労働社会学会年報10——
日本労働社会学会編

〔執筆者〕秋元樹・山田信行・T.グローニング・A.イシ・塩沢美代子・田中直樹・河西宏祐・鎌田とし子・佐藤守弘・柴田弘捷・遠藤公嗣・橋本健二・京谷栄二・鎌田哲宏・鈴木玲ほか

A5／306頁／3300円　　4-88713-345-6　C3036〔1999〕

在庫のお知らせ

フィールド調査"職人芸"の伝承
―日本労働社会学会年報11―
日本労働社会学会編

〔執筆者〕秋元樹・鎌田とし子・柴田弘捷・北島滋・田中直樹・河西宏祐・矢野晋吾・青木章之介・大槻奈巳・村尾祐美子・藤井治枝・渥美玲子ほか

A5／282頁／3300円　　4-88713-378-2　C3036〔2000〕

ゆらぎのなかの日本型経営・労使関係
―日本労働社会学会年報12―
日本労働社会学会編

〔執筆者〕藤田栄史・林大樹・仲野(菊地)組子・木下武男・辻勝次・八木正・嵯峨一郎・木田融男・野原光・中村広伸・小谷幸・筒井美紀・大久保武ほか

A5／276頁／3300円　　4-88713-416-9　C3036〔2001〕

新しい階級社会と労働者像
―日本労働社会学会年報13―
日本労働社会学会編集委員会編

〔執筆者〕渡辺雅男・白井邦彦・林千冬・木村保茂・大山信義・藤井史朗・飯田祐史・高木朋代・浅川和幸ほか

A5／220頁／3000円　　4-88713-467-3　C3036〔2002〕

階層構造の変動と「周辺労働」の動向
―日本労働社会学会年報14―
日本労働社会学会編集委員会編

〔執筆者〕丹野清人・龍井葉二・久場嬉子・西野史子・伊賀光屋・浅野慎一・今井博・勝俣達也ほか

A5／256頁／2900円　　4-88713-524-6　C3036〔2003〕

※　ご購入ご希望の方は、学会事務局または発売元・東信堂へご照会下さい。
※　本体(税別)価格にて表示しております。

― 東信堂 ―

グローバル化と知的様式 ―社会科学方法論についての七つのエッセー	J・ガルトゥング 矢澤修次郎・大重光太郎訳	二八〇〇円
階級・ジェンダー・再生産 ―現代資本主義社会の存続メカニズム	橋本健二	三三〇〇円
現代日本の階級構造 ―理論・方法・計量分析	橋本健二	四五〇〇円
再生産論を読む ―バーンスティン、ブルデュー、ボールズ=ギンティス、ウィリスの再生産説	小内透	三三〇〇円
教育と不平等の社会理論 ―再生産論をこえて	小内透	三二〇〇円
現代社会と権威主義 ―フランクフルト学派権威論の再構成	保坂稔	三六〇〇円
共生社会とマイノリティへの支援 ―日本人ムスリマの社会的対応から	寺田貴美代	三六〇〇円
現代社会学における歴史と批判[上巻] ―グローバル化の社会学	武川正吾 山田信行 編	二八〇〇円
現代社会学における歴史と批判[下巻] ―近代資本制と主体性	片桐新自 丹辺宣彦 編	二八〇〇円
ボランティア活動の論理 ―阪神・淡路大震災からサブシステンス社会へ	西山志保	三八〇〇円
現代環境問題論 ―理論と方法の再定置のために	井上孝夫	三三〇〇円
日本の環境保護運動	長谷敏夫	二五〇〇円
環境のための教育 ―批判的カリキュラム理論と環境教育	J・フェイン著 石川聡子他訳	三三〇〇円
イギリスにおける住居管理 ―オクタヴィア・ヒルからサッチャーへ	中島明子	七四五三円
情報・メディア・教育の社会学 ―カルチュラル・スタディーズしてみませんか？	井口博充	二三〇〇円
BBCイギリス放送協会[第二版] ―パブリック・サービス放送の伝統	簑葉信弘	二五〇〇円
ケリー博士の死をめぐるBBCと英政府の確執 ―イラク文書疑惑の顛末	簑葉信弘	八〇〇円
サウンドバイト…思考と感性が止まるとき ―メディアの病理に教育は何ができるか	小田玲子	二五〇〇円
記憶の不確定性 ―社会学的探究	松浦雄介	二五〇〇円

〒113-0023 東京都文京区向丘1-20-6
TEL 03-3818-5521　FAX 03-3818-5514　振替 00110-6-37828
Email tk203444@fsinet.or.jp　URL: http://www.toshindo-pub.com/

※定価：表示価格（本体）＋税

東信堂

〔現代社会学叢書〕

開発と地域変動——開発と内発的発展の相克	北島滋	三二〇〇円
在日華僑のアイデンティティの変容——華僑の多元的共生	過放	四四〇〇円
健康保険と医師会——社会保険創始期における医師会と医療	北原龍二	三八〇〇円
事例分析への挑戦——個人現象への事例媒介的アプローチの試み	水野節夫	四六〇〇円
海外帰国子女のアイデンティティ——生活経験と通文化的人間形成	南保輔	三八〇〇円
有賀喜左衞門研究——社会学の思想・理論・方法	北川隆吉編	三六〇〇円
現代大都市社会論——分極化する都市?	園部雅久	三八〇〇円
インナーシティのコミュニティ形成——神戸市真野住民のまちづくり	今野裕昭	五四〇〇円
ブラジル日系新宗教の展開——異文化布教の課題と実践	渡辺雅子	七八〇〇円
イスラエルの政治文化とシチズンシップ	G・ラフリ 奥山眞知訳	三八〇〇円
正統性の喪失——アメリカの街頭犯罪と社会制度の衰退	宝月誠監訳	三六〇〇円
東アジアの家族・地域・エスニシティ——基層と動態	北原淳編	四八〇〇円
日本の社会参加仏教——法音寺と立正佼成会の社会活動と社会倫理	ランジャナ・ムコパディヤヤ	四七六二円

〈シリーズ社会政策研究〉

福祉国家の社会学——21世紀における可能性を探る	三重野卓編	二〇〇〇円
福祉国家の変貌——グローバル化と分権化のなかで	小笠原浩一 武川正吾編	二〇〇〇円
福祉国家の医療改革——政策評価にもとづく選択	三重野卓編 近藤克則編	二〇〇〇円
福祉国家とジェンダー・ポリティックス	深澤和子	二八〇〇円
「伝統的ジェンダー観」の神話を超えて——アメリカ駐在員夫人の意識変容	山田礼子	三八〇〇円
新潟水俣病をめぐる制度・表象・地域	関礼子	五六〇〇円
新潟水俣病問題の受容と克服	堀田恭子	四八〇〇円
ホームレス ウーマン——知ってますか、わたしたちのこと	E・リーボウ 吉川徹・真里香訳	三二〇〇円
タリーズ コーナー——黒人下層階級のエスノグラフィー	E・リーボウ 吉川徹監訳 松河内美樹訳	二三〇〇円

〒113-0023 東京都文京区向丘1-20-6
TEL 03-3818-5521 FAX 03-3818-5514 振替 00110-6-37828
Email tk203444@fsinet.or.jp URL: http://www.toshindo-pub.com/

※定価：表示価格（本体）＋税

東信堂

【シリーズ 社会学のアクチュアリティ：批判と創造 全12巻+2】

クリティークとしての社会学——現代を批判的に見る眼　西原和久 編　一八〇〇円
都市社会とリスク——豊かな生活をもとめて　宇都宮京子 編　一八〇〇円
　　　　　　　　　　　　　　　　　　　　　藤田弘夫
　　　　　　　　　　　　　　　　　　　　　浦野正樹　　二〇〇〇円

【シリーズ世界の社会学・日本の社会学叢書】

タルコット・パーソンズ——最後の近代主義者　中野秀一郎　一八〇〇円
ゲオルク・ジンメル——現代分化社会における個人と社会　居安　正　一八〇〇円
ジョージ・H・ミード——現代的自我論の展開　船津　衛　一八〇〇円
アラン・トゥーレーヌ——現代社会のゆくえと新しい社会運動　杉山光信　一八〇〇円
アルフレッド・シュッツ——社会的空間と主観的時間　森　元孝　一八〇〇円
エミール・デュルケム——社会の道徳的再建と社会学　中島道男　一八〇〇円
レイモン・アロン——危機の時代の透徹した警世家　岩城完之　一八〇〇円
フェルディナンド・テンニエス——ゲマインシャフトとゲゼルシャフト　吉田　浩　一八〇〇円
カール・マンハイム——時代を診断する亡命者　澤井　敦　一八〇〇円
費孝通——民族自省の社会学　佐々木衞　一八〇〇円
奥井復太郎——都市社会学と生活論の創始者　藤田弘夫　一八〇〇円
新明正道——綜合社会学の探究　山本鎭雄　一八〇〇円
米田庄太郎——新総合社会学の先駆者　中　久郎　一八〇〇円
高田保馬——理論と政策の無媒介的統一　北島　滋　一八〇〇円
戸田貞三——家族研究・実証社会学の軌跡　川合隆男　一八〇〇円

【中野卓著作集・生活史シリーズ 全12巻】

生活史の研究　中野　卓　三三〇〇円
先行者たちの生活史　中野　卓　二五〇〇円
トクヴィルとデュルケーム——社会学的人間観と生の意味　菊谷和宏　三〇四八〇円
マッキーヴァーの政治理論と政治的多元主義　町田　博　四二〇〇円

〒113-0023 東京都文京区向丘1-20-6
☎TEL 03-3818-5521 FAX 03-3818-5514　振替 00110-6-37828
Email tk203444@fsinet.or.jp　URL: http://www.toshindo-pub.com/

※定価：表示価格（本体）＋税